KB139953

근대 다섯 학교로의 여행

근대 다섯 학교로의 여행

손병철 지음

한국학술정보

머리말

　현재의 세상은 많은 분야에서 가상현실이 가능한 시대이다. 코로나로 인해 등교할 수 없는 상황에서 메타버스를 활용하여 입학식, 축제, 전시회를 하는 학교들이 늘고 있다. 만약, 과거 120년 전후 구한말 학교로 돌아간다면 어떤 모습일까? 우리는 제대로 당시 학교 모습을 살려낼 자료는 갖고 있을까? 하는 의문이 들었다.

　이 책은 120년 전후 과거의 학교로 돌아가는 책이다. 대구지역의 5개 학교의 이야기를 사례로 하여 근대 한국교육의 실체를 기록하고자 하였다.

　대구는 경상감영이 있던 곳으로 영남지역 행정의 중심이었다. 또, 전국적으로 유명한 약령시가 개설된 곳으로 경제력으로나 교통 입지면에서도 우수한 지역이었다. 한말 조선 8도에서 13개 도로 행정구역이 개편되면서 경상남도를 분도하였지만 여전히 대구는 경상북도의 중심이었다. 특히, 1905년 경부철로가 개설되면서 일본의 세력이 급속도로 확장되었고 친일관찰사 박중양이 경상북도관찰사로 재임하는 동안 일본인에 의한 수탈이 가장 심한 곳이었다. 대구에서 시행된 토지조사사업의 시범적 운영이 대표적이다. 박중양을 중심으로 한 친일세력의 수탈에 맞서 대구지역 전통 유림 중심 세력은 저항하였다. 또, 일본 불교 세력을 이용한 세력 확장에 맞서 미국 선교사가 대립하였다. 그 시기 대구는 친일, 봉건, 기독교 등 세력의 각축장이었다. 각 세력 간의 다툼은 학교 현장에도 그대로 반영되어 학교설립으로 이어졌다. 그 중 대표적인 5개 학교를 선정하여 이 책에 수록하였다. 5개 학교는 공립 1개교, 사립 4개교이다. 사립학교 중에서도 일본인이 운영한 사립달성학교, 유림 주도 사립협성학교, 지역민 주도 수창사립학교, 기독교계 사립희도학교가 그것이다.

대구지역 최초의 공립학교는 1896년 고종이 13개도에 공립소학교를 설립할 때 대구에 설립되어 지금까지 이어져 온 대구초등학교이다. 대구초등학교는 통감부의 보통학교설립에 의해 1906년 설립되었다고 지역에 알려져 있으며 지역 학교사나 지역교육사에는 1899년 설립된 달성학교가 대구근대교육의 시작이라고 규정하고 있다. 1896년 설립된 대구초등학교가 1906년 설립된 것으로 왜곡되었다.

학교 역사의 일부가 감춰진 것인데 왜 이런 일이 일어났을까? 이런 일이 대구에서만 일어난 것일까? 라는 생각을 하게 되어 실제 고종이 설립하여 각 지역에 있었던 학교를 찾아보았다. 고종이 갑오개혁 이후 통감부 설립 전까지 설립한 학교가 100여 개였고 간도지역까지 학교가 설립되었다. 이 100여 개 학교가 오늘날에도 일부 지역에는 그대로 이어져 오고 있으나 인천의 창영초등학교, 밀양초등학교 등은 대구초등학교처럼 단절되었거나 왜곡된 학교사를 그대로 보여주고 있다. 특히 북한지역과 간도 소재 학교는 운영유무조차 확인하기가 어려웠다.

한 지역의 학교 사례를 밝히는 것이 같은 교육정책에 의해 설립된 남한 내 타 지역 학교에 시사하는 바가 있어 대구지역에 존재했던 공립소학교를 먼저 조사하였다.

대구초등학교의 역사를 찾는 과정에서 일본이 조선 내 자신들의 세력 확장을 위해 지역마다 밀정을 두어 본국으로 보고한 내용을 찾게 되었다. 밀정을 담당한 곳은 동아동문회 지원을 받은 학교였고 대구에는 달성학교였다.

실제 달성학교 동아동문회 보고에는 대구지역의 일본인 증가와 철도 개설 과정 등 대구지역 정세가 상세히 기록되어 있다. 또한 당시 일본인 세력 확장에 걸림돌이 되는 천주교, 기독교 세력의 활동 내용도 포함되어 있다. 달성학교처럼 일본의 식민지 부식(扶植)을 위한 학교가 전국에 수십 개 이상 있었음에도 불구하고 개성학교, 경성학당 이외에는 대부분 실체가 밝혀져 있지 않다. 이에 달성학교의 실체를 밝히기 위해 2장에서 달성학교의 설립과 운영 사례를 제시하였다.

1900년대 달성학교의 동아동문회 보고에 의하면 대구지역에는 공립 소학교뿐만 아니라 기독교와 천주교 신자들이 학교를 설립하여 운영하고 있었다. 그 학교가 희도학교, 효성학교였다. 희도학교는 해방 후 공립으로 전환되어 종로초등학교로 이어져 오고 있다. 2008년 효성초등학교는 1895년 김보록신부의 선교보고서에 근거하여 학교 역사를 바로 잡고자 학교사를 발간하였다. 반면, 종로초등학교는 사립에서 공립으로 운영주체 등의 변화에 의해 제대로 학교사가 정리되어 있지 않아 이 책 마지막 장에 수록하게 되었다.

일제 통감부 설치 이후 일본이 보통교육을 실시하게 되자 국권회복을 위한 일환으로 전국에 5천여 개의 사립학교가 설립되었다. 그 당시 사립학교는 오늘날과 달리 지역민이나 관료들이 지역의 공공재산을 기반으로 하여 설립되었다. 이 중에는 독립협회, 교남교육회 등 계몽단체들과 연관하여 학교를 운영하였다. 대구지역에는 대구협성학교와 수창학교가 대표적인 학교이다. 국권을 회복하려는 지역민의 염원과는 달리 나라는 일본에 빼앗겼고 그 이후 많은 사립학교들은 일본인의 손에 의해 운영되다가 결국에는 대부분의 학교가 공립으로 전환되게 되었다. 대구협성학교는 공립고등보통학교로 변하였고 수창학교는 공립보통학교로 변해 오늘날까지 이어지고 있다. 일제강점기에 각 지역의 많은 사립학교가 공립학교로 변한 것은 일본의 교육기관 수탈이었다. 일본제국주의의 탄압에 맞서 학교를 지키려는 전통 보수 세력의 노력이나 보통학교를 거부하였던 백성들의 노력은 감춰졌고 친일 행위를 한 사람 일부가 근대교육을 위해 헌신한 것으로 둔갑되었다. 일제강점하 왜곡된 학교 관련 역사적 사실이 해방 이후에도 제대로 밝혀지지 않았고 거짓이 고착화된 경우이다.

지금이라도 이를 바로 잡아 과거 구한말 학교를 정확하게 그려낼 수 있었으면 하는 바람에서 이 책을 출판하게 되었다.

보잘것없는 책이지만 늘 아들을 자랑스럽게 생각하셨던 부모님 영전에 바친다. 그리고 이 책이 나오기까지 많은 도움을 준 대구미래교육연구원 이희갑 원장님을 비롯한 동지들과 부족한 글을 미리 읽어준 상, 희, 기, 찬, 진, 설, 숙 등 동료 교원들에게도 감사를 드린다.

2022년 1월
금강동에서 손병철

차례

Ⅴ. 희도학교(현 종로초) 이야기 _ 203

표 차례

그림 차례

Ⅰ. 경상북도관찰부공립소학교 (현 대구초) 이야기

1. 조선 근대 공교육의 시작

1876년 문호개방을 한 이후 조선 정부는 조약체결과 통상에 필요한 통역관 양성을 목적으로 1883년 8월 同文學을 설립하였다. 정부 주도의 영어 학교인 동문학과 달리 지역 주민들이 자주적으로 1883년 봄에 원산학사를 설립하였다.

지방 관료인 덕원부사 정현석(鄭顯奭), 서부경략사 어윤중, 승지 정헌시(鄭憲時)와 덕원지역 주민, 외국인들이 자발적으로 의연금 5,325냥을 출자하여 문무와 시무(외국어 포함), 산수, 기기, 농업, 양잠, 광산채굴 등을 가르쳤다. 영어 중심의 동문학에 비해 원산학사는 신분에 구애없이 모든 백성을 대상으로 근대교육을 가르쳤기에 큰 의의를 가진다.

이 밖에도 1885년 서양식 병원인 제중원의 부설 학교에서 외국인 선교사들이 학생들을 가르친 배재학당을 시작으로 이화학당, 경신학교 등 전국적으로 학교 설립이 확산되었다.

대구는 400년간 경상감영이 있었던 곳으로 공립학교, 민족계 사립학교, 기독교계 사립학교가 모두 설립되었다. 1895년 김보록 신부가 설립한 천주교 학교를 시작으로 하여 경상북도관찰부공립소학교가 1896년에 설립되었으며 1899년 흥화학교지교, 일어학교인 달성학교가 개교하였다. 1900년 서양 선교사가 대남소학교를 설립하기 시작하여 1902년 신명여학교, 1906년 계성학교 등 기독교 학교가 개교하였고 1906년 민족사립학교인 협성학교가 시작되었다.

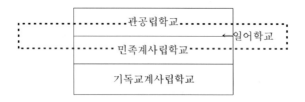

<그림 1> 근대 학교의 유형

출처: 稻葉繼雄(1999), 일어학교 개념도

　구한말 설립된 교육기관을 관공립학교와 사립학교로 나누고 사립학교
는 기독교계와 민족계로 구분하는 것이 일반적이다. 배재학당, 이화학당
등 기독교계 사립학교는 지금도 계승된 학교가 명확하여 구분이 뚜렷하
지만 민족계 사립학교는 범위가 넓고 학교의 성격이 불명확한 경우가 있
다. 경성학당처럼 조선인을 대상으로 교육을 하였지만 일본의 교육 침략
을 위해 설립되어 일본의 세력 확장에 기여한 학교가 그 예이다.

　이나바 츠기오(稻葉繼雄) 등은 위의 <그림 1>처럼 관공립, 민족계
사립, 기독교계 사립 3가지 구분에 속하지 않지만 실제 존재했던 학교
를 일어학교라고 불렀다. 이는 일본인이나 일본인과 한국인이 공동 설
립한 학교로 민족계 사립학교와 관공립학교 사이에 존재하며 일본어를
교수용어로 한 학교였다.

　관공립학교는 고종의 홍범 14조가 발표된 후 1895년부터 설립된 학
교였지만 일본인은 통감부에 의해 실시된 보통학교를 조선의 근대교육
시작으로 만들기 위해 전국의 100개 공립소학교를 역사에서 지워버렸
다. 사라진 100개 공립소학교 중의 하나였던 경상북도관찰부 공립소학
교를 찾아서 사례를 제시하려 한다.

　다음으로는 일본의 침략성은 은폐하고 지역 근대교육에 기여한 것처

럼 둔갑되어 있는 달성학교를 사례로 하여 일어학교 운영을 밝혀 달성학교에 대한 오류를 바로잡고자 한다. 특히, 달성학교가 일어교육기관이었음에도 불구하고 협성학교로 연결시키는 것은 근거도 없고 시대상황이나 학교 성격상 전혀 맞지 않는 것이어서 달성학교 폐교와 관련한 내용을 자세히 말하고자 한다.

이후 민족계 사립학교인 협성학교와 수창학교를 중심으로 대구 근대교육의 자생적인 면을 살펴보고 민족학교라고 불리는 이유를 제시하고자 한다. 협성학교는 경상감영 내 중등교육기관인 낙육재에서 유래된 학교로 현재 경북고등학교가 전신으로 삼고 있는 학교로 사립중등교육기관이 공립중등교육기관으로 변화한 사례이다. 수창학교는 일제 강점하 사립에서 공립으로 전환되었지만 설립 당시부터 교명이 그대로 이어져 오는 학교로 많은 인재를 배출한 학교이다.

마지막으로 현재 종로초등학교의 전신이라 불리는 희도학교이다. 대부분의 기독교계 학교는 서양인에 의해 영어를 지도한 것으로 생각되지만 영어는 가르치지 않았고 한자와 한글을 중심으로 한 교육이었다. 미국 선교사들이 대구지역 선교를 위해 설립한 기독교계 학교였지만 조선인의 지원이 절대적이었음을 밝혀 기독교계 학교도 조선인의 노력이었음을 이야기하고자 한다.

구한말 구국과 근대화를 위해 전국적으로 5천여 개 학교가 설립되었고 대구부 내에도 1906년 기준으로 70여 곳의 학교가 설립되었지만 대부분 학교는 전해지지 않고 있다. 그중에서 대표적인 5개 학교를 찾아 대구 근대교육의 실체를 바로잡는 발판을 만들고 이를 사례로 각 지역마다 일제강점기하 숨겨진 학교사, 지역사를 발굴하거나 관심을 갖는 계기가 되었으면 한다.

2. 경상북도 근대 공교육의 시작

경상북도관찰부공립소학교가 설립된 시대적 배경은 구한말 갑오개혁과 관련이 있다. 오늘날도 교육과 사회는 불가분의 관계이지만 조선시대 역시 사회 전체적으로 과거제도와 아주 밀접한 관련이 있었다. 홍경래 난에서 보듯이 일부 지역에는 시험응시 가능한 선발인원이 공정하게 할당되지 않았고 급제자가 되더라도 관직을 받기에는 어려움이 있었다. 세도정치기에는 더 심해져 대리시험 등의 부정행위로 인해 실력을 갖춘 인재가 선발되지 않는 등 여러 폐단이 생겨 1894년 과거제도가 폐지되었다. 고종은 "사색당론을 타파하고 문지를 불문하고 인재를 등용"하려 조칙을 발표하였다. 조선 개국 이래 유지되어 온 반상의 신분제를 철폐하고 재능과 기술이 있는 인재를 선발하기 위해 과거제도를 폐지하는 대신 근대 학교를 설립하고자 하였다. 학교가 설립되기 전까지는 전고국에서 국문, 한문, 사자, 산술, 내국정략, 외국사정, 내정외사 등의 보통시험을 거쳐 합격한 사람을 확인한 후 해당 부서에 요구되는 특별한 재능을 재차 시험하여 선발하였다. 고종은 능력에 따라 선발된 사람을 적재적소에 배치하고 격변하는 시대에 따른 교육을 위해 1895년 2월 2일에 교육입국조서를 발표하였다. 교육조서 내용을 실현하기 위해 1895년 4월 16일 한성사범학교관제 발표를 시작으로 하여 외국어학교, 성균관제 등 학교의 관제와 규칙을 제정하였다.

1895년 9월 7일 소학교령 29개조가 발표되었고 1895년 9월 30일 소학교 교칙 대강이 공포되었다. 학부에서는 소학교령 제2조에 관립, 공립, 사립소학교 3가지 종류를 구분하여 관립소학교는 정부가 설립하고 공립소학교는 부 및 군이 설립하였다.1) 서울의 관립소학교를 제외한 공립소학교 위치를 학부에서 정해 발표하였다.2) 학부에서 정한 지역은 한성부, 개성부, 강화부 3곳과 수원, 충주, 공주, 전주, 광주, 대구, 진주, 해주, 평양, 정주, 춘천, 함흥, 경성 등의 13도 관찰부 소재지와 개항장으로 인천항, 부산항, 경흥항, 원산항의 4개소, 전국의 주요 지역으로 제주, 양주, 파주, 청주, 홍주, 임천, 남원, 순천, 영광, 경주, 안동, 안악, 의주, 강계, 성천, 원주, 강릉, 북청 등의 18개소로 해서 총 38개소이다. 이후 1906년 보통학교령 이전까지 전국에 설립된 공립소학교가 100개였다.

〈표 1〉 구한말 공립소학교 개교 현황

연도 지역	1896	1897	1898	1899	1900	1901	1902	1903	1904	1905
경기도 (21)	한성부 수원 개성부 강화부 인천항 파주군 양주군	김포군 통진군		남양군 안산군 진위군 풍덕군	양천군 과천군 부평군 용인군	광주부 포천군	양근군		안성군	
충청북도 (5)	충주 청주부				평택군	직산군	황간군			
충청남도 (4)	공주 홍주군 임천군								면천군	
전라북도 (3)	전주 남원군			옥구항						
전라남도 (8)	광주 제주목 순천군 영광군		무안군		장성군	진도군 담양군				

지역 \ 연도	1896	1897	1898	1899	1900	1901	1902	1903	1904	1905
경상북도 (4)	대구 경주군 안동군					상주군				
경상남도 (6)	진주 부산항				김해군 창원항 동래항	밀양군				
황해도 (4)	해주 안악군				장련군	토산군				
평안남도 (8)	평양 성천군		삼화항	증산군	강서군	삼등군 안주군	중화군			
평안북도 (7)	정주 의주군 강계군			운산군		용강군 곽산군		정주군		
강원도 (8)	춘천 원주군 강릉군	회양군			금성군		철원군	평강군	김화군	
함경남도 (12)	함흥 원산항 북청군			덕원항 장진군 문천군 홍원군 정평군 영흥군	고원군 안변군	단천군				
함경북도 (9)	경성 경흥항			성진항	길성항 종성군		회령군 길주군	명천군		북간도

출처: 구한말관보

100개교의 분포는 경기도, 함경남북도 순으로 많았다. 소학교 설립에 따른 경비를 국가에서 지원할 형편이 아니었기에 학교부지 제공과 재정지원이 가능한 지역에 학교 설립이 있었다.

<표 1>에서 보듯이 북한지역에서 학교 설립이 활발하였다. 이는 유림의 저항과 관련이 있었다. 소학교 설립과 운영 관련 재원을 향교 소

유 재산을 사용하였기에 지역 유림들의 저항이 있었다. 유림의 저항이 심했던 곳인 삼남 지방의 학교 설립은 많지 않았고 유림 수가 적었던 북한지역이 학교 설립에 대한 저항이 약하였다.

유림의 저항은 지역뿐만 아니라 학교가 설립된 연도와도 관련이 있다. 1899년 4월 29일 경본예참의 유교조칙을 발표하여 신교육에 부정적이었던 유생들을 안심시켰으며 부교원으로 공립소학교에 유림을 고용하자 학교 설립에 우호적으로 바뀌어 1899년, 1900년 학교 설립이 많았다.

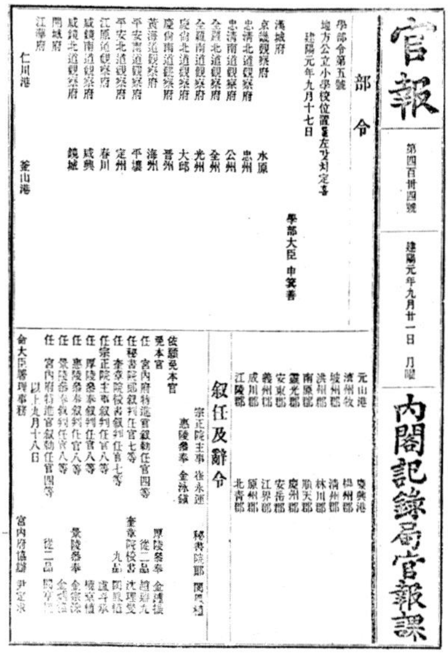
官報
第四百卅四號
建陽元年九月廿一日 月曜
內閣記錄局官報課

部令

學部令第五號
地方公立小學校位置를左갓치定홈
建陽元年九月十七日
學部大臣 申箕善

漢城府
京畿觀察府 水原
忠淸北道觀察府 忠州
忠淸南道觀察府 公州
全羅北道觀察府 全州
全羅南道觀察府 光州
慶尙北道觀察府 大邱
慶尙南道觀察府 晉州
黃海道觀察府 海州
平安南道觀察府 平壤
平安北道觀察府 定州
江原道觀察府 春川
咸鏡南道觀察府 咸興
咸鏡北道觀察府 鏡城
開城府
江華府
仁川港 釜山港
元山港 慶興港
濟州牧 楊州郡
坡州郡 淸州郡
洪州郡 林川郡
南原郡 順天郡
靈光郡 慶州郡
安東郡 安岳郡
義州郡 江界郡
成川郡 原州郡
江陵郡 北靑郡

敍任及辭令

宗正院主事 崔永運 秘書院郎 閔[illegible]
惠陵參奉 金泳鎭 厚陵參奉 金[illegible]
依願免本官
免本官 從二品 趙[illegible]九
任宮內府特進官敍勅任官四等
任秘書院郎敍判任官七等 奎章院校書 沈理燮
任奎章院校書敍判任官七等 九品 閔[illegible]
任宗正院主事敍判任官八等 [illegible]
任厚陵參奉敍判任官八等 [illegible]
任惠陵參奉敍判任官八等 景陵參奉 金宗[illegible]
任景陵參奉敍判任官八等 金[illegible]
任宮內府特進官敍勅任官四等 從二品 閔[illegible]
以上九月十八日
命大臣署理事務 宮內府協辦 尹定求

〈그림 2〉 공립소학교 설치

1896년 초창기에 설립된 38개 학교 중 13개 관찰부 소재지 중의 하나로 설립된 대구의 경상북도관찰부공립소학교는 1906년 보통학교령에 의해 변경될 때까지 운영된 학교였다. 이후 여러 법령에 따라 교명이 변하였지만 현재 대구초등학교로 이어져 온 공립학교이다.

구한말 조정은 교육개혁을 전국적으로 빠르게 확대하고자 하였지만 건물을 짓는 비용과 시간이 부족했고 지역의 부군 역시 별도의 경비가 없는 상태였기에 비어 있는 관청 건물을 활용해 소학교를 시작했다. 교동소학교는 광무국,3) 장동소학교는 관상감, 묘동소학교는 혜민서 터4) 등에서 시작되었고 경주, 광주 공립소학교는 사마재 등 지역 유림과 관련된 건물을 이용하였다.5) 각 부군의 설치할 소학교의 학교 수와 위치는 학부가 정하지만 각 부군이 그 관내의 학령아동이 취학할 공립소학교를 설치하게 되어 있어6) 각 부군의 상황에 따라 학교시설을 마련하였기 때문이었다.

경상북도관찰부공립소학교는 구식군대와 관련이 있다. 갑오개혁에 의해 1895년 8월 2일에 구한말의 군제를 폐지하고 1895년 9월 13일에 지방군대를 평양과 진주 2개의 진위대로 창설하였다.7) 대구는 경상감영 내 친군남영의8) 군사 관련 시설인 숙직 장교 관련 장교청, 장관청과 무사청인 공북헌, 군졸들의 거처인 군노방 등이 있었다.9) 지방군대 개편 속에서 친군남영이 없어지자 군사 관련 시설이 필요 없게 되었다. 경상감영 내 불필요하게 된 장관청 자리에 경상북도관찰부공립소학교를 설치하였다. <그림 3> 경상감영공해도의 선화당 우측 편에 공립소학교라고 표시되어 있었다. 그 위치가 장관청 자리였다.

대구초등학교 연혁에 "경북 대구군 서상면 남일동(前 장군청 자리)"이라고 위치를 밝혔지만 경상북도 감영의 건물 이름으로 장군청은 없었다. 1907년 3월 8일 경상북도 관찰부의 「각 관청 20여 곳의 사용현황에 관한 보고」에 "전 장관청은 년전(年前) 공립소학교"라고 기록되

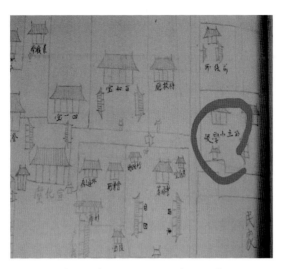

〈그림 3〉 경상감영공해도(1907년)

어 있고 "보통학교 타처 건축 후 해당 교장교원 숙사로 정한다"라고
되어 있다.[10] 장군청이 아니라 장관청이 소학교 자리였다. 장관청은 조
선 시대 장교(將校)인 종2품 별장, 정3품 천총, 종4품 파총의 무관인
장군들이 차례대로 돌아가며 숙직하던 곳이어서 장군청으로 오해했거
나 장관청을 오기한 것으로 보인다. 경상북도관찰부공립소학교는 1896
년 9월 17일 장관청에서 시작된 것이었다.[11] 이것이 대구 근대교육의
효시였다. 경상북도관찰부공립소학교의 개교는 일본인들이 대구 근대
교육의 효시라고 하는 달성학교 개교 시기보다 3년이 더 빠른 것이었
고 대구공립보통학교 개교 시점보다 10년이나 앞선 것이었다.

3. 경상북도관찰부공립소학교 연혁

1906년 통감부가 설치되어 실질적인 식민지기로 접어들면서 10년간 유지되어 온 경상북도관찰부공립소학교는 대구공립보통학교로 바뀌었다.

경상북도관찰부공립소학교는 대구초등학교의 연혁에서 "학제개편으로 인해 1906년 9월 9일 종전의 소학교 건물의 가교사로 개교"하였다고 기록되어 있다. 학제개편이라는 것은 소학교에서 보통학교로 개편한다는 것이었고 종전의 소학교가 경상북도관찰부공립소학교였다. 즉, 대구공립보통학교는 경상북도관찰부공립소학교에서 이어졌다는 것을 말한다.

〈그림 4〉 학부령 27호(1906.9.1.) 보통학교 설치

<그림 4> 학부령 27호에 의해 1906년 보통학교 개편 1차 계획에 따라 지방에 있던 관찰부 13개 공립소학교가 보통학교로 개편되었다. 경상북도관찰부공립소학교가 여기에 해당되어 대구공립보통학교로 바뀌었던 것이다.

교원도 기존의 경상북도관찰부공립소학교 교원이 그대로 대구공립보통학교 교장으로 임명되었다. "현 공립소학교 직원은 보통학교령 시행일로부터 별(別)로히 사령을 불요(不要)하고 해(該)당 공립학교 직원으로 채용한다"는 학부령 27호[12] 규정에 따른 것이었다. 경상북도관찰부공립소학교 마지막 교원이었던 엄성구가 1906년 9월 30일 대구공립보통학교 초대 교장으로 임명되었다.[13]

학부의 학교 확장안에서도 경상북도관찰부공립소학교의 위치와 경상북도관찰부공립소학교가 대구보통학교로 승계된 것을 알 수가 있다. 대구부 전장관청과 의주군 백마산성 전호분영 두 곳을 1906년 학부가 탁지부에 청구하여 학교 확장안이 결정되었다.[14] <그림 5>처럼 1906년 통감부 설치 후 일본의 지배가 노골화되면서 경상감영 안 징청각에 일본이사청이 들어섰고 경상북도관찰부공립소학교 앞으로 도로가 나면서 학교 주변의 확장이 불가능하였다.[15]

대구공립보통학교는 "종전의 소학교 건물을 가교사로 개교"한 후 경상북도관찰부소학교 건너편 남문 쪽의 장관동 부지로[16] 옮겨 1907년 2월 22일 학무국장을 초대하여 학교 낙성식을 하였다.[17] 대구공립보통학교가 경상북도관찰부공립소학교 자리인 전 장관청 자리에서 1년 이상 운영되다가 이전한 것도 경상북도관찰부공립소학교가 보통학교로 변경되었던 근거이다.

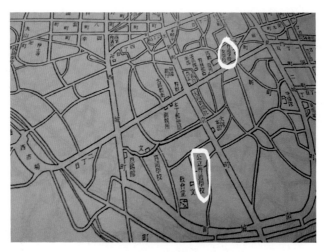

〈그림 5〉 대구시 전도(1912년)

<그림 5>의 1912년 대구시 전도에서는 경상북도관찰부소학교 자리가 대구공립보통학교 여학교 자리로 바뀌었다. "전 공립소학교사로 관찰사 이충구 씨가 스스로 경비를 부담하여 양성여학교로 고쳐"라고 한 사립양성학교 기사에서[18] 이전에는 공립소학교 건물이 있었다는 것을 알 수가 있었다. 그 자리의 사립양성여학교를 1908년 4월 18일 학부에서 대구공립보통학교의 여자부로 지정하였다.[19]

경상북도관찰부공립소학교에서 보통학교, 양성학교, 공립보통학교 여자부 등의 학교가 생겨났음에도 불구하고 경상북도관찰부공립소학교는 지금까지 대구 최초의 공립학교로 인정을 받지 못하고 있다.

〈표 2〉 경상북도관찰부소학교 자리(장관청) 변천과정

설립일자	학교명칭	비고
1896년 9월 17일	경상북도관찰부 공립소학교	
1906년 9월 1일	대구공립보통학교	학교이전 1907.2.22.
1907년 12월 24일	양성여학교	
1908년 4월 18일	대구공립보통학교 여자부20)	

자료: 경상북도관찰부 공해도, 대구초 연혁지, 백남준 1907년 보고서

4. 학부파견 교원[21]

경상북도관찰부공립소학교의 교사는 한성사범학교 출신의 학부파견
교사 1명과 지방에서 천거된 부교원 1명이었다.[22] 경상북도관찰부공립
소학교의 설치 지역을 정하기도 전에 대구부공립소학교[23]에 이항선 교
사가 임명되었다(그림 6 참조).[24] 학교 신설 전부터 교원을 파견한 것
은 나름 계획성을 갖고 학교 설립을 추진한 것이었다. 소학교 설립 전
부터 교사 양성의 필요성을 알고 조정에서 가장 먼저 한성사범학교를
신설하였다. 한성사범학교 속성과 출신이 1896년 1월부터 6월까지 먼
저 개교하는 지방의 11개 부군에 배치되었다. 부군소학교는 1896년까
지 전원 한성사범학교 1, 2기생으로 발령이 나서 이름만 학교이지 교
원도 없는 경우도 있다고 한 오천석의 기록과 달랐다.[25] 1897년 4월까
지 한성사범학교 1기 25명, 1896년 10월 29일에 2기 졸업생 27명이
발령이 나서 총 발령자가 52명이었다.[26] 1897년 4월까지 교당 1명 배
치가 대부분이어서 50여 개 이상 학교에 한성사범학교 졸업생이 배치
되었다.

〈그림 6〉 교원 발령 관보

동아동문회의 츠네야(恒屋盛服) 한국 시찰보고에는 "경상북도관찰부 공립소학교에 갔더니 서울에서 온 교원이 부재였다"는 것과27) 1903년 또 다른 동아동문회 보고에서는 "박용관이 서울 가서 없었다28)"는 기록이 있다. 교사 박용관이 부재중이었던 이유는 시기적으로 봤을 때 방학 중이었거나 인사발령 대기 중이었을 것으로 생각된다.

츠네야는 1902년 7월 21일 동경을 출발하여 7월 26일 부산에 도착하여 대구로 왔다. 소학교령에 의해 이 시기는 동기, 하기 휴가 90일이 가능한 때였다. 제국신문에 의하면 1900년 7월 13일 각 소학교에서 명일에 방학한다고 했고29) 1902년 9월 2일에는 어제 개학을 했다고30) 했으니 여름방학은 대체로 7월 중순에서 8월 말까지였다. 이 기간에 츠네야 일행이 경상북도관찰부공립소학교를 방문하였다.

교원 공석의 또 한 가지 이유는 인사발령 때문일 수가 있다. 박희명의 경우 1902년 8월 20일 전임 경상북도관찰부공립소학교 교원에서 9월 1일 관립소학교로 전임되었고, 1902년 8월 20일 동래소학교로 전출갔던 박용관이 다시 9월 1일 자로 경상북도관찰부공립소학교로 인사이동 하였다. 오늘날처럼 교통이 발달하지 못한 시절이었기에 이 과정에서 교원이 공석이었을 수가 있었다. 부임 이외에 교사가 장기 부재중일 경우 징계를 내릴 수 있는 사유가 되기 때문에 학교를 비울 수가 없었다. 김영제가 양사동 소학교 근무 시 학교에 출근하지 않아 감봉을 당했다.31) 교사가 휴가 후 학교로 돌아오는 날짜가 지나거나 보고 없이 상경하는 경우에는 견책을, 장기간 학교를 비우거나 발령 후에 부임하지 않으면 파면을 받았다.32)

보조공립소학교규칙 제3조에 따르면 "본부에서 각부 군 공립소학교를 보조하도록 허가할 때에는 본부(학부)에서 교원 1명을 파견한다"라는 내용이어서 경상북도관찰부공립소학교 파견 교원 1명이 파견된 것을 알 수가 있다. 1896년에서 1906년까지 9명의 교원이 이동이 있어 교원 1인 재직기간은 상당히 짧았다. 파견 임용된 교원들은 이항선을 시작으로 1명씩 총 9명의 교사가 근무했고 그중에 김영제, 박용관은 2번 이상 근무하였다. 2명의 교원이 2, 3번 근무를 하였으니 실제 경상북도관찰부공립소학교에서의 나머지 교사들의 평균 재직기간은 1년도 안 된다. 가장 짧은 박희명의 경우에는 1902년 8월 20일에 경상북도관찰부공립소학교로 발령을33) 받았다가 11일 만에 다시 1902년 9월 1일에 관립소학교로 이동하였다.34) 1896년 6월 8일 대구부로 발령난 김영제는 14일 만에 경상북도관찰부공립소학교를 그만두고 1896년 7월 8일 자로 홍주부 소학교로 옮겼다.35) 장성화의 경우도 경상북도관찰부공립소학교에서 10월 12일 의원면직하고 11월 6일 전라북도관찰부공립소학교교원으로 발령났다.36) 김영제는 경상북도 관찰부 공립소학교에 1898년 12월 5일 2번째 발령을 받아 근무하다가 1899년 3월 30일 의원면직을 하였다.37) 그 후 7월 7일에 관립소학교로 발령이 났다.

경상북도관찰부공립소학교에 일부 교원이 이동한 후 교사발령이 없는 결원인 시기도 있었다. 1896년 11월 7일 장성화가 전라북도관찰부소학교로 발령을 받아 전출을 하고 김영제가 1898년 12월 5일에 발령이 나서 다시 부임할 때까지 2년 1개월 정도 교사가 없었다. 그다음 해 1899년 3월 30일 김영제는 경상북도관찰부공립소학교에서 두 번째 의원면직을 신청하였다. 김영제 의원면직 이후 1899년 5월 30일에 교사 박용관의 발령까지 2달간 교원이 없었다. 장성화나 김영제가 처음 의원면직 한 1896년은 한성사범학교 초창기여서 교사가 부족한 시기였지만 김영제가 두 번째 의원면직 한 1899년은 한성사범학교 졸업생들 중에 비임용자가 상당히 많았다. 1898년은 한성사범학교의 속성과가 폐지되고 본과 체제로 바뀌면서 졸업생이 없던 시기였지만 누적된 기존 졸업자들의 비임용률이 높았던 때였다. 교사 결원이 발생하지 않을 수 있는데도 불구하고 경상북도관찰부소학교에는 2달간 교사 결원이 생겼다. 당시 지방공립소학교에 임용된 한성사범학교 졸업생의 경우 곧바로 혹은 1개월도 되지 않아 사직하는 경우가 종종 있었는데 지방 공립소학교 부임 기피 때문이었다.38) 많은 지방 공립소학교들이 한성사범학교를 졸업한 교원들의 부임을 요구하고 있었지만 실제 지방 공립소학교의 교원은 부족하였다. 한성사범학교 졸업생 비임용 비율이 1897년에 56%, 1899년 31%였음에도 불구하고 김영제처럼 사표를 냈던 사람이 원하는 지역에 다시 임용되는 것은 사범학교 졸업자들의 임용 기피로 인해 교원 임용이 적었다는 연구결과와 관련 있다.39)

<표 3> 경상북도관찰부공립소학교 교원 인사이동

일자	해임(전출)	임용
1896년 1월 24일		교원 이항선 서판임관6등 급2급봉
1896년 6월 8일		김영제 임교원 給2급봉 임용
1896년 6월 22일	교원 김영제 의원면직	장성화 교원 임용, 급2급봉[40]
1896년 10월 12일	장성화 교원 의원면직	교사 결원 시기
1898년 12월 5일		교원 김영제 승서판임관4등[41]
1899년 3월 30일	교원 김영제 의원면직	
1899년 5월 30일		박용관 교원서판임관6등 임용 [42]
1902년 8월 23일	박용관 임동래공립소학교원	박희명 교원서판임관5등 임용
1902년 9월 08일	박희명 임관립소학교 판임관5등	박용관 임용발령교원판임관4등
1903년 2월 24일	박용관 임창원공립소학교	김경연 임교원서판임관6등
1903년 11월 30일	김경연 임창원항공립소학교	박용관 임교원서판임관4등
1903년 12월 22일	박용관 임창원항공립소학교	이동현 교원서판임관5등 임용
1905년 10월 24일	이동현 교원관립소학교 임용	엄성구 임교원서판임관5등

자료:『승정원일기』,『관보』,『황성신문』

경상북도관찰부공립소학교 교사 중에서 가장 오래 근무한 교사는 박용관이다. 박용관은 1899년 6월 2일 대구에 부임하여 3년 2개월 정도 근무하고 1902년 8월에 동래공립소학교로 부임하였다. 그 후 박희명이 임용된 지 10여일 만에 의원면직 하여 박용관은 다시 대구로 와서 6개월을 근무하고 이듬해 1903년 2월 24일 창원공립소학교로 발령 났다. 박용관의 경우 다른 교사들과 달리 한성사범학교 졸업자 명단에 없다. 당시 한성사범학교가 입학자들을 수시로 받아들였고 전출도 잦아서 학생 재학 여부 파악은 어렵다고 해도 졸업자 명단은 기록에 남아 있는데 박용관은 찾을 수 없다. 한성사범학교를 졸업해야 교원으로 발령이 날 수 있는데 한성사범학교 졸업자 198명 명단에 박용관은 없고[43] 기타 관원 목록에서도 이력을 확인할 수가 없었다. 1899년 5월 30일 경상북도관찰부공립소학교 교사로 처음 임용되어 창원과 대구에서 주로 근무를 한 것이 파악되는 내용의 전부이다. 교사 이동현의 경우에는 일본이 발행한 『한국대구안내』 책자에 학교장으로 소개됐다.[44) 소학교령에 의해 학교장은 교사가 겸임하게 되어 있었다.[45) 경상북도관찰부공립소학교 정교원은 1인밖에 없었기 때문에 이동현이 교장 겸 교사였다. 이동현 후임으로 온 경상북도관찰부공립소학교 마지막 교원인 엄성구가 보통학교로 개편되면서 대구공립보통학교 초대 교장이 되었다.[46)

위의 <표 3>에서도 알 수 있듯이 교원 인사 발령 일자들을 보면 5월, 6월, 10월, 11월 수시로 자주 있었다. 하지만 시간이 지나면서 전출로 인한 교원의 공백이 사라져 교원 이동이 체계적으로 바뀌었다. 1902년 8월 23일 박용관이 임용된 후 전출해 나가는 시기부터는 전입과 전출 일자가 동일하게 되었고 전입 배치되는 학교까지 나타내는 것으로 표기 방법이 바뀌었다. 박용관을 예를 들면 "박용관 임경상북도관찰부공립소학교 교원, 고종 39년 7월 29일 양력 9월 1일" 1902년까지는 전입되는 학교만 나왔는데 "경상북도관찰부공립소학교 교원 박용관 임창원항공립소학교 교원, 고종 40년 음력 10월 30일(1903년 양력 11월 26일)" 식으로 바뀌었다는 것을 알 수 있다. 현재 근무하는 소학교와 새로 부임하는 곳까지 기술하는 방식으로 바뀌었다.[47)

교원의 이동에서 관립과 공립 간의 인사이동이 가능하였다. 1895년에서 1906년 8월까지 관립소학교 교원 명단은 총 72명이었다. 그중에서 경상북도관찰부공립소학교에서 근무하다가 관립으로 이동한 교원으로는 김영제, 박희명, 김경연, 이동현이 있었다. 엄성구의 경우 관립소학교에서 경상북도관찰부 공립소학교로 전임한 경우였다. 처음에 공립에 발령을 받았더라도 근무하다가 관립으로 이동하는 경우가 더 많았고 교원은 전부 한성사범학교 출신이어서 교원들의 수준이 관공립의 차이는 없었다. 경상북도관찰부 교사들은 한성사범학교 속성과와 본과 출신이었는데 한성사범학교 입학 전 최고의 유학기관인 성균관에 합격한 사람도 있었다. 김경연은 경북 순흥 출신으로 경상북도관찰부공립소학교에 1903년 2월 24일에 부임하여 1903년 11월 30일까지 8개월 정도 근무하였다. 김경연은 1882년 3월 피선별시과초시, 1885년 피선식과량장초시, 1897년 성균관 경의과 입격한 사람이지만 1899년 1월에 한성사범학교에 입학하였다. 김경연뿐만 아니라 한성사범학교 학생들 중 남형식, 김현구 등이 과거에 합격했지만 관직 진출을 보장받지 못해 한성사범학교에 입학하였다.[48] 이는 과거제도 폐지 이후 관직 진출의 어려운 시대상을 알려주는 것과 동시에 교사 중에는 유학을 기본으로 한 자들이 있다는 것을 알 수가 있다. 한성사범학교 선발 시험이 국문의 독서 및 작문, 한문의 독서 및 작문이었기 때문에 한문 교과에 있어서 유학자들이 유리하였다.

졸업 후 교원을 계속하지 않는 경우도 있었다. <표 4>의 이항선은 경상북도관찰부공립소학교 발령 이후 학교의 근무를 찾을 수가 없었고[49] 승정원일기에서는 중추원으로 나왔다. 장성화는 농상공부 기수로 전직을 하였다. 장성화는 전라북도, 전라남도 공립소학교를 거쳐 1901년에 농상공부잠업과를 4개월 다니고 졸업 후에 농상공부에 근무를 하였다.[50] 농상공부 잠업과는 잠업을 장려하기 위해 1900년에 신설되었는데 황제의 하사금으로 대한제국인공(人工)양잠합자회사를 설립한 유망한 직장이었다.

한성사범학교의 입학자들이 졸업과 동시에 관리에 채용되어 관직 진출에 유리하다는 것을 김경연의 사례에서 알 수가 있었다. 김경연의 경우 과거에 합격해도 보장되지 않던 관직이 사범학교를 졸업함으로 인해 바로 교사로 채용되었고 나중에 관립소학교 교장으로 재직하였다. 한성사범학교 졸업생이 교직으로 발령을 받지 않는 예도 있었지만 교직의 입문을 관직 진출로 사용하였고 이후 다른 일반 공무원으로도 이동하는 것을 알 수 있었다.

〈표 4〉 경상북도관찰부공립소학교의 교사 경력

기수	졸업연도	이수구분	성명	근무경력
1회	1895	속성과	이항선	중추원
			김영제	홍주군, 관립소학교
			장성화	전라북도관찰부, 전라남도관찰부, 농상공부기수
			이동현	공주부공립소학교, 함경남도관찰부, 양천군, 경기도관찰부, 관립소학교, 관립정동소학교
2회	1896	속성과	박희명	강릉, 정평군, 부산(동래)항, 관립소학교
4회	1899	본과	엄성구	관립소학교, 경상북도관찰부공립소학교
5회	1901	본과	김경연	창원공립소학교, 경기도관찰부관립소학교, 경상남도 관찰부소학교, 동래항공립소학교, 관립소학교, 관립수하동소학교 교장
			박용관	동래항소학교, 창원부 소학교

자료:『승정원일기』

5. 지방 추천 부교원

구한말 교원제도 중에 특이한 것이 공립소학교 부교원제도였다. 보조공립소학교규칙에 "부교원은 관찰사가 해당 지방 내의 학행이 있는 자로 임용한다"라고 나와 있다.[51] 부교원제도는 소학교령 발표 이후 처음부터 있었던 것은 아니었다. 갑오을미년간의 개혁에서 재래교육을 "허문의 학"으로 규정함으로써 재래 지식인인 유생세력이 반발하였다. 이에 정부는 재래의 교육 전통을 존중하고 현실적으로 필요한 서양의 새 학문을 가르치는 경본예참 교육을 표방하였다.[52] 유교교육을 중심으로 하고 기술교육을 여기에 더한다는 의미로 유교교육을 위해 지방의 유생을 참여시켰다. 을미사변 후 정부가 보조공립소학교규칙을 제정하여 유생의 교육권을 인정함으로써 유생들이 공립소학교 부교원으로 교육에 참여하게 되었다.

부교원 역시 학부에서 임용했지만, 사범학교 출신들이 아니라 현지 유림의 천거에 의해 임용하였다. 이와 같은 임용 방식이 생겨난 것은 소학교의 경비를 향교 도조 수입에서 보전하기 위한 목적과 함께 근대교육에 대한 보수 유림의 반대를 무마하고, 전통 학문과의 조화를 유지하기 위한 것이었다.[53] 처음에는 소학교가 관찰부 지역이나 일부 지역에만 생기면서 소학교의 부교원을 관찰사가 임용했어도 문제가 없었다. 이후 소학교가 군 단위로 늘어나면서 관찰사가 지방 사정을 무시하고 타지방 사람을 부교원으로 임용하는 문제가 생겼다. 이에 1900년 보조공립소학교규칙을 개정하여 군에서 부교원을 임용하였다.[54]

부교원의 역할은 학교 상황에 따라 달랐지만 경상북도관찰부공립소학교처럼 파견 교원이 있었던 곳에서는 교원을 보조하여 학교 운영에 참가하고 파견 교원의 부재 시에는 그를 보완하는 역할을 하였다. 학부에서 파견된 교원과 지방 유림인 부교원 간의 갈등이 김포나 의정부 등에서 있었으나 부교원제는 계속되었다.[55] 전국적으로 부교원제도가 문제가 많아 부교원의 유명무실을 조사하였는데 파견 교원이 배치된

소학교들에서는 큰 문제가 없었고 징계 학교에 경상북도관찰부공립소학교가 없으므로 경상북도관찰부공립소학교 부교원 운영은 크게 문제 없었다.56)

<표 5> 대구부공립소학교 부교원 인사이동

일자	해임	임용
1898년 10월 17일		부교원 이두석 재임용
1899년 09월 15일	부교원 이두석은 해임	조한구로 임용
1899년 12월 13일	부교원 조한구는 해임	남준희로 임용
1900년 7월 18일	부교원 남준희는 해임	이태노로 임용
1902년 12월 08일	부교원 이태노는 해임	배석하로 임용
1903년 01월 23일	배석하는 해임	김춘진으로 임용
1903년 02월 19일	김춘진은 해임	이두석으로 임용
1903년 08월 28일	이두석은 면임	
1906년 04월 23일	부교원 이두석 해임	조겸하로 임용

자료: 『황성신문』

황성신문에는 경상북도관찰부공립소학교 총 7명의 부교원이 파악된다. <표 5>에서 보듯이 이두석을 제외하고는 대부분 몇 개월씩 근무한 것을 알 수 있었다. 츠네야(恒屋盛服)가 경상북도 관찰부 소학교를 방문했을 때 "곰방대 같은 것으로 학생들을 조용히 시키던 한문 교사 1인이 있었다"고 하였는데 이는 부교원 이두석을 말한다.57) 이두석이 1898년 10월 17일에 임용되어 그 이듬해 1899년 9월 15일에 해임되었다.58) 부교원제도가 1897년 7월 한성부공립소학교에 시작되었다고 하나59) 경상북도 관찰부소학교에서는 1898년 10월에 처음으로 등장하였다. 다만 황성신문에서 기사 내용이 이두석은 임용이 아니고 재임용으로 나오고 있어 그전에도 임용이 되었던 적이 있을 수도 있다. 이두석의 근무기간은 신문의 내용보다 더 오래되지 않았을까 추측된다. 이두석은 그 이후에도 1903년 2월 19일 임용되어 그해 8월 29일 해임되었고 1906년 4월 해임 기록이 있다. 해임된 8월 29일과 1906년 4월 그 중간에 다시 임용되었던 것으로 여겨진다. 한편 1906년 11월 19일 신문에[60] 박중양이 이두석을 교체해 달라고 하는 내용이 나와서 해임 일자가 정확하지 않은 것으로 생각된다. 이두석이 1903년 1월에 60세라고[61] 나와 있어서 박중양이 이두석의 교체를 건의한 1906년에는 63세였다. 부교원의 임용 연령을 제한하는 자료는 찾을 수 없었다.

6. 경상북도관찰부공립소학교 인사제도

경상북도관찰부공립소학교 교원들의 근무 태만을 일본인들이 지적하지만 실제는 태만할 수 없는 체계였다. 교원의 급여가 경력에 의한 호봉제를 기본으로 하고 있지만 징계와 포상에 따른 실적에 의해 승급이 가능하게 되어 있다.[62] 대부분이 경력이 쌓이면서 4등급으로 바뀌는 사례들이 위의 <표 3>의 김영제, 박용관 사례에서 알 수 있었다.[63] 박용관의 경우 처음 경상북도관찰부공립소학교 발령을 받은 1899년 6월 2일은 6등(급) 임용인데 1902년 9월 8일에는 4등(급) 임용인 것을 알 수 있었다.[64] 김영제가 1896년 6월 8일 처음 임용될 때는 6등급이었고 1898년 12월 5일(음력 10월 22일) 다시 경상북도관찰부공립소학교에 발령받을 시에는 4등급이었다.[65] 교원들은 1년간 성실히 근무하면 1년이 지났을 때 1등급씩 승급하였다.

이 밖에 1899년 학부령에 의해 관립 각종 학교 교관교원의 포증 및 승급 규칙이 제정되었다. 포증 기준이 되는 "제2조 학원의 진취는 교관교원의 교수한 학원이 상증이나 진급이나 졸업이 1/3이 지나는 것에 준함"이라고 되어 있다. 또 제3조 "교관교원은 포증을 2번 받으면 승급을 얻는다." 소학교는 1, 2학기 시험이 있었는데[66] 시험에 통과한 학생들이 1/3 이상이면 포증 받을 수 있었다. 1년 정도를 근무하면 기본적으로 경력에 의해 승급할 수 있고 제3조의 포증이 2번 있으면 승급할 수 있다는 규정에 의해 더 빨리도 가능하였다. 1년 안에 경력에 의해 1호봉, 성과에 따라 1호봉을 할 수 있다는 것이지만 역으로 담당 학생의 진급이 정액 미만일 경우 교원이 견책을 받는 경우도 있어서 포증에 의한 승급은 많지 않았다.

교원들의 징계는 견책, 감봉, 파면의 3종류가 있었다.[67] 감봉은 주로 학교를 비운다든지 근무 태만이 이유였으며 견책은 휴가 후 학교로 돌아오는 날짜가 지났거나 보고 없이 상경하는 경우에 내려졌다. 파면은 장기간 학교를 비우거나 발령 후에도 부임하지 않으면 내려졌다.[68] 1905년 통감부 설치 이전까지 공립소학교 교원들에 대한 징계는 모두 28건이 내려졌는데 이중 감봉이 가장 많았다. 경상북도관찰부공립소학교 김경연도 감봉과 견책을 받았다. 감봉의 사유는 보고 착오, 견책은 학교로 돌아오는 날짜가 지난 것 때문이었다. 1903년 2월 20일에 경상북도관찰부공립소학교 교원으로 6등(급)에 임해서 발령을 받아왔는데 그해 9월 보고 착오 건으로 감봉을 받는다. 그해 김경연은 경기도관찰부 교원으로 발령 났지만 부임 기간을 지키지 않아서 견책을 받았다.[69]

경상북도관찰부공립소학교 교원으로 근무했던 박희명의 경우는 승진과 감봉이 동시에 있었던 사례였다. 박희명은 관립소학교로 이동하여 1903년 3월 29일 3등급에서 근무 태도와 보고 누락으로 견책을 받아 6월 24일 4등(급)으로 강등을 당했고[70] 7월 14일 학생들의 진급 미달이 되어 교육상 성실하지 못하다는 이유로 견책을 받았다. 연이어 징계를 받은 후 1904년 8월 26일 포증을 두 번 받아 승급되었다.[71]

교원은 학부에서 직접 임용하고 부교원의 경우 지방의 추천을 받아 학부에서 임용하는 차이가 있어 월급이나 승급 체계에도 차이가 있었다. 교원은 국가가 정한 기준에 따라 전국이 동일하게 지원되었는데 부교원은 지방의 향교나 유림에서 급여를 지급하였다.[72] 평양부공립소학교의 경우 교원은 정부보조금 중 22원을 지급하였고 부교원은 17원을 지급하였다.[73] 대구지역 부교원의 월급이 얼마인지 파악은 어렵지만 정교원의 월급보다는 적었을 것이다. 평양 교원의 월급인 22원의 경우는 4등급의 경력교사였다. 교원이 처음 교사로 발령을 받으면 "판임으로 하고 그 관등봉급은 따로 정하도록" 되어[74] 있었는데 첫 임용 시에 보면 6등 2급봉으로 정해졌다. 경상북도관찰부공립소학교 최초의 교원인 이항선의 사령관보에서 판임 6등으로 나와 있다.[75]

⟨표 6⟩ 관공립학교 소학교 교원 봉급 월액표

(단위: 원)

관등	1등	2등	3등	4등	5등	6등	7등	8등
1급봉	35	30	26	22	18	15	13	11
2급봉	33	28	24	20	16	14	12	10

자료: 『한말근대법령자료집』 I, 1971, 516쪽(칙령 제146호; 1895~1896)

이항선은 판임 6등 2급봉이라고 하였고, 김영제, 장성화는 2급으로만 나와 있는데 6등급 2급봉이라는 뜻이다.[76] 이항선, 김영제, 장성화는 속성과 1회 동기생으로 차례대로 경상북도관찰부공립소학교로 초임 발령을 받았다. <표 6>에서 초임 봉급은 6등 2급봉으로 월 14원이었다. 박용관의 경우에도 초임으로 발령받았고, 급여가 6등 2급봉이었다.[77) 박용관은 관립각종학교 교관교원 봉급 개정 후인 1899년 5월 30일 발령받아 초임 월급으로 20원을 받았다.

〈표 7〉 일반관리 관등봉급표(1897~1899.1.)

(단위: 원)

관등	1등	2등	3등	4등	5등	6등	7등	8등
주임관	800	700	650	550	500	400		
판임관	450	370	300	250	220	190	150	130

자료:『한말근대법령자료집』II, 1971, 206쪽

교원의 봉급은 변화가 잦았다. <표 7>에서 1897년 일반관직과 동일한 관등봉급체제로 바뀌어 교원은 연봉 190원이었다.

〈표 8〉 관립각종학교 교관교원 봉급 개정(칙령 제1호; 1899~1905.5.)

(단위: 원)

관등	주임교관			판임교관(교원)		
급봉	1급	2급	3급	4급	5급	6급
월액	60	50	40	30	25	20
연액	720	600	480	360	300	240

자료:『한말근대법령자료집』II, 1971, 434~435쪽

1899년 1월 교원들만 별도로 관립 각종 학교 교관교원 봉급개정(칙령 제1호)을 마련하였다. 이 개정에서는 <표 8>에서처럼 교원을 주임

교원과 판임교관/판임교원으로 구분하고 각각 3개 급봉으로 나누었다. 소학교 교원은 판임교원에 해당되어 6급 초임은 월 20원이고 4급 교원은 월 30원을 받아 교원의 급여가 일반관리 관등봉급체계 때보다 조금 올라갔다.

1905년 6월 통감부가 재정 부족을 이유로 봉급을 감액했다. 1905년 칙령 제34호에 "초임주임관, 판임관의 봉급은 7급봉 이하로 함"이라고 했는데[78] 판임관 6등의 교원은 8급의 급봉을, 4~5등의 교원은 7급의 급봉을 받았다.[79] 이 당시 경상북도관찰부공립소학교에는 엄성구가 1905년 10월 24일에 판임관 5급으로 교원으로 발령받았다. <표 8>에 의하면 엄성구의 호봉은 5급으로 올라갔지만 급여체계 변경으로 실수령은 연 240원으로 똑같았다.

〈표 9〉 판임과 교원교관 관등봉급표(1905~)

(단위: 원)

관등	1등		2등		3등		4등		5등	
급봉	1급	2급	3급	4급	5급	6급	7급	8급	9급	10급
연액	600	540	480	420	360	300	240	180	140	120

자료: 『한말근대법령자료집』 IV, 1970

보조공립소학교규칙 "제5조에서는 보조금액은 본부에서 해당 지역의 경향을 참작하여 정하되 그 액수는 50원 이내로 한다"고 하였지만 실제로는 일률적으로 학교당 매월 30원이 보조비였다.[80] 교원의 봉급이 보조금액에 포함되어 교원의 인건비가 최하 14원이니 많은 부분을 차지하였다는 것을 알 수 있다. 경상북도관찰부공립소학교에 재직했던 교원은 초임 발령자가 4명이었고 김경연도 6등급이어서 교원의 월 봉급 지출금액이 14원에서 20원 정도였다. 교원의 급여나 승진, 징계 관련 내용은 학부에서 관할하고 보조금을 책정하는 것이어서 전국적으로 비슷한 상황이었다. 부교원의 급여는 지방재정에서 부담하기 때문에 타 지역과 차이가 있을 수 있는데 경상북도관찰부공립소학교의 사료들은 찾을 수가 없다. 수원의 경기도관찰부소학교 부교원 월급이 9원, 평양부소학교 부교원이 17원이었던 점을 미뤄 봤을 때 월 30원의 재정안에서 경상북도관찰부공립소학교를 운영하려면 부교원의 급여는 교원의 급여보다 금액이 적었을 것으로 짐작된다.[81]

경상북도관찰부공립소학교에 근무한 부교원은 호봉이나 승진체계는 알 수 없으나 교원은 호봉에 따라 급여를 받고 근무 연수와 실적에 따라 승급하게 되어 있었다. 법적인 근거에 따라 두 부류의 교원이 임용 방식의 차이를 두고 운영되고 있었다.

7. 재정보조금을 둘러싼 갈등

대한제국의 전체 예산에서 학부가 차지하는 예산은 아주 적었다. 1896년에서 1905년까지의 정부세출예산에서 학부가 차지하는 비율이 2%대로 늘지 않고 금액도 크게 변동이 없어 전국의 소학교들은 재정적으로 어려움을 겪을 수밖에 없었다. <표 10>에 의하면 1896년에서 1905년 사이 정부 예산은 2배 가까이 늘어났지만 전체 예산에서 차지하는 학부의 비율은 오히려 감소하였다.

<표 10> 학부 연도별 예산 및 전체 대한제국 예산에서의 학부 비율

(단위: 원)

연도	1896	1897	1898	1899	1900	1901	1902	1903	1904	1905
예산액	126,752	76,778	89,340	141,627	163,005	184,983	167,730	164,743	205,673	218,756
비율	2.0	1.8	2.0	2.2	2.6	2.0	2.2	1.5	1.4	1.1

출처: 이재은(2014), 75쪽, 재편집[82]

소학교를 운영하기 위한 재정은 보조공립소학교규칙 제5조에 근거한다. "보조금액은 본부에서 해당 경향을 참작하여 정하되"라고 되어있지만 해당 지역의 상황을 고려하지는 않았다. 보조공립소학교규칙에 나온 바와 같이 금액을 50원 미만으로 액수를 정하기만 하고 학부에서 직접 교부는 하지 않았다. 13부 관하 각 군 공립소학교가 24처인데 매월 보조금이 30원이었고 해당 군에서 외획하였다.[83] 외획이라는 구조때문에 학교마다 보조비 수령이 쉽지 않았다. 단천군에서는 공해 중 폐옥에 소학교가 있었는데 관속들이 자신들의 관청이라 학생들을 축출하였고 경주의 경우에는 탁지부에서 오히려 "경주공립소학교 부속토지를 이획하여 대구지방대의 식량으로 하라"고 훈령을 하여 학교 경비를 쓸 방법이 없다고 하였다.[84]

1898년 영양향교(英陽鄕校) 하첩(下帖)에[85] 따르면 "1898년 영양군수가 새로 설립되는 근대 소학교의 학교운영 경비 조로 2년간 향교 수입의 절반에 해당하는 100냥의 돈을 영양군에 건설되는 소학교 경비로 제공하라"라고 명하고 있다. 또, 1899년 1월 경상북도 관찰사 조한국은 공립소학교의 경비를 부군에서 부담하기 어렵다고 보고를 하자 학부는 향교, 서원의 재산 가운데 절반을 구획하도록 하였다.[86] 학부 지령이었지만 당연히 향교를 장악한 세력의 반발을 받을 수밖에 없어서 경비 절반을 구획하는 것이 어려웠다.

영남지역의 보수 유림은 1899년 7월에는 노영만 등 130여 명이 연명하여 향교 부속재산을 소학교에 귀속시키는 데 대한 반대 상소를 하였다.[87] 이에 대해서 학부에서는 지방관에게 훈령을 내려 향교 재산 구획을 거부하는 자들을 엄하게 다스리라 지시하였다.[88] 1899년에는 각 해당 군의 관아 토지와 학교 재물로 소학교 경비를 외획하려던 학부의 계획은 내장원에 의해 방해를 받았다. 궁내부 내장원은 광무개혁의 일환으로 황제권을 강화하기 위해 전국의 역토·둔토·목토 등 관유지의 상당 부분을 궁내부로 이속시켰다. 1900년 10월 말 내장원은 각 부 각 군 소재지의 교원토(院土)가 내장원 소관임으로 교육비로 변통이 불가하며 내장원에 속하도록 한다고 알렸다. 내장원이 각 향교의 토지에 추도수납(秋賭收納)을 실시하자[89] 각 소학교는 재정에 어려움을 겪어 교원의 월급을 못 주고 문을 닫을 지경이라고 학부에 보고하였다.[90]

내장원의 학교소유원답을 둘러싼 갈등은 경상감영의 낙육재 소유의 토지 건에서도 알 수 있다. 경상도가 경상남북도로 행정구역이 나뉘면서 경상남북도 유림들이 교원토인 낙육재 밀양 소유 토지의 소유권을 서로 주장하는 갈등이 있었다. 이 토지는 관찰부의 학교소유원답이었음에도 불구하고 내장원의 토지로 거둬들이기로 해버렸다.[91] 관아의 토지를 내장원으로 속하게 한 사례들이 전국적으로 이뤄졌던 상황이어서 경상북도관찰부 관아의 역둔토도 마찬가지였다.[92]

1900년 영양향교의 하첩에 의하면 교전뿐만 아니라 그 이전의 추도수납(秋賭收納)하지 않은 3년 이자까지 납부하라고 하여 학교의 어려움은 더 클 수밖에 없었다. 영양향교의 향교 교전 2,000냥과 향교 교전의 궁내부가 추도수납 하지 않은 3년 이자 1,800냥 등 도합 3,800냥을 빠른 시일 내에 궁내부 내장원에 납부하라고 하였다.[93]

영양향교처럼 각 군 공립소학교에서는 재정 마련이 어렵다 보니 "금년도(1901년) 예산에 학교보조비를 포함해서 거둬 달라"고 학부로 보고하였다. 하지만 학부는 이를 반영하지 않았고 "학교에서 방편을 찾아라"라고 각 군으로 훈령을 내렸다.[94] 내장원의 파견된 봉세관이 공립학교에 부속된 도조를 모두 수습하였으므로 학교가 재정이 어렵다는 보고가 계속 들어오자 학부는 훈칙을 발표하였다. 1901년 7월 말 교원토는 원래 유토로 공용으로 쓰는 것이므로 이후 내장원이 봉세를 요청하여도 응할 필요가 없고 이전과 같이 학교 비용으로 쓰고 만약 침해가 있으면 즉시 통보하라고 하였다.[95] 향교와 서원 토지는 본래 유토이니 공립소학교에 귀속되는 것으로 결론이 났지만 외획하는 방식은 그대로여서 학교 재정 마련은 여전히 어려웠다.

1902년에도 공립소학교의 보조비를 예산에 포함하지 못하였으니 해당 학교의 고을로 보조비를 획급하라 하였다.[96] 국세를 직접 교부하는 것이 아니라 외획하는 방식이어서 외획 과정에서 유림들과 소학교의 보조비 갈등, 소학교와 궁내부의 보조비 갈등으로 학교의 재정 확보는 어려웠다. 대구처럼 13도 관찰부 소학교로 설립된 전라남도관찰부인 광주 공립소학교의 경우 1905년 4월 15일 기사에 예산이 6년간 전혀 지급되지 않았다고 하고 동리의 유지인사들이 학교비를 출연하여 유지해 왔다고 한다.[97] 1905년 4월 기사임을 감안하면 재정 지원을 지급받지 못한 6년이라는 기간은 1899년 2월 학부에서 탁지부에 조회하여 지방 각 공립소학교 보조비 월 30원을 해당 군 공전에서 외획을 통해 지급하라는 때부터 받지 못했다는 뜻이다. 이는 보조비 제5조 규칙에 의해 지역 상황에 맞게 보조 금액을 정한다는 것이었지[98] 공립소학교의 재정을 중앙정부가 책임진다는 의미는 아니었기 때문이다. 학부에서는 50원 이내로 정한다는 기준안에서 전국적으로 교당 30원만 정했던 것이고 정해진 보조 금액 30원 확보는 지역에서 알아서 하는 것이었다.

〈표 11〉 공립학교 보조비 연도별 세부 내역

(단위: 원)

구분	1899	1900[99]	1902	1903	1904
공립보조비	15,660	24,900	22,580	22,580	22,820
1) 한성부	600	600	600	600	600
2) 관찰부	4,680	4,680	4,680	4,680	4,680
3) 항	2,160	3,240	3,240	3,240	3,240
4) 부	720	1,080	1,440	1,440	1,440
5) 군	1,800	9,360	9,000	9,000	9,000
6) 경성학당	360	360	360	360	360
7) 인, 부일어학교	2,400	3,260	3,260	3,260	3,500
기타	2,940 정동소학교				
미상		5,940[100]			

자료: 『황성신문』, 1901년 공립학교 보조비 예산은 25,140원이지만 세부 내역 파악이 어려워 제외하였다.[101]

위의 〈표 11〉에서 제1항은 한성부소학교 보조 600원, 제2항은 각 도(혹은 13부) 소학교 보조비 4,680원으로 공립소학교의 보조비는 5년간 연도별로 변동이 없었다. 제3항은 항지역 소학교, 제4항은 부지역 소학교, 제5항은 군지역 소학교로 각 항목은 연도별 동일하나 금액은 학교 설립 수에 따라 달라졌다. 제6항부터는 경성학당, 인천과 부산의 일어학교 지원금이었다. 학부 예산 중 공립학교보조비는 8항까지 나누어져 있었는데 그중 각 도 소학교 보조비 4,680원은 13개 학교당 연간 360원 동일한 예산으로 책정되었다. 예산안 금액이 동일하게 교부되고 있어 경상북도관찰부공립소학교는 폐교되지 않고 운영되었다는 것을 알 수 있다.

8. 나이가 많았던 소학교 학생

보조소학교로 지정받기 위해서는 학생 수도 보고 사항에 포함되어 있었다. 당시 보고 기록이 남아 있지 않아 현재로서는 경상북도관찰부 공립소학교에서 수학한 학생 수를 정확하게 알 수가 없다. 다만, 소학교가 보통학교로 변경된 이후 남아 있는 문서와 달성학교 동아동문회 보고에서 나오는 경상북도관찰부공립소학교 학생 수를 통해 살펴볼 수가 있었다. 1898년에 소학교 전체 학생 수 보고에서 대구의 소학교는 누락되었고 서울의 학교를 중심으로 인원이 파악되었다. 서울의 소학교 중에는 양사동소학교는 40명으로 가장 적었고 수하동소학교가 93명으로 가장 많았다.[102] 지방의 소학교보다 서울의 소학교가 비교적 순조롭게 운영되었다고 하는데도 서울의 양사동, 양현동 소학교의 학생 수가 40여 명이었고[103] 서울 10여 개 소학교의 학생 수 평균이 50명 정도였다.[104] 경상북도관찰부공립소학교의 학생 수는 많지 않았던 것으로 생각된다. 학부의 예상과 달리 학생들이 소학교로 오지 않아 학부에서 의정부회의에 의안을 제출하여 소학교 수학을 독려하고자 8세 이상의 아동 중 농상공업에 종사하지 않는 자 외에는 학교로 보내도록 하자고 하였다. 이를 따르지 않는 자는 법으로 다스리자고 하였지만 집행은 되지 않았다.[105]

대구도 예외는 아니어서 경상북도관찰부공립소학교 학생 수는 1902년 초에는 40명에서 50명이라고 하다가 연말에는 생도가 70명이나 되지만 출석자는 50명이라 하였다.[106] 재적수와 출석자 수의 차이는 경상북도관찰부공립소학교만의 문제가 아니라 시대적인 현상이었다. 1902년 달성학교의 4월 재적은 35명인데 출석은 24명이었다. 퇴학자 수가 18명이었고 입학은 6명으로 보고되었다. 달성학교의 출석자 수와 재적수가 일치하지 않았고 학생들의 결석이나 자퇴가 잦았다.[107] 관립소학교, 한성사범학교에서도 결석자나 학교 중도 포기자들이 많았고 관립학교는 퇴학생 방지를 위해 학비 환불 규정을 만들어 규제하였다.[108]

경상북도관찰부공립소학교의 학생 수는 설립 이후 해를 거듭하여도 크게 늘어나지 않았다. 『조선대구일반』 기록에 1905년 학생 수가 34명이었다.[109] 대구공립보통학교 부교원이었던 조창용이 작성한 1909년 정월에 학년이 끝나기 전 3년급(지금 3학년) 학생 명단이 『백농실기』[110]에 있다. 이달현, 박연향, 이춘수, 서판규, 김두련, 김주주, 박성기, 이옥이 8명이었다. 경상북도관찰부공립소학교가 심상 3학년제였으니까 이 학생들이 입학한 1906년이 경상북도관찰부공립소학교의 마지막 해였다. 중도 탈락자가 많았던 점을 감안하여 8명 이상의 신입생이 있었을 것으로 추정된다. 상급의 2개 학년을 더해도 경상북도관찰부공립소학교 학생 수는 40명 전후였을 것으로 생각된다.

경상북도관찰부공립소학교 학생의 연령은 소학교령 16조에 의해 만

7세 이상 15세까지로 학령을 정하였지만 실제는 15세 이상의 학생들이 있었다. 15세 이상의 경상북도관찰부공립소학교 학생들의 모임인 개진협회의 활동이 독립신문에 소개되었고[111] 해주의 소학교 학생들은 결혼한 자 30명과 미혼자 30명으로 나누어져 시험을 보게 하였다고 하였다.[112] 경상북도관찰부공립소학교의 학생 중에도 기혼자가 많았던 것으로 추정된다. 1908년 4월 대구공립보통학교의 학생 현황 보고에 의하면 14세를 기준으로 구분하여 학생 수를 파악했는데 대구공립보통학교 등록생 중에 15세 이상이 74명, 14세 이하가 89명이었다. 그중에 기혼자는 21명이나 있었다.[113] 1906년 보통학교령에서 "입학 연령을 당분간은 14세까지 입학한다"고 제한하였던 것은 입학하려는 학생 중 14세보다 나이 많은 학생들이 있었기 때문이다.

9. 존왕애국과 개명진보의 학습 내용

경상북도관찰부공립소학교가 학생들에게 어떤 교육적 목적을 추구했는지 판단할 수 있는 것은 교육과정이다. 교육과정이 잘 운영되어 교육목표가 달성되었는가를 학생들의 활동에서 파악 가능하다. 아쉽게도 경상북도관찰부공립소학교의 학생활동이 많이 남아 있지 않다. 전국 소학교 학생의 학교활동은 운동회와 학교 밖 만민공동회 참여가 가장 특징적인 활동이었다. 학생들의 만민공동회 참여 이전에 각 학교 내 학생 자체 활동들이 있었다. 사범학교의 광무협회, 공동소학교의 개연회, 배재학당 취영회 단체가 경상북도관찰부공립소학교의 개진협회와 비

숫한 시기에 결성되었다.[114)

경상북도관찰부공립소학교의 15세 이상 학생들이 학교 옆 경상감영 내 집사청 용일당에서 개진협회를 시작하였다. 회원들의 투표로 서상락이 회장으로 선출되었다.[115) 개진협회의 활동은 나이가 많은 소학교의 학생들이라 당시 만민공동회 참여에서 터득한 독립협회의 토론회 방식을 활용하였다. 개진협회의 규칙은 의회통용규칙에서 뽑아 썼다.[116) 의회통용규칙은 독립협회에서 번역하여 회의의 지침서로 활용한 것으로 학생들이 모임 구성, 회장 선출, 의제 선정 등 공공적 의사결정을 하는 근거가 되었다.[117) 학생들의 자치적인 활동이 신문에 소개되었는데 그 신문 내용에 의하면 학생들이 개명진보 하며 충군애국을 목적으로 삼은 연설을 하였다. 이는 학생들의 학교 학습과 관련이 있었다.[118) 개명진보와 충군애국은 그 당시 소학교의 교육 목적이었다. 고종의 교육입국조서에 의하면 "독서나 습자로 옛사람의 찌꺼기를 줍기에 몰두하여 시세의 대국에 눈 어두운 자는 비록 그 문장이 고금을 능가할지라도 쓸데없는 서생"이라고 하였다. 시세의 대국에 눈뜨는 것 (개명)이 근대교육이라고 하면서도 다소 유교적인 백성관인 "신민은 충군하고 애국하는 심성으로 덕과 체와 지를 닦도록 한다"고 선언하였다.[119) 충군애국 하는 신민을 기르는 것이 국가의 교육목표였지만 개명이라는 시대를 염두에 둔 내용이었다. 고종이 첫 번째 언급한 "덕"은 오륜의 행실을 바로잡는 것으로 소학교 교육에 반영되었다. 소학교령 1조에 "소학교는 아동 신체의 발달에 비추어 국민교육의 기초와 그 생활상 필요한 보통지식과 기능을 가르침을 본지로 한다"라고 하고 심상과의 교과목을 제8조에 제시하였다. 수신, 독서, 작문, 습자, 산술, 체조 등을 필수로 하고 시의에 따라 본국지리, 본국역사, 도화, 외국어 과목을 선택할 수 있었다.

〈표 12〉 소학교 교과목

구분	심상과			
과목/학년	1년	2년	3년	계
수신	3	3	3	9
독서	6	6	6	18
작문	3	3	3	9
습자	5	5	3	13
산술	6	6	6	18
본국의 지리와 외국지리, 본국역사, 외국역사			3	3
체조	5	5	4	14
계	28	28	28	84

자료: 박득준(1998),[120] 정재걸(1994)

경상북도관찰부공립소학교가 명치 29년(1896년)에 설립되어 45명의
아동을 모아 산술의 기초에 지지류와 한문, 습자 등을 배웠다는 동아동
문회 보고가 있다.[121] 그다음 해의 동아동문회 보고에는 "유년자는 한
자를 배우고 조금 지나면 수학을 배우고 그다음에는 언문과 섞어 지리
역사를 배운다"[122]라고 하였다. 이 점은 학년에 따른 학습지도의 차이
를 엿볼 수가 있다. 위의 <표 12>에서 보듯이 1, 2학년에는 지리, 역사
과목이 없다. 소학교 교육과정 3학년에서 1, 2학년에서 배웠던 수신,
독서, 작문에다가 지리, 역사 교과를 학습하게 되어 있었다. 언문이라
는 것이 국어를 비하하는 것이지만 독서, 작문, 수신, 습자를 합해서 한
말로 풀이된다. 지리 역사는 마지막 단계에 배웠다. 수학, 지리 역사의
교과목은 신학문의 대표 교과로 개명을 위한 것이었다.[123] 경상북도관

찰부공립소학교의 학습 내용을 소학교령의 교과목과 비교해 보면 체조가 확인할 수 없을 뿐이지 나머지 교과목은 일치하고 있어 소학교령에 따라 학교가 운영되고 있었음을 알 수 있다. 수신이나 국어의 존왕애국적인 내용뿐만 아니라 산술, 역사, 지리 등 개명을 위한 내용을 경상북도관찰부공립소학교에서 가르쳤다.

교과목명을 봤을 때 경상북도관찰부공립소학교가 국가와 시대적 요구에 따라 교과를 지도하고 있었음에도 불구하고 일본인들이 "한문 습자와 수" 등을 불규칙하게 가르친다고 하거나 "한자를 가르치는 이름만 학교"라고[124) 말하였다. 한자는 구학이라고 무시해야 학교에서 일어교수를 할 근거가 되었고 한자를 가르친 대한제국의 공립소학교는 구교육기관이라 할 수 있었다.[125) 대한제국이 설립한 공립소학교의 근대교육을 부정하고 일어를 가르친 보통학교를 조선 근대교육의 시작이라고 말한 일본인의 주장은 오늘날까지 이어져 왔다.

10. 구수 문답의 교수·학습 방법

경상북도관찰부공립소학교가 한문 습자와 수 등을 불규칙하게 가르친다고 언급한 동아동문회 보고는 내용의 문제라기보다는 불규칙하게 가르치는 교수법의 문제였다. 한문, 습자, 수의 지도는 보통학교에서도 그대로 이어졌기도 하거니와 아래 기사의 구한말 공립소학교의 문제점을 보면 명확해진다.

"이 학교에서 일급의 교과가 저 학교에서는 삼급의 교과가 되고 이 학교에서 삼급의 수업이 저 학교에서는 이급의 수업이 되고 있다. 독서과로 말하면 한 책을 일 년 내에 반드시 다 읽지 않는다. 다른 급으로 올라가면 다시 다른 책을 시작하고 수편, 말편, 중간편을 순서 있게 읽지 않는다. 산술과는 가감승제 비례분수에 순서가 있거늘 가감승제를 알지 못하면서 비례 분수를 먼저 가르친다. 지지 역사과는 본국과 만국의 구별이 있거늘 본국을 읽지 않고 만국을 먼저 배운다."126)

　위 논설에서 학교교육 문제점은 크게 두 가지로 요약된다. 학교마다 가르치는 내용이 다르고 교과지도의 단계가 맞지 않는다는 것이다. 교과 내용은 일본이 말한 한문 중심의 소학교 교육이 아니라 역사, 셈, 독서 등이 지도되었던 것을 알 수 있었다. 학교마다 가르치는 내용이 다르다는 것은 학교마다 학생들의 수준에 따라 가르친다는 것으로도 해석될 수 있고 소학교교칙대강에서 제시한 교육과정 운영을 준수하지 않았다는 것일 수 있다. 소학교교칙대강이 문서화된 교육과정 관련 유일한 자료였다. 당시 학부는 학교 설립과 재정 확보, 교원 인사 등 새로운 교육제도에 따른 업무를 추진하는 것도 힘든 상황이어서 교과목 선정 논의 과정도 불분명하고 교과 범주도 불명확했다. 학부 설립 5개월 만에 교과서를 만든 것만으로도 대단한 일이라고 할 정도였다.127)

　소학교교칙대강에서 언급된 과목도 교수학습법에 대한 개괄적인 내용이기 때문에 교사에 따라 학습지도 방법이 달라질 수밖에 없었다. 현실적으로 전체 학교의 운영까지 관여하기는 어려웠다. 이 점은 오다(小田省吾)가 병합 전 학무서기관으로 부임해서 학부편찬 교과서 중 새로 고칠 교재에는 교수법을 구체적으로 나타낸다고 한 것으로 보아I28) 교과서의 자체의 문제라기보다는 학습지도상의 문제를 주목하고 있었다고 할 수 있다. 가르치고자 하는 내용을 제대로 전달하기 위해서는 교수법이 중요한 것인데 교수법을 알 수 있는 자료는 소학교교칙대강이 유일하다. 소학교교칙대강에서 제3, 6, 7조의 독서와 작문은 가까운 데서 먼 데로 간략한 데서 복잡한 것으로, 한글을 학습한 후 국한문 혼용이나 한자를 가르치는 것, 지리는 향토에서 나라로 확대되는 내용이 있었다. 국사의 경우는 본국 역사를 향토 답사부터 시작한다고 나와 있다. 이 소학교교칙대강은 현재의 관점에서는 교육과정구성원리에 가깝지만 교수학습방법이 없었던 시기에서는 교육방법으로도 활용가능하다.

교과를 가르치는 방법은 독경과 문답이었다. 실제 수업 사례를 보고한 진주의 경상남도관찰부공립소학교의 김경연의 수업에서 학생들이 전후좌우로 몸을 흔들면서 독경을 하였다고 하였다.I29) 김경연의 이전 근무학교는 경상북도관찰부공립소학교였다. 교사의 수업 방법이 쉽게 변화하지 않고 같은 교과서로 지도하였기에 경상북도관찰부공립소학교에서도 비슷한 수업 방법이었을 것이다. 학부가 평안남도 공립소학교에 「태서신사」를 나눠주고 학생들에게 읽힌 후 학부가 내린 질문에 답안을 작성하여 제출하도록 하였다.I30) 이 질문이 내용 이해에 대한 문답 형식인 것으로 보아 소학교의 일반적인 교수학습 형태가 내용 이해에 대한 문답이었던 것으로 보인다.I31)

또 하나는 수신 교과의 수업 방식이다. 수신 교과는 교과서가 없었다. 무엇을 배우게 되고 가르치게 될지를 명확하게 해주는 교과서가 없으니까 교사마다 학교마다 학습의 내용이 달라질 수밖에 없었다. 구한말 교과서 발급 현황에 비춰 보면 학교마다 수신 관련 기타 교재를 별도로 선택할 수가 없었다. 경상도관찰부 감영 건물 내에서 같이 존재하였던 사립 달성학교도 수신 교과서는 없고 교수학습 방법은 구수였다.[132] 수업 방식이 입으로 전달하는 방식인 구수라는 것이 지식을 교사가 먼저 얘기를 하고 학생들이 외워 따라 말하기를 하는 전통적 방식이었다. 수신을 제외한 나머지 교과 구성에서는 신교육을 향한 움직임은 보였으나 교수학습 방법에서는 다양성이 부족하였다. 교구가 없었고 조선 시대 암기 위주의 경전 교육 방식의 영향으로 전통적인 구수, 문답의 교육이 이뤄졌다. 한편, 외국인들 눈에는 조선인들의 암기 위주의 학습 방식이 언어를 배우는 데 긍정적으로 여겨지기도 하였다.

그동안 통감부 시기 보통학교를 우리나라 근대교육의 시작이라고 생각하는 것은 조선은 자생적인 근대화가 불가능하다는 인식을 배경으로 하여 우리의 교육 또한 일제 식민지 교육 이식에 의해 근대화되었다는 것을 수용하는 일이다.[133] 1906년 일본이 통감부 설치 후 조선에 설립하였다고 하는 13개 보통학교 전신은 1896년 설립된 관찰부소학교였다. 13개 관찰부소학교 중 광주 서석초등학교, 충주 교현초등학교, 수원 신풍초등학교, 전주초등학교, 춘천초등학교, 진주초등학교 등은 개교 시점을 1896년으로 하였다. 대구초등학교는 전신인 경상북도관찰부공립소학교의 개교 일자를 개교일로 하지 않고 1906년 대구공립보통학교 개교를 개교일로 하다가 최근에는 1899년 달성학교 개교를 대구초등학교의 개교일로 하고 있다. 이는 사실과 다를 뿐만 아니라 경상북도관찰부공립소학교는 한문을 가르치는 구식기관으로 여겨 일어를 가르치는 학교만이 신식학교라는 일본인들의 주장을 수용하는 것이 된다.[134]

근대라는 개념은 다양하지만 근대를 서구(혹은 일본)-우리/과거-현재의 두 가지 축으로 본다면[135] 당시의 경상북도관찰부공립소학교는 교과 내용, 교사 양성과 교원 인사 등에서 과거와 달랐으며 학생들의 학교생활도 학기제와 시간표에 따른 학교체제여서 근대적인 체계로 이행되고 있었다. 만약, 일본의 주장대로 달성학교가 대구 최초의 근대교육기관이라면 법적인 근거나 관련 자료가 있어야 한다. 법적으로 학부령 27호에 의해 경상북도관찰부공립소학교의 교원이 그대로 대구공립보통학교로 승계되었고 학교 건물도 경상북도관찰부공립소학교 자리에서 시작하여 달성학교가 아니라 공립소학교가 보통학교로 바뀌었음을 알 수 있다.

또, 경상북도공립소학교가 구식교육이었고 달성학교가 근대교육이라면 근대적인 면에서 차이가 있어야 한다. 달성학교의 운영과 학습 내용은 다음 절 달성학교에서 자세히 이야기하고자 한다.

II-1. 대구 달성학교 이야기
(설립과 운영)

달성학교는 1899년 4월에 제정 공포된 중학교 관제에 따라 그해 7월 경상북관도찰부 감영 안 무기고에서 대구지역 인사들의 손으로 설립된 민족학교라는 주장이 대구지역에 일반적이다. 이에 반해 실제 운영은 일본인의 손에 의해 일본어를 가르쳤던 일어학교였다는 주장도 있다. 달성학교의 설립 주체, 설립취지서, 졸업생에 근거해서 최초의 민족 근대 학교라고 주장하지만 설립 6개월 후 1900년 2월 황성신문에 달성학교는 일어학교로 소개되었다. 일어학교는 구한말 근대교육을 실시하기 위해 일본의 세력 확대는 염두에 두지 않은 채 일본인의 도움을 받아 세운 학교로 부산의 개성학교, 서울의 경성학당 등 각 지역에 34교 이상이 있었다.[136] 그중에 개성학교나 경성학당은 현재 남아 있는 사료가 많아 일어학교였다는 것이 밝혀졌고 나머지 많은 학교들은 달성학교처럼 그 성격이 불명확한 상태이다. 일부 일어학교가 심지어는 민족학교로 여겨지고 있다. 이를 바로잡기 위해 달성학교 설립취지서와 실제 운영의 차이를 말하고 달성학교의 설립, 교원, 재정, 학습 내용과 학생 등 다양한 영역에서 학교 운영을 이야기하고자 한다.

1. 한국인 주도의 학교 설립

달성학교 설립에 관해서는 서술하는 사람과 시대에 따라 내용이 다르다. 설립 당시 설립취지서나 1899년 중외시사를 살펴보면 설립 주체는 발기인으로 전 영관 최극창, 관찰주사 박윤상, 전 주사 윤필오, 유학 강영상, 관찰부주사 최상의, 관찰부 정익조, 관찰부주사 이인수, 전 경관 장규원, 관찰부주사 최영달, 추교정 10명이었다. 명예교장은 장규원이고 명예교사는 신타니마츠스케(新谷松助), 명예고문은 히자즈키(膝付益吉)며 찬성원으로는 관찰사 김직현 관찰사, 대구군수 김영호, 성주군수 신경균, 전보사장 서상욱, 전보사주사 김동식, 전보사주사 현방운, 전 주사 양학수, 관찰부 총순 김운원, 전 현감 박찬규, 전보사 주사 공학순이었다.137)

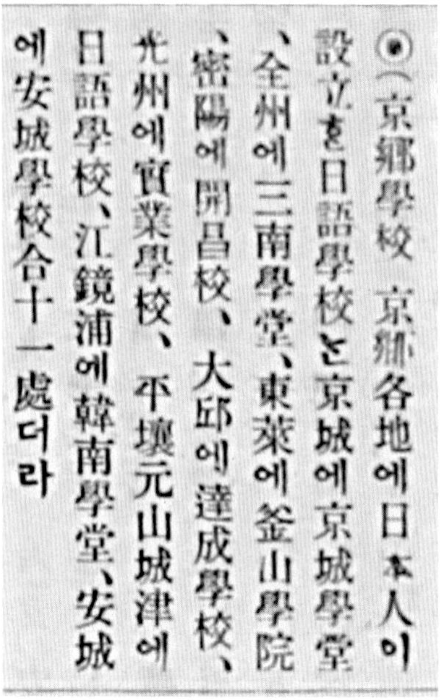

학교 설립 당시 최극창, 장규원, 윤필오 등 3명이 쓴 설립취

◎(京鄕各學校) 京鄕各地에 日本人이 設立ᄒᆞᆫ 日語學校ᄂᆞᆫ 京城에 京城學堂、全州에 三南學堂、東萊에 釜山學院、密陽에 開昌校、大邱에 達成學校、尤州에 實業學校、平壤元山城津에 日語學校、江鏡浦에 韓南學堂、安城에 安城學校合十一處더라

〈그림 7〉 일어학교 『황성신문』 1900년 02월 05일

지서에 학교의 성격, 운영 등 학교에 관한 포괄적인 내용을 알 수 있다. 달성학교 취지서에는 "대일본국 선비 신타니마츠스케(新谷松助) 씨로 하여금 명예교사를 맡게 하고, 히자즈키(膝付益吉) 씨를 명예고문으로 청하여 교칙과 교과과정의 취지를 적어"라고 나와 있다.

또, 달성학교가 설립된 다음 달 『독립신문』 기사에 설립과정과 학습 내용, 설립 주도 인사 등 학교에 관한 내용을 종합적으로 말하고 있다. 「학교 흥왕」이라는 기사에 "경상북도 대구군에서 관찰부 인허를 얻어 사립학교를 설시하고 일본인 신타니마츠스케(新谷松助) 씨를 교사로 고빙하여 음력 유(六)월 十五일에 개학 예식을 행하고 일어와 산술과 각 항 시무에 요긴한 것을 가르치고 배우는데 본군에 유지한 총준 자제들이 많이 입학하여 학교가 매우 흥왕하다 하며 교무에 진력 주선하는 이는 장규원, 윤필오, 추교정 제씨라더라."고 하였다.[138]

위 내용을 보면 달성학교 설립은 한국인이 주도적이었고 히자즈키(膝付益吉)는 명예고문, 신타니마츠스케(新谷松助)는 교사였다. 이와 달리 현재 남아 있는『조선대구일반』,『대구물어』,『대구부사』에는 아래 <표 13>에서처럼 히자즈키를 창립자로 보고 있다.

〈표 13〉 달성학교 설립 관련 내용

구분	연도(월일)	출 처	내 용	설립주체
대한 제국 시기 ~ 통감부 개설 전	1899년 8월 10일	동아시론[139] 17호	발기원 최극창 외 12명 명단 찬성원 김직현 외 9명 명단	장규원 설립
	1899년 8월 26일	『독립신문』	교무주선 장규원, 윤필오, 추교정, 교사 일본인 고빙	
	1899년 12월 29일	『황성신문』	대구부 장규원 씨가 유월에 달성학교를 사립하고 학생 53인, 교육과정 국한문 지지, 산술, 일본어, 관찰사 김직현 씨 학부에 보고하여 보조금은 내년부터 받는다.	장규원 설립
	1905년 5월 8일	『황성신문』	大邱達城學校教師 키쿠가와(菊川溪雲)氏가 校長 尹弼五氏와 協同호야 私立學校를 設立호고	협동설립
일제 강점기 이후	1911년	『조선대구 일반』	달성학교는 조선인 자제들에게 일본어로 교육, 히자즈키(膝付益吉) 장사를 하기 위해서는 소통이 중요하기 때문	히자즈키 (膝付益吉) 설립
	1931년	『대구물어』	달성학교는 일본어를 한국인 자녀에게 가르치기 위한 목적으로 창립자는 히자즈키(膝付益吉)	히자즈키 (膝付益吉) 설립
	1943년	『대구부사』	명치 32년 7월 히자즈키(膝付益吉)는 달성학교를 설립하였다. 이것이 대구교육의 효시다.	히자즈키 (膝付益吉) 설립

당시 신문인『황성신문』이나 동아시론(동아동문회 전신) 보고는 장규원에 의해 학교가 설립되었다고 한다. 학교 설립 당시인 1899년에는 한국인 장규원 설립으로 나오다가 1905년 협동설립이라는 말로 바뀌다가 일제강점기에는 일본인 설립으로 바뀌었다. 1905년『황성신문』에서[140] 키쿠가와(菊川溪雲) 교사가 윤필오와 협동하여 사립학교를 설립하였다고 한 것은 오보이다. 키쿠가와는 1903년 이후에 근무한 사람이다. 1903년 이후에 근무한 사람이 개교 1899년에 세웠다고 말하는 것은 어불성설이다. 한국인 역시 장규원이 설립의 중심이었던 점과 다르게 윤필오가 중심으로 바뀌었다. 그 이후 일제강점기 자료에서도 장규원이 아니라 일본인 히자즈키(膝付益吉)와 윤필오와 협력(협동) 경영[141]이나 협력을 얻었다고 하면서[142] 윤필오의 영향력이 확대되었다. 이처럼 1900년 전후 자료와 일제강점기 발행된 책자들과는 차이가 있다.

1899년 학교 설립 당시의『황성신문』과『독립신문』은 우리 민족이 발간하였던 신문이었고 동아동문회 보고서는 일본 정치단체인 동아동문회의 기관지였다. 동아동문회는 일본인들이 보고한 내용임에도 불구하고 이 시기의 사료에서 달성학교 설립 주체는 한국인이었다. 동아동문회의 한국 교육사업은 러시아의 남하를 막고 일본의 세력을 확장하기 위한 것이어서 각 지역의 상황을 정확하게 보고하였다.[143] 동아동문회 보고는 일본의 정치단체인 동아동문회 회원에게 보고하는 내용이었고『조선대구일반』,『대구물어』,『대구부사』는 조선에 거주하는 사람이나 조선으로 이주하려는 일본인들에게 대구를 알리는 책자였기에 내용에 차이가 있었다.

『조선대구일반』,『대구물어』,『대구부사』는 국권침탈로 일본인이 모든 것을 장악한 후에 출판된 것이다. 이 책들은 공히 히자즈키(滕付益吉)가 근대 학교인 달성학교를 세웠으며 그 학교는 대구 근대교육에 지대한 공을 세웠고 그에게 감사해야 한다고 말하고 있다.[144] 일본인들이 가르친 달성학교 졸업생들이 조선인의 토지수탈을 위한 측량기사가 되었고 일본군인, 경부철도 근무 등 일본을 위해 일했기에 일본인들이 히자즈키에게 감사하는 것은 맞지만 한국인이 감사할 일은 아니다.

2. 달성학교 설립 이유

달성학교 설립 시 경상북도관찰부의 학교 부지 제공과 이후 학부의 재정지원 등으로 공공기관의 도움을 받았다. 그 시대는 사립학교가 지방의 공공적인 면이 있었기 때문에 공공기관의 지원만으로 학교의 성격을 말하기는 어렵다. 대한제국정부는 경본예참 정책으로 교육정책을 추진하였지만 재정적으로 난관에 봉착하고 있었으므로 각종 신식학교를 설립하고 보급 발전시키는 데 어려움을 겪고 있었다.[145] 이에 중앙의 관료세력과 신지식인들은 유지로부터 찬성금을 거두고 정부의 보조금을 받으면서 신식시무교육을 위한 사립학교를 설립하였다. 또, 지방에서는 지방관들과 지방사회의 유력자들을 중심으로 학교 설립이 있었다. 달성학교도 설립에 참여한 사람 중에 관찰사나 관원들이 많았다. 유학 강영상 1인을 제외하고는 나머지는 전현직 지방관료들이었다. 특히 찬성원에는 김직현 관찰사를 비롯하여 대구군

수, 성주군수 등이 참여하였다. 관찰사가 사립학교 설립에 간여하는 것은 소학교령 제18조(공립설시 이전에 사립학교로 대용 가능), 21조 (사립소학교를 관찰사 감독), 중학교 관제 15조에 의한 것이었다. 중학교 관제 15조에 지방중학교 교장 및 서기는 지방 관원 중에 겸임할 수 있었다. 조선 시대에는 수령칠사에 속하는 업무가 설교흥학이었고 대한제국 시기에도 수령들의 학교 설립을 치적으로 하여 기사화하였기 때문에 수령들은 학교 설립에 관심을 갖고 노력하였다. 또, 학교 설립에 앞장서고 있었던 인사들은 지방사회의 유력자들이어서 지방 관들은 지방사회의 유력자들을 포용하기 위해서도 학교 설립에 진력할 필요가 있었다.146)

지방민 입장에서는 사립학교들의 공공성을 확보하기 위해 관의 보증과 협조를 얻으려고 끌어들인 것으로도 볼 수 있다. 1899년 2월 김해에서 올린 학교 설립 청원서에서 수천금의 재산을 모아 학교를 사립하였는데 학부 인정의 공문이 없어서 학부형이 흩어지고 촌의 수재들이 뜻을 잃을까 걱정된다고 하였다. 관의 인허가는 사립학교가 지방사회 내에서 공공성을 확보하는 데 필수적이었음을 보여주는 사례이다.147) 달성학교 역시 이와 같은 시대 상황에서 사립학교이지만 학교 설립을 위해 관아 자리를 허락하고 관찰사가 학교 설립 기금을 제공하고 관찰사 김직현이 학부에 보고하여 지원을 받았던 것이었다.

관찰사가 사립학교 설립에 적극적인 것은 개항 이후 열강의 경제적 침략이 전국적으로 가중되어 감에 따라 새로운 시무와 관련한 지식뿐만 아니라 외국어 등의 근대교육을 가르치는 학교 설립이 필요했기 때문이었다. 일반 백성들 중에는 외국어 교육에 대한 관심이 높아 외국어 학교의 입학생 수는 실업학교, 관공립학교 등 타 학교보다 많았다.148)

또, 1885년부터 1905년까지 공립을 제외한 관사립학교는 3, 4개교 외에는 모두 외국어 교육을 한 것에서도 외국어의 관심을 알 수가 있다.[149] 근대교육기관의 기원으로 불리는 원산학사, 배재학당, 육영공원, 이화학당 등에서 외국어 관련 교과가 있었고 1895년 외국어학교 관제에 따라 개별 어학을 가르치는 외국어학교들이 세워졌다.[150] 대구도 1902년 경북관찰사 조기하 씨가 내부에 보고하기를 "대구는 삼남의 중심이고 외국어학교와 인물이 번성한데"라고 하고 있어[151] 영어학교, 달성학교의 일본어를 염두에 둔 말이었다. 외국어학교의 학생 수 증감 현상은 해당 언어를 사용하는 국가의 조선 내 정치적 영향력이 밀접한 관련이 있어서 외국어학교를 시국반영인 학교라고 명명하였다.[152] 1896년 이후는 영어, 일본어를 제외한 다른 언어 교육을 위한 사립학교가 설립되었다는 자료는 찾을 수 없다. '영어'와 '일본어'가 중심이었고 근대 지식 수용 과정에서 일본어가 경유어 역할을 담당하게 되어 일본이 근대 지식의 경유지로 인식되거나 일본=근대라는 관념이 형성되었다.[153] 이는 대구 일본인들의 인식에서도 반영되어 동아동문회 보고 내용에서 경상북도관찰부공립소학교에 대해서는 매우 부정적으로 기술하고 있다. 경상북도관찰부공립소학교 교원 엄성구가 보통학교의 교원이 되고 대구공립보통학교가 경상북도관찰부소학교 자리에서 시작되었음에도 불구하고 한문을 가르치는 구식기관으로 치부하였다.[154]

근대라는 개념은 다양하지만 일본인들은 조선을 부정하고 멸시하여 조선은 전근대이고 서구(일본 포함)는 근대로 규정하였다. 앞서 근대화한 일본이 조선의 개화를 위해서 근대교육 보급에 도움을 주어야 한다고 주장하였다.[155] 청일 전쟁 이후 일본인들의 조선교육 진출 논리가 조선인들에게 영향을 미쳐 조선인 역시 조선인이 세운 학교의 입학을 꺼렸고 조선의 지배층은 근대교육 보급 측면에서 일어학교를 환영하였다. 부산의 개성학당에서 지역의 유지들이 적극적으로 참여한 것이나[156] 서울 한가운데 있는 경성학당에 일본의 교육 진출을 독립협회가 찬성한 것도[157] 일본 세력 확대보다는 근대교육 보급이 더 중요하다고 생각했기 때문이다.

대구지역 인사도 장규원처럼 대구의 개명을 위해 달성학교를 설립한다고 생각했다. "동서양의 개명한 나라들은 학교에 다니도록 교화하는 방법을 갖추고 있고 천하의 각 대륙, 나라의 풍토 산물, 역사 등을 가르치고 있다" 하면서[158] 세계지리, 역사, 언어 등을 공부할 것을 말하였다.

일본의 경우에는 일본인이 한국인 자녀를 가르치기 위해 달성학교를 설립하였다고 하면서 가르치는 것에 일본어가 기본이었다. 국사편찬위원회에서도 달성학교는 한인들에게 일어를 교육시키기 위한 학교라고 하였다.[159] 일본어 보급 목적은 한일 간 융화와 친교를 도모하는 것이었다.[160] 친교와 융화라는 것이 거류민의 안전을 보장하는 것이었고 일본의 세력 확대를 위한 기본적인 조건이었다.[161] 일본은 달성학교가 일본인들 관련 내용뿐만 아니라 대구지역의 외국인 동향이나 대구지역의 각종 정세 등을 일본에 보고하게 하고[162] 대구지역 기독교 세력에 대항하기 위해 기독교 학교를 경쟁 상대로 여기고 있었다.[163] 이처럼 달성학교 설립취지서와 달리 일본은 자신들의 세력 확장과 침략 의도를 내포하고 있었다. 타 지역 동아동문회의 학교들에서도 학교의 역할이 학생 교육만이 아니라 일본의 침략 의도를 찾아볼 수 있었다. 대표적으로 한반도 북부에 설립된 평양일어학교 교장은 압록강 유역 시찰을 하였고, 성진학당장은 노청한국의 경계지역 시찰을 하여 북한의 정황을 탐하는 밀정의 임무를 갖고 있었다.164) 구한말 일본과 조선은 교육을 두고 국가 간 서로 다른 생각을 갖고 있었고 결과적으로는 일본이 조선을 식민지화하면서 더 혜택을 받은 것이라고 평가되고 있다.165)

달성학교에 간여한 히자즈키(膝付益吉)는 대구 최초로 상업을 시작한 일본인 2명 중 한 명이었다. 대구에서 잡화 위생용품점을 열어 장사를 시작한 히자즈키는 한일 간 융화를 위해 일본어를 가르치고자 하였다.166) 경성학당 졸업생들이 경성이나 인천에서 일본 상점의 점원을 하면서 상업적인 차원에서 일어 보급이 일본 상품 반입을 위해 불가결하고 이익 관점에서도 얻는 바가 크다고 높이 평가되었다.167) 히자즈키도 이러한 점을 알고 일본어 교육이 우선되어야 한다고 생각한 것이었다. 1899년 8월 일본의 동아시론에서 달성학교를 일어학교라고 말하고 있는 것으로 봐서 일본은 설립 단계부터 달성학교를 일본 세력 확장을 위한 학교라고 생각한 것으로 보인다.

반면, 대구지역 인사들은 설립 시에는 일본의 세력 확대 의도를 몰라서 적극 참여하였으나 이후 일본의 침략 의도를 파악했기 때문에 윤필오를 제외한 대부분의 대구 유지 인사가 학교 지원과 운영에서 손을 뗐다. 일본의 침략 의도는 현재 상황에서 명확히 말하기에 어려움이 있지만 달성학교는 문명 수용을 원하던 대구 지배층의 공의에 따라 지역민이 주도하였다는 것은 확실한 사실이지만 대구지역 인사들이 달성학교 설립을 하면서 근대교육에 대한 경험이 없어서 부산과 경성의 학교처럼 일본인에게 의지하였고 그들이 달성학교 운영에 주도적일 수밖에 없었다.

3. 일본인 교원 중심의 운영

일본인 교육사가들은 학교 설립 주체보다 실질적으로 학교운영을 하는 교사가 일본인인 경우 이를 더 중요시하여 일본인이 운영한 학교를 일어학교로 간주한다.[168] 달성학교 설립은 한국인이 주도하였지만 운영에 있어서 히자즈키가 실질적인 교수 및 최고책임자를 맡았다. 1899년 설립 초창기부터 학교운영의 중심은 히자즈키가 되었다.[169] 히자즈키는 달성학교의 확장 계획안을 만들어 자금을 유치하러 다녔고 1905년 일어학교 교사 연합회에도 대표로 참석했으며[170] 1905년 한일학생의 분리를 주장하여 일본인 전용 소학교와 달성학교 분리에도 주도적인 역할을 했다.[171]

물론 개교 당시의 동아동문회 보고에 의하면 명예교장은 장규원, 실질적 교장은 김직현이었지만 그 이후 김직현을 대신하여 윤필오가 교장을 하면서 한문을 가르쳤다.[172] 달성학교 교원 변동을 살펴보면 교원 수에서도 일본인이 많았고 한국인은 김남수나 보조교사인 달성학교 졸업생이 전부였다. 교원의 구성은 교주, 교장 각 1명으로 계속해서 그 수의 변화가 없었고 교원은 일본인 2명, 한국인 1명이었다. 학생 수가 증가해도 한국인 교원의 증가는 없었고 일본인 교원만 늘어났다.

개교 당시에는 별도의 한국인 교사가 없었고 일본인은 히자즈키(滕付益吉) 이외에 신타니마츠스케(新谷松助)가 있었다. 이나바 츠기오(稻葉繼雄)는 히자즈키가 대부분의 수업을 담당하고 신타니마츠스케를 비상근 체조교사로 보고 있으나 근거가 없이 추측하고 있다.[173] 이는 장규원의 취지서나 『독립신문』 학교흥왕 기사 등 다른 자료에서와 다른 부분이다. 장규원 취지서에는 신타니마츠스케는 명예교사, 히자즈키 고문으로 나와 있다. 달성학교 신타니마츠스케 명예교사가 서울에 상경하여 학교 상황을 동아동문회에 보고하는 것으로[174] 봐서는 비상근이라 보기는 어렵다. 신타니마츠스케가 비상근이라면 히자즈키 혼자서 10개 교과수업을 하는 것은 불가능하다. 1900년에 심상과 3개 학년에 15명이었고 탁지아문 측량사업으로 인해 위탁된 고등 예비생이 15명이었다. 3개 학년 15명의 학생에게 7개 이상의 교과목을 가르치기 위한 교사의 수는 2명 이상은 반드시 필요해서 기본적으로 2명 이상의 일본인 교사가 있었다. 이나바 츠기오(稻葉繼雄)가 비상근 체조교사라고 한 것은 신타니마츠스케가 아니라 경성학당에서처럼 헌병일 경우일 수가 있다. 병식 체조를 위해 헌병 수비대 소속 하사관 2명이 경성학교에 교원으로 있었고 개성학교에서도 촉탁교사로 체조교사가 있었다. 달성학교도 개교 당시에도 헌병 중위 다지마(田島)가 연설을 하였고 각종 행사에 헌병이 참석하였다. 경성학교와 같은 동아동문회 보조학교이고 체조교과 등 교과 내용도 비슷한 점이 많은 것으로 미뤄 봤을 때 달성학교도 체조는 헌병 수비대 소속이나 촉탁이 지도했을 수가 있다.

달성학교의 교원은 신타니마츠스케(新谷松助)와 히자즈키(膝付益吉)를 제외하면 7명의 이동이 파악된다. 일본인 무치 타케우치코바야시(武內小林)가 언제부터 달성학교에서 근무를 시작하였는지 알 수는 없지만 1901년 8월에 사임하고 10월에 나가노 계조(中野季三), 11월에 샤쿠오 순조(釋尾春仿)가 교편을 잡았다.[175] 이후 히자즈키가 일본으로 건너가 학교 증설에 관한 모금 운동을 할 때 부산 개성학교의 샤쿠오 순조를 영입하여 학교경영 책임자인 주임을 맡겼다.[176] 샤쿠오 순조는 전임지의 개성학교와의 교류, 학생의 일본 방문 등 달성학교 교육활동에 변화를 줬다. 샤쿠오 슌조는 일본 부산영사관의 경비보조로 학생 서기은과 김재한을 인솔하여 일본의 오사카 박람회에 참관 후 교토에 다녀왔다. 서기은과 김재한은 졸업 후 달성학교에 보조교사로 남았다. 샤쿠오 슌조(釋尾春芿)는[177] 조선개교단 설치 등으로 가르치는 일에 전념할 수 없어 주간을 해임하고 촉탁으로 되었으며 주임교사는 키쿠가와(菊川溪雲)로 바뀌었다.[178]

조선개교단이라는 단체가 불교 포교활동단체이지만 이 단체는 "한인을 계도하여 자선구제의 도를 진력하고 회당, 학교, 병원, 고아, 노비, 수양, 농업원예기관 잡지를 설시하는 일"을 하였던 점으로 보아 일본의 세력 확장을 위한 단체였다.[179] 불교 단체가 달성학교 초창기에 지원하다가 동아동문회 지원으로 바로 이어진 것도 조선 내 일본 세력 확장을 위해 단체들의 연계 협력으로 가능한 일이었다. 또, 1903년 11월 "대구에 있는 일본인 샤쿠오 슌조(釋尾春芿) 등이 발기하여 조선개교단을 조직하여 이번 달 안에 결단식을 거행한다"고 한 점에서 샤쿠오 슌조가 조선 개교단 활동을 같이 한 것으로 보인다. 조선 개교단은 학교 설립과 지원 등 광범위한 사회활동으로 대구의 기독교 확산을 막으려 했고 선교사들이 이에 대응하여 불교 반대 연설을 하였다.[180]

경부철도 개설과 러일전쟁 이후 일본인 학생의 증가로 인해 여교사 오이시(大石)가 임용되고 오이시는 나중에 일본인 전용 소학교로 이동하였다.[181] 일본인 전용 소학교로 전출이 된 후 등교 학생 수가 평균 48명이어서 하치야타카무라(蜂屋篁)가 달성학교로 와서 교편을 잡았다.

<표 14> 달성학교 교원

한국인			일본인		
성명	직위	시기	성명	직위	활동시기
장규원	명예교장	1899	히자즈키(膝付益吉)	교주	1899~1906
김직현	교장		신타니마츠스케(新谷松助)	명예교사	1899~
윤필오	교장	1901	타케우치코바야시(武內小林)	교사	1900~1901.8.
			나가노 게조(中野季三)	교사	1901.10.
			샤쿠오 슌조(釋尾春芿)	교사	1901.11.
김남수	한문교사	1901	샤쿠오 슌조(釋尾春芿)	주임	1901~1903
			키쿠가와(菊川溪雲)	주임	1903~
			하치야타카무라(蜂屋篁)	교사	1905
			오이시(大石)	교사	1904

출처: 동아동문회 보고

달성학교 교원은 한자를 가르치는 교원만 한국인으로 임용하고 나머지는 일본어를 가르치는 일본인 교원이었다. 대구민단사에[182] 간부직원으로 히자즈키(膝付益吉)는 감독, 교장은 윤필오, 샤쿠오 슌조(釋尾春芿)를 주간으로 말하고 있는데 동아동문회에서는 감독이나 주간이라는 단어 대신에 교주라고 쓰고 있다. 교주라는 의미는 학교 경영책임자의 의미로 히자즈키(膝付益吉)가 설립 때부터 실질적인 경영자였다.[183] 교주, 교장 제도는 이후 보통학교에서와 같이 일본인 교감과 한국인 교장으로 운영되던 것과 비슷하다. 보통학교도 교장은 한국인을 뒀지만 교감을 일본인으로 배치해서 실제적인 운영은 일본인이 관리 감독하도록 만들었다.[184]

<표 14>에서처럼 같은 시기에 3명의 일본인이 있었는데 교사 운영에 주임이 있었고 2명의 일본인 교사, 1명의 한국인 교사가 있었다. 이밖에 보조교사로 한국인 2명이 있었다. 보조교사 한국인은 달성학교

재학 중에 우수해서 일본 견학까지 다녀온 졸업생 김재환과 서기은이었다.[185] 이들은 고등과 학생 시절부터 보통과 학생지도를 도왔다.[186] 경성학당의 경우에 수도라는 지리적 장점으로 일본어 통역을 하는 한국인 교사들을 개교 당시부터 뒀던 것과 달리 달성학교에는 통역하는 한국인이 없었다. 일본어 통역을 하는 한국인 교사를 대신하여 달성학교 출신의 재학생 서기은과 김재환이 통역의 역할과 동시에 보조교사로 활동하였다. 1902년 달성학교 고등과 학생이 보통과 학생을 가르친 것도 보조교사로 키우기 위한 의도였다. 달성학교는 공간 협소의 이유로 오전 오후로 수업을 나눠서 오후 2시부터 고등과가 수업을 하면서도 오전의 보통과 1, 2학년 수업을 돕게 한 것은 일종의 도제식 교사 양성프로그램으로 보는 견해도 있다.[187] 당시 일본 측은 일본어를 하는 교사 양성을 원했지만[188] 당시 한성사범학교의 교원들은 일본어를 배우지 않았기에 일본어로 수업을 진행하기 위해서는 일어학교 졸업생을 활용하는 방법이 용이했다. 한편, 일어학교 교사들을 양성하기 위하여 공동으로 사범학교를 운영하자는 주장도 있었다. 그 장소로 부산의 개성학교, 평양의 평양일어학교, 경성의 경성학당을 추천하였는데[189] 개성, 평양, 경성의 3개 학교는 일어학교 중에서 가장 큰 학교였다.

학생이 연합운동회 등의 활동을 같이 했듯이 일어학교끼리 교원들의 연합회가 있었다.[190] 1905년 3월 학부참여관 시데하라 타이라(幣原坦) 씨의 주최로 문부시학관 노지리(野尻)를 비롯하여 경성 및 부산, 경주, 강경, 수원, 인천, 진남포 등의 일어학교장 모두 13명이 모여 각 학교의 변천 과정을 보고하고 각 학교 문제 등을 듣는 간담회를 가졌다.[191] 이 자리에 달성학교 대표로 히자즈키(膝付益吉)가 휴가를 얻어 키쿠가와(菊川溪雲)와 참석하였다.[192] 이 모임에 참석한 사람은 하세가와(長

谷川) 대장 및 일본 관리 이하 내외국신사 74명으로 학교장이거나 학교의 대표적인 사람이었다. 히자즈키는 1904년 3월 경부철도회사 건설사무소 서기가 되고 1906년 대구통감부철도감리국 서기로 옮겼다.[193] 그런데도 그는 학교장 회의에 참석했고 1905년 일본인 전용 소학교를 만들 때 일본인만 별도로 교육할 것을 주장하는 것에서 그의 영향력을 짐작할 수가 있다.

4. 한일 공동의 재정지원

일본의 동아동문회는 이 당시 일본어를 배우는 사람 수의 증가가 자신들의 세력 확장으로 여겨 일본인 관련 학교 지교 설립을 지속해서 늘리고자 하였다. 달성학교는 이러한 동아동문회의 의도와 맞닿아 보조를 받게 된다.

재정 역시 설립 주체들에서 보는 것과 같이 처음에는 한국인이 주도적이었지만 이후 일본인이 후원했고 재정운영을 맡았다. 달성학교의 재정 상황은 설립 당시 지방 유지가 700여 원의 자금을 기부하였고[194] 학부의 보조금이 1900년부터 1906년 4월까지 있었다. 달성학교가 학부의 지원을 받았다는 것은 사립학교로 인정을 받은 것이었다. 1899년 달성학교는 관찰부의 인허를 얻어 사립학교를 설시하고 관찰사 김직현이 학부에 보고하여 1900년도 예산이 반영되도록 청했다.[195]

〈표 15〉 1900년 학부 학교관련 주요 항목별 예산 내역

(단위: 원)

내역	사립 및 각종 학교	경성 학당	외국어학교					
			일어	영어	법어	한어	덕어	아어
금액	7,240	360	1,179	2,348	1,224	1,179	1,224	1,224
내역	한성 사범학교	성균관	관립 소학교	고등 소학교	중학교	의학교	인천 부산일어	공립 소학교
금액	2,840	2,870	4,240	740	5,900	5,225	2,640	18,960

출처: 광무四年세입세출총예산표, (규15295)

<표 15> 학부 예산액에서 달성학교의 지원금은 "사립 및 각종 학교" 지원금에 해당된다. 하지만, "사립 및 각종 지원금"에는 해당 학교의 내역이나 학교별 금액을 알 수가 없다. 학부의 예산 지원 내역이 파악되는 학교는 한성사범학교, 성균관, 관립소학교, 관립 중고등학교, 의학교 농상공학교, 광무학교를 제외하고 주로 인천, 부산 일어학교, 관립 일어, 영어, 법어, 한어, 덕어, 아어의 외국어학교였다. 정부에서 외국어 교육에 관심을 많이 가졌던 모양이라고 한 오천석의 말이 예산집행에서 확인되고 있다.[196] 또, 사립학교로는 일본어 교육기관인 경성학당이 1899년부터 1905년까지 연간 360원을 지원받았고 개성학교가 1897년 1,200원, 1905년 1,400원의 보조비를 받았다. 달성학교가 학부예산의 지원을 받았다고 해서 민족학교라고 규정하기는 어렵고 외국과의 교역과 신문물 수용을 위해 외국어 교육이 급선무였기 때문에

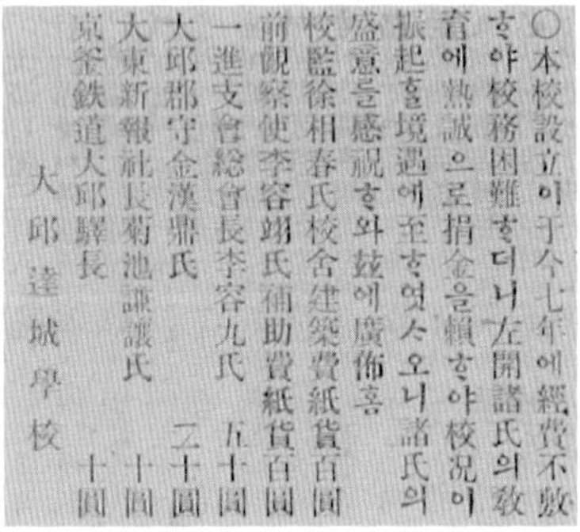
○本校設立이于今七年에經費不敷ᄒᆞ야校務困難ᄒᆞ더니左開諸氏의敎育에熱誠으로捐金을賴ᄒᆞ야校況이振起ᄒᆞᆯ境遇에至ᄒᆞ엿ᄉᆞ오니諸氏의盛意를感祝ᄒᆞ와玆에廣佈홈

校監徐相春氏校舍建築費紙貨百圓
前觀察使李容翊氏補助費紙貨百圓
一進支會總會長李容九氏 五十圓
大邱郡守金漢鼎氏 二十圓
大東新報社長菊池謙讓氏 十圓
京釜鐵道大邱驛長 十圓

大邱達城學校

〈그림 8〉 달성학교 후원 명단

정부가 지원을 한 것이었다. 한성사범학교 관제 다음으로 외국어관제를 발표한 것 역시 정부의 교육 우선순위를 보여주는 근거이다.

달성학교의 학부지원금은 경상북도관찰부공립소학교가 연간 360원의 지원을 받은 것의 1/3의 금액에 해당하는 연 120원이었다. 달성학교 지원금 월 10원은 적은 금액으로 볼 수 있지만 학부 연간 전체 사립, 각종 학교 보조금의 대상 학교가 전국의 1천여 개 이상이어서 사립학교의 지원 금액 총액에 비하면 적다고 할 수 없다. 1899년에 학부의 연간 사립학교 지원금이 2,740원밖에 되지 않았고 학부가 달성학교 지원을 한 기간인 1900년부터 1905년 사이에는 4,322원에서 7,960원 사이의 금액이었다. 다만, 학교 성격상 비슷한 경성학당이나 개성학당 등에 비하면 금액 지원이 적었다. 학부는 경성학당을 별도의 항목으로 책정하여 연 360원씩 안정적으로 지원하였고 개성학교는 두 차례 지원 금액이 2,600원으로 사립학교로는 최고의 지원을 받았다. 이 당시 부산에는 정토종, 일연종, 임제종, 대속파본원사(동본원사), 본파본원사(서본원사) 등의 사찰이 있었고 일본 불교계가 전국 20개의 일어관련 학교를 지원하였는데 대구 달성학교도 이들 중 한 단체로부터 지원을 받았다.197) 1902년도 여름 달성학교의 경비는 동아동문회 보조비 월 35엔, 개성학교의 보조 10엔, 학부 10원을 합하여 50여 원이었다. 달성학교는 "한 학교를 유지하려면 적어도 타교를 봤을 때 100엔 이상이 필요한데 본교는 겨우 50원도 못 되는 금액"이라고 하면서 예산지원을 더 받기를 원했으나 증액되지는 않았다.198)

정기적인 재정지원 이외에도 간헐적인 기부가 있었다. 1905년 추밀원 의장으로 한국에 온 이토 히로부미는 1905년 11월 29일 대구역을 지나면서 달성학교에 100원을 기부하였다.199) 이 당시 대구에는 신명,

대남, 경상북도관찰부공립소학교 등의 학교가 있었는데 달성학교에만 기부금을 준 것은 달성학교가 일어학교였기 때문이었다. <표 16>에서 그 밖의 달성학교 교육경비 지원 내역을 보면 처음 설립에 찬성한 사람들은 지원이 사라졌고 일본인 단체나 일본인들의 기부가 늘어났다.

〈표 16〉 달성학교 후원 내용

시기	후원자(단체)	금액	비고	출처
1899년	지방유지	700여 원	김직현 100원	「교육시론」, 1901년 7월 25일
1900년 ~1907년 6월	학부	연 120원		『황성신문』 1899년 12월 29일
1900년 4월 ~1901년 5월	부산의 여러 사원	매월 15원	일본 불교단체	「동아동문회보고」 26호
1901년 6월 ~1906년 3월	동아동문회	월 35엔		
1901년 9월	경부철도회사	200원		
1901년 가을	한남교육 장려회	운동회비		「동아동문회보고」 38호
1905년 4월	관찰사 이용익	100원		『황성신문』 7월 18일 「동아동문회보고」 38호
	일진회장 이용구	50원		
	군수 김한정	20원		
	대동신문사 기쿠치	10원		
	대구역장	10원		
1905년 11월 29일	이토 히로부미	100원		伊藤大使韓國往復日誌, 「동아동문회보고」 73호

출처: 황성신문, 동아동문회, 伊藤大使韓國往復日誌

경부철도공사가 시작될 때에는 경부철도회사의 200엔 재정기부가 있었고 경부철도개설 당시에는 일본인 대구역장의 후원 내용도 있었다. 1905년 달성학교 한국인 기부자는 지방관료인 대구 군수 김한정, 관찰사 이용익, 일진회장 이용구였다.

1905년 4월 기부자 명단에서 동아동문회와 황성신문이 차이가 있다. 서상춘의 이름이 1905년 7월 18일 자 황성신문 기부자명단에 포함되어 있고 교감으로 표시되어 있다. 달성학교 교감이라는 직위는 다른 문헌에는 찾아볼 수 없지만 서상춘은 대한협회 대구지회 회원이었고 윤필오와 일제강점기 이후 교풍회단체에서 같이 활동을 한 점이나 대구사범학교 설립 참여,[200] 수창학교 기부[201] 등의 활동으로 봐서 달성학교에 기부를 했던 것으로 여겨진다.

달성학교에 가장 오랜 기간 지속해서 재정을 지원한 곳은 학부이지만 지원 금액은 동아동문회가 더 많았다. 학부는 1900년부터 1907년까지 월 10원을 지원하였고 동아동문회는 1901년 5월에서 1906년 3월까지 월 35원을 지원하였다. 또 개성학교 지원금은 10원으로 1902년 당시 월액이라고 하였는데 언제부터 언제까지 지급되었는지 정확히 알 수 없다.[202] 이 10원의 경우는 외무성에서 개성학교에 지급한 보조 금액 3천 엔 중에서 마산, 동래, 밀양, 대구, 경주, 각지의 일어학교에 분배한 것이었다.[203] 달성학교에 가장 재정지원을 많이 한 동아동문회는 일본 외무성 기밀비 가운데 약 4만 엔을 보조받는 외무성의 전위단체로 일본제국주의의 첨병 역할을 하였다. 동아동문회 사업의 성격은 대륙 진출을 위한 교두보 마련 차원에서 현지 주민들에게 더 친숙하게 다가갈 수 있는 여건 형성을 위해 두 가지 형태로 전개되었다. 하나는 조선 북부에 학교를 설립하는 것이었고, 다른 하나는 조선 남부에 기존의 일본어 학교를 지원하는 것이었다.[204] 달성학교는 후자에 포함되었다. 이 밖에 한남교육장려회 단체 역시 한국 관민 자체에게 일어를 교과에 더해서 가르치는 것을 장려하기 위해 조직된 단체였기 때문에 일어학교 합동운동회에 지원을 하였다.[205] 또 샤쿠오 슌조(釋尾春芿)와 일본을 견학한 학생의 경비는 부산영사관의 보조가 있었다.

달성학교 지원에 관한 내용도 일제강점 전후에 따라 내용이 달라지고 있다. 1911년『조선대구일반』까지는 지역 인사들이 모은 기부금 700원에 관한 이야기가 있었다. 그 이후의 책에서는 지역 인사들의 기부금을 찾을 수 없고 그 이전까지 없었던 히자즈키(膝付益吉)가 사재 출연을 했다는 이야기가 나오지만 확실하지 않다. 동아동문회 지원금이 히자즈키 개인한테 지급되었기 때문에[206] 그 금액을 사재처럼 쓰였다고 한 것인지 아니면 실제 사재를 털어 기부를 한 것인지 기부 내역이 밝혀져 있지 않아서 정확히 알 수 없다.

5. 보통학교 교육과정 운영

1899년에 설립된 달성학교는 중학교 관제에 의해 설립되었다고 주장한다.[207] 이와 달리 달성학교의 학교규칙 제3조에는 '본교에 수업할 학생의 나이는 7세 이상으로 한다'고 되어 있다. 달성학교의 시작은 심상(보통)과로 출발하여 운영되다가 그 후 1902년에 고등과에 신입생이 입학하였다. 1902년 3월 말 출결 통계표까지 보통과만 있다가 4월 통계에 처음으로 고등과 학생 재적 수는 4명이었고 1명이 결석하는 것으로 기록되어 있다.[208] 그전까지는 심상(보통)과만 있었다. 또 특이한 점은 1903년 봄에 심상과보다 더 낮은 수준의 유년과가 생겼다가 1904년 9월에 보통과로 통합되었다. 실제 달성학교의 평균 학생 수도 심상(보통)과가 다수였고 유년과가 있었던 점을 감안한다면 달성학교가 중등교육기관으로 시작되었다고 해서는 안 된다. 오히려 심상(보통)학교 체제로 보는 것이 더 정확하다. 보통학교령 이전 공립소학교는 심상과는 3년제였던 것이 달성학교 심상은 4년제로 구성되어 있다가 일본이 강점한 이후 보통학교는 심상 4년으로 굳어졌다.

아래 <표 17>에서 보듯이 달성학교의 학습 내용인 수신, 독서, 일어, 역사, 지리, 작문, 습자, 수신, 산술, 체조, 이과, 화학, 부기 등은 보통학교의 내용과 비슷하다. 이는 달성학교가 학교 설립 때부터 일본인으로부터 자문을 받았기 때문이었다. 이후 일본이 조선에 보통교육을 실현하기 위해서 일어학교로부터 받은 보고서와 조선시찰을 한 내용을 근거로 한국교육을 구상하고 실현 가능성을 검토했기에 보통학교와 일어학교는 교육체제가 비슷하였다.[209] 대구지역에서는 달성학교가 지역 정황 및 교육을 보고하였고 1902년 쓰네야 세이후쿠(恒屋盛服)가 한국학사시찰을 한 학교 중 하나가 달성학교였다.

<표 17> 보통학교의 교과와 달성학교 심상과 교과 내용을 보면 주요 과목은 비슷하고 수예, 창가, 농업, 수공 부분에서 차이가 있다. 달성학교가 보통학교와 다른 점은 국어가 소학교처럼 국문(독서), 작문, 습자로 나눠져 있었다. 달성학교 설립취지서에 의하면 독서는 국문이었고 작문은 한국어, 일본어였고 습자는 표시되어 있지 않다. 하지만 실제 운영은 독서, 작문, 습자 모두 한국어가 아니라 일본어였다. "3년 생도는 보통의 일본어를 통해 신체독본의 3, 4를 통독하고"라는[210] 말에서 일본 읽기 교과서인 신체독본이 사용되었음을 알 수 있다.

1906년 이전 공립소학교의 선택과목이었던 외국어 중 일어가 하나의 언어로 포함되어 있었던 반면 달성학교에서는 일본어가 필수과목이 된 점이 큰 차이점이었다. 공립소학교에서 외국어로 일본어를 가르칠 수가 있었으나 대부분의 학교에서는 가르치지 않는 상태였다. 달성학교는 일어라는 교과목과 읽기, 작문으로 일본어를 가르치고 있어 보통학교에서 일어가 정식 교과로 등장하는 것보다 훨씬 빠른 것이었다.

〈표 17〉 소학교와 달성·보통학교 교과 내용 비교

소학교 (1895~1905)	달성학교 심상(보통)과 (1899~1906)	보통학교 (1906~1909)
수신	수신	수신
독서와 작문	국문(독서)	국어
습자	작문(국문 및 일본문), 습자	
		한문
	일어	일어
산술	산술	산술
본국의 지리와 외국지리	역사 지리	역사·지리
본국 역사		
이과	물리, 화학	이과
도화	도화	도화
체조	체조	체조
재봉		수예
외국어		
		창가
		수공
		농업
	부기	상업

출처: 소학교령(1895), 달성학교취지서(1899), 보통학교령(1906)

달성학교의 취지서에는 한문교과가 없었지만 실제 가르쳐줬고 보통학교 교육과정에는 한문교과가 있었다. 달성학교에서 1903년 봄 한문과인 유년과를 두었다가 1904년부터는 유년과를 폐지하고 보통과에서 한문을 지도하였다. 이나바 츠기오(稻葉繼雄)는 달성학교가 한문을 가르치는 이유 중의 하나가 한적에 친한 전통적 교육문화를 존중하는 자세라고 하지만[211] 실제는 한문 교육을 받은 학생이 일본어를 빨리 습득하고 졸업생이 일본어 통역으로 일하는 데도 유리한 것이었다. "학생들이 비교적 한학(漢學)에 대한 실력이 풍부하므로 일본 신문과 잡지 같은 것은 겨우 1년여의 학습을 쌓으면 正則的(일반적)인 발음으로 쉽게 통독(誦讀)할 수가 있게 된다"고[212] 하여 한학을 먼저 가르치고자 하였다. 동아동문회 졸업생보고에서는 한문교육을 받은 졸업생이 일본어와 한자에 능숙해서 통역을 잘한다는 내용이 있다. 이를 두고 일본학자는 한문과 일어를 같이 배우면 우리 민족과 일본 쪽에 서로 영향을 주는 기이한 공명(共鳴)으로 표현하였다.[213]

한자처럼 많은 시간을 가르친 것은 아니지만 달성학교, 보통학교의 공통적인 교과목이었고 소학교도 가르쳤던 과목이 수신이었다. 소학교에서 수신은 하나의 교과로 바뀌면서 소학교교칙대강에 "교육에 관한 조칙의 취지에 기초하고 아동의 양심을 계도하여 그 덕성을 함양하며, 인도(人道)를 실천하는 방법을 가르쳐주는 것을 요지"로 하고 있다. 이는 앎의 세계를 중시하는 유학에서 앎을 실천하는 수신으로 바뀌어서 수신교과는 풍속교화라는 기능으로 계승되는 것으로 보고 있다. 또, "심상과에는 효제(孝悌), 우애(友愛), 예경(禮敬), 인자(仁慈), 신실(信實), 의용(義勇), 공검(恭儉) 등을 실천하는 방법을 가르치고 특별히 존왕애국 하는 사기 양성에 힘쓰고 또 신민으로서 국가에 대한 책무의 대요를 지시하고"라고 하고 있다. 이는 교육으로 존왕애국 하는 신민을 기르고자 하는 것으로 일본의 「교육칙어」를 모방하면서 교육은 부국강병의 수단이 되었고 동양의 윤리강상은 전제군주제를 옹호하는 신민 양성의 수단이 되었다. 이는 수신이 일본 근대를 떠받치는 역할을 하면서 학습자의 정신을 지배하는 자율적 장치로 변환되어 간 것으로 한국에도 이어졌다.214)

달성학교의 교육과정은 같은 시기의 공립소학교보다는 말할 것도 없고 통감부가 설치된 이후 실시된 보통교육과정보다도 일본어를 더 가르쳤던 학교였다. 이 점을 두고 제일교회 100년사에는 달성학교는 일어강습기관이지 학교라고 보지 않고 있다.

6. 교수용어로 사용한 일본어

하나의 교과로만 일본어가 가르쳐지는 것과 교수용어로 일본어를 가르치는 것은 다르다. 달성학교는 일본어 교과가 없었지만 한문을 제외한 교과를 일본인이 가르쳤기 때문에 대부분이 일본어 시간이나 마찬가지였다. 달성학교는 일본의 한국 진출 초기임에도 불구하고 일본어를 교수용어로 사용하였다. 일본어를 교수용어로 사용하는 것은 단순한 교수용어가 아니라 자연스럽게 일본어=일본정신이라는 등가가 성립되어 조선 민중의 주체성을 상실하는 수단이 되었다.215) 일본인들이 조선으로의 교육 진출을 주장하는 초기 단계에 일본어는 보통학으로 대표되는 근대문명 전파의 역할을 담당하였지만 일본 세력이 확대되면서 교수용어로 일본어를 주장하였다.

당시 일본은 일본어가 근대문명 수용에 용이하다는 점과 한어와 같은 어파인 교착어라는 등의 이유를 들어 가장 배우기 쉬운 언어라고 주장하였다.[216] 중국은 한자이지만 근대문명을 가르칠 수 없고 미국은 근대문명을 포함하지만, 영어는 배우기 너무 어렵다는 논리였다. 조선 내 서구의 근대적 지식과 선진문화를 일본어로 도입하게 함으로써 일본어가 청나라와 서구문화를 차단하는 효율적인 수단이 되고[217] 일본 문화도 함께 유입되어 조선의 문화에 자연스럽게 융화되도록 한 것이다. 이처럼 일본어 보급 논리 이면에 내재된 일본의 세력 확장 의도는 파악하지 않은 채 근대적 지식을 일본인을 통해 받아들이고자 한 것이 일어학교였고 대구에서는 달성학교가 여기 해당한다. 달성학교의 실제 운영은 근대적 지식을 받아들이는 언어로 일본어가 되었고 한국어 시간까지 일본어가 지도되었다. 달성학교 취지서의 독서, 작문은 국문과 일본문이라고 나와 있지만 일본문만 지도하였고 달성학교 취지서에 없었던 회화, 강화를 교과로 나눠서 일본어를 지도하였다.

<표 17>의 설립취지서에는 일본어 교과목은 있지만 동아동문회에 보고된 학년별, 과목별 수업시수 내용에는 일본어라는 과목은 어느 학년에도 없다. 독서, 작문, 회화, 강화 등에서 일본어 지도가 이루어졌고 한문을 제외한 나머지 과목에서도 교과 내용을 가르치는 교수용어로 일본어를 사용하였다. 설립취지서에 적힌 대로라면 한국어와 일본어를 가르치고 교과에서 보통학을 가르치는 것이었지만 일본어에 의한 보통학으로 바뀐 것이었다.[218] 일본어에 의한 보통학은 일본어가 도구로 가르치는 것으로 학생들의 일본어의 수준이 어느 정도 갖춰져야 했다. "심상과 3학년 이하는 일본어에 의한 보통학을 위한 준비하는 시기로

일본어 그 자체의 교육에 중점을 뒀다"는[219] 말이 이를 뒷받침한다. 1
학년은 일본어 회화가 6시간이었고 2학년에서 2시간 작문으로 나뉘었
지만 4시간이 유지되었고 3학년의 회화 역시 4시간이었다. 1~2학년의
독서, 회화, 작문의 시간의 비중이 컸고 3, 4학년 고등과로 갈수록 근
대 지식 관련 학과의 시간이 늘어났다.

<표 18> 실제 달성학교 운영 과목과 시수

교과목	심상(보통)과				고등과
	1학년	2학년	3학년	4학년	1학년
수신	1	1	1	1	1
독서	5	4	3	3	2
산술	5	4	2	3	3
작문		2	2	2	2
회화	6	4	4	2	
강화	1	1	1	1	
한문	6	6	6	6	2
박물				1	2
주산			2		
체조		2	2	2	
역사 /지리			0/2	2/2	2/2
일어					
부기					
물리, 화학					2
생리					1
도화				1	1
기하					1
대수					1
영어					2
	24	24	23	24	24

출처: 동아동문회 31회 보고(1902년 6월 1일) 자료를 근거하여 작성함
※ 음영 있는 부분은 설립취지서에는 없었으나 교육과정 운영상 추가된 과목임

작문 교과 중에 1학년은 일본어 작문을 가르치지 않았다. 달성학교 설립취지서에서도 2~4학년 작문에 국문 및 일본문으로 나와 있어 2~4학년은 작문을 가르쳤고 1학년은 작문 과목이 없었다. 보통과에 "수신, 독서, 산술, 회화, 작문(1학년은 화문을 가르치지 않음) 한문, 체조, 강화, 4년생에 한해서 박물, 지리, 역사를 더하고"라는 보고에서 1학년은 화문(일본어)을 가르치지 않았고 나머지 학년은 일본어 작문을 가르쳤다는 것을 알 수 있다.[220] 1학년을 제외한 나머지 학년은 작문을 가르쳤는데 작문 시간에 국문을 가르치기가 불가능한 것뿐만 아니라 나머지 교과에도 한국어로 지도할 수 없었다. 이는 교사 인원과 시수와의 관계에서 알 수 있다.

달성학교 교사의 인원 수는 1903년에는 주임교사 1명에 보조교사 2명이 있지만 개교부터 1903년 이전의 교사 구성은 일본인 2명과 한국인 1명으로 구성되었다. 윤필오가 한문을 가르치고 히자즈키(膝付益吉)가 주임, 신타니마츠스케(新谷松助)가 명예교사였다. 그러다가 1902년 한문교사가 윤필오에서 김남수로 대체되었고 나가노 게조(中野季三), 샤쿠오 슌조(釋尾春芿) 교사가 있었다고 하니 일본인 교사는 늘었지만 한국인 교사는 1명 그대로였다.[221] <표 18>에 의하면 한문교과의 경우 한국인 교사 1명이 보통과 학생만 한문을 일주일에 24시간씩 가르쳤다. 고등과가 생긴 후부터 2시간을 가르쳤기 때문에 주당 한국인 교사의 수업 시간은 26시간이다. 학교 규칙이나 실제 보고된 바에 의하면 보통과 수업 시간은 매일 4~5시간, 토요일 2~3시간을 규정으로 하고 있다. 학생이 많아지고 고등과가 생기면서 고등과가 오후 2시에 수업을 시작하기 전에 보통과는 1시에 수업을 마쳤다.[222] 한국인 교사가 1주일에 오전 동안 24시간 지도하기 위해서는 하루 4~5시간 한문 지도를 하여야 했기에 다른 국어 과목을 지도할 수 있는 시간이 없다. 작문이나 독서 시간에 국문을 가르칠 한국인 교사는 없었고 나머지 과목 교원은 일본인이어서 일본어로 수업을 가르쳤다고 판단된다.

달성학교의 실제 운영은 설립취지서와 달리 독서, 회화, 작문, 강화로 지도되었고 읽기는 경성학당과 같이 동일한 신체독본을 독서 교재로 사용하였다. 다만 달성학교의 회화, 작문에 대한 지도가 구체적으로 진술된 문헌은 없지만 같은 동아동문회의 재정지원을 받고 공동 교사 연수 협의에서 같은 체제를 마련하였던223) 경성학당 보고의 내용으로 미루어 본다면 달성학교도 회화 암송과 서간문 작성 등 비슷하게 운영된 것으로 생각된다. 경성학당의 회화 방식은 일본어 일용 각종 대화를 매일 17~18행 이상 필기시키고 10회 일제히 소리 내어 읽게 하여 즉석에서 암송시키도록 했다. 한국인들은 반복 또 반복해서 끝내 암송하기에 이르지 못하면 책을 놓지 않는 습관이 있어 어학상에 일종의 특성을 갖고 있다고 한 서양인의 증언과도 일치했다.224) 이 같은 학습 방식은 1900년 전후 대구지역 서양 선교사들도 대구지역 학생들의 학습방식으로 기록하고 있어 조선인들의 일반화적인 학습 태도였다.

또, 경성학당의 일본인이 "한국인에게 작문으로 일본의 서간문과 필요한 각종 서식을 가르쳐서 이미 간략한 왕복 서간문 등은 자유자재로 쓸 수 있다"고 보고한 점이나 실제 졸업식 등 학교 행사에 조선 학생이 일본어로 연설을 하는 점에서 일상생활 중심의 일본어 교육이 실시되었음을 알 수 있다.225)

달성학교 학교운영을 설립취지서와 달리 한국인이 아니라 일본인이 운영을 주도하다 보니 한문을 제외한 전 교과목에 일본어를 교수용어로 사용하여 학생들을 지도하였고 근대 교과목보다는 일상적인 일본어 사용 능력이 교육의 중심이었다.

7. 유년과 운영

달성학교의 교육과정은 고정되어 있었던 것이 아니라 학교의 변화에 따라 조금씩 바뀌었다. 유년과(한문숙) 개설 시 유년과 학생 중에는 나이가 20세도 있어서 지금처럼 유치원 나이가 아니라 보통과에 들어가기에 앞서 한문에 대한 소양을 쌓는 것을 목적으로 유년과가 운영됐다. 한문이 학교 설립 초기 교과목에 없었지만 지도한 것은 한문에 실력 있는 학생이 일본어 읽기를 빨리 익혔기 때문에 심상 1학년부터 일본어 보통교육을 실시하기 위해서는 그 전에 한문 교육을 가르쳐야 했다. 또, 한국인들이 그 당시 공립소학교를 꺼려했던 이유 중의 하나가 한문을 서당보다 적게 가르친다는 것으로226) 달성학교도 비슷한 사정이었다. 달성학교의 학생 수도 유년과에서 한문을 가르친 후 학생 수가 20여 명에서 50여 명으로 늘었다.227) 달성학교 학생 수가 한자를 가르치기 시작한 1903년은 경부선철도 공사의 시작 전이었고 러일 전쟁 전이어서 조선 내 일본의 세력은 크지 않았음에도 학생 수가 증가한 것은 한자교육과 관련이 있다. 일본이 통감부를 설치한 1906년 이후 보통학교를 개교하였지만 한자를 가르치지 않는다고 입학을 꺼려하고 한자를 중심으로 운영된 사숙으로 학생들이 입학하였던 현상에서 조선인은 여전히 한자를 중시한 것을 알 수 있다.

유년과의 학습 내용으로 한문, 간단한 일본어, 수학이라고 하였지만 경성학당에서는 천자문, 동몽선습, 통감, 맹자, 심상소학, 시전(詩傳), 간이수학 등 더 자세히 밝히고 있다.[228] 달성학교 설립취지서의 독서과목에 유몽휘편, 숙혜기략이 있어[229] 국한문 혼용체를 기초로 했고 보통과의 한문은 경성학당의 통감, 맹자, 소학과 비슷한 것으로 생각된다.

〈표 19〉 달성학교 변화에 따른 내용

구분	1899 (설립취지서)	구분	1903	구분	1904년 9월
심상과	독서, 일어, 역사, 지리, 작문, 습작, 수신, 산술, 체조	유년과	한문, 간단한 일본어, 수학	보통과	수신, 독서, 산술, 회화, 작문, 한문, 체조, 강화
		보통과	수신(1), 독서(5), 산술(5), 회화(6), 작문(1학년에는 일본작문 제외), 한문(6), 체조, 강화(講話1), 4학년만 박물, 지리, 역사를 가함		
고등과	없음	고등과	수신(1), 독서(4), 역사, 지리, 작문, 회화, 물리, 화학, 체조, 강화, 영어 기초	고등과	수신, 독서, 역사, 지리, 회화, 물리, 화학, 체조 강화, 영어기초

출처: 설립취지서, 『황성신문』, 동아동문회 보고 31호, 38호, 59호, 이나바 츠기오(稻葉繼雄)(1997)

달성학교의 한문 지도와 함께 또 하나의 특징으로 꼽을 수 있는 것은 고등과 교과목에서 영어의 개설이다. 동아동문회 자체가 러시아 등 서양 열강의 침입을 차단하는 것이었고 달성학교가 일본의 지원을 받았던 이유 중의 하나가 대구의 기독교 세력에 대항하고 일본 세력을 부식하기 위한 것이었다. 달성학교는 신명소학교와 대남소학교, 천주교 학교가 민심을 얻어 따라갈 수 없었고, 이들 학교와 경쟁하기 위해 영어를 가르치는 기독교 학교와 같이 일어뿐만 아니라 영어도 가르쳤다.230) 영어 교과 지도를 했다는 내용만 언급되어 있지 누가 가르쳤는 지 어떤 내용을 가르쳤는지는 정확히 알 수가 없고 기초적인 영어 학습이었다는 것만 알 수 있다.

이 시기에 그 이전과 달리 근대교육기관에서 개화를 위해 배워야 한다고 주장되었던 교과가 역사, 지리, 과학이었다.231) 서양 열강들과 청·일이 세력 다툼을 하는 상황에서 국제 관계 속 자국의 위치를 이해하기 위해 역사, 지리 교과가 도입되어야 했고 다른 하나는 서양의 앞선 기술 문명의 근간이 된 교과인 과학과가 도입되어야 했다. 역사와 지리 교과는 화이관과는 다른 세계관을 형성하기에 가장 적합한 교과이고 실제로 역사와 지리 교과는 학교 설립 유형을 막론하고 적극적으로 도입된 교과였다.

이에 반하여 과학과는 그 필요성이 제기되었으나 과학 과목을 제대로 가르칠 수 있는 교사의 부족, 과학과를 저급한 것으로 간주하는 전통적인 인식 등으로 인하여 도입에 어려움이 있었다.232) 달성학교도 취지서에 역사와 지리를 먼저 가르친다고 하고 실제 <표 19> 지리가 보통과 3학년에, 역사와 지리는 4학년에서 가르쳤다. 과학은 고등과에서 시작되었다. 과학의 영역은 물리, 생물, 화학이었다. 과학 과목이 주당 24시간 중에서 4시간이 전부였고 전체 5개 학년에서 1개 학년에만 나오고 있어 달성학교에서도 과학이 역사, 지리보다는 상대적으로 덜 가르쳐졌다. 1903년 6월 역사, 지리가 심상과에서 없어지고 고등과에서 배우게 된다.233) 1904년 9월부터 유년과가 폐지되어 <표 19>의 오른쪽처럼 다시 보통과, 고등과로 나눠졌다. 이 변화는 실제 운영의 반영으로 이후 보통학교 체제에 영향을 줬다.

8. 일어학교 연합 교육활동

달성학교는 일어학교와 연대하여 교육활동을 실시하였다. 달성학교는 부산의 개성학교가 개최하는 일어학교 연합 합동운동회와 수학여행에 참가했다. 구한말에는 연합운동회가 성행해서 임금 및 대신도 관람을 하고 유명 인사들이 보조금을 기부하였다.[234] 경성학당이 설립되고 이듬해 운동회에서 한 학생이 이완용과 일본 공영사관 관원들과 해·육군 사관들과 거류지 인민 앞에서 일본말로 일본이 도와줘서 고맙다는 연설을 했다.[235] 이날 신문 기사의 내용으로 보면 경성학당의 운동회는 학생 간의 친목 및 협력을 다지는 시간이었다고 하나 교육활동을 보여주는 홍보의 기회가 되었다. 달성학교가 대구 학교의 연합운동회에 참석하였는지는 파악되지 않지만 1901년 10월 하순 3, 4년급의 생도를 인솔하여 부산에 가서 부산개성학교가 개최하는 일어학교 연합수학여행에 참여하였다. 이날 달성학교 학생의 활동을 타교 학생과 비교하여도 손색이 없다고 평가하고 있어 일어학교 간의 수준이 비슷한 것으로 보인다.[236]

1904년 가을 달성학교의 자체 운동회도 있었는데 거류민과 부산영사 등이 기부하였고[237] 1897년 경성학당의 운동회에 조선 정부 고관들과 일본 공·영사관 관원들과 해·육군 사관들과 거류지인이 참석하였다.[238] 참석자나 기부자들이 한국인보다 일본인들이라는 것에서도 일본의 학교 지원과 학교운영 주체에 대해 알 수 있다.

1902년 가을에는 개성 본·지교, 밀양 개창학교, 대구 달성학교 생도를 합하여 40명이 밀양에 집합하여 마산포로 나가 영사관 뜰에서 운동회를 하다가 그때 일본 함대 6대가 정박 중이었는데 이 배로 부산으로 건너가 각 제조장 등을 관람하였다고 한다.[239] 이 밖에 일본의 고등학교 소학교와 연합하여 오사카, 나라, 교토를 여행하는 일어학교 공동수학여행이 개성학교의 보조금과 자비부담으로 진행되었다는데 달성학교의 참석 여부는 파악되지 않는다. 일어학교의 연합운동회와 시찰, 수학여행을 한 것에서 생도의 견문을 넓히는 동시에 일본과 일본인의 위신을 높이는 효과를 거두었을 것이라고 말하지만[240] 한국 학생에게 일본은 발달한 국가이고 배워야 할 대상이 되어 학생은 친일본적으로 변해 갈 수밖에 없었다. 이후 졸업생들이 일본을 위한 일에 종사하거나 일본 유학, 일본 군대로 진출한 것이 이를 증명한다.

9. 빈번한 학생 수 변동

달성학교 학생 수 기록을 보면 개교 당시에는 20여 명으로 출발하였지만[241] 1905년에는 45명의 한국인 학생이 달성학교에 재학하였다. 1899년 8월 20여 명이었던 달성학교 학생이 1899년 12월 신문 기사에 53인이라고 하고 있으나 이는 이후 다른 자료들보다 2배 가까이 많고[242] 그 이듬해인 1900년 29명의 학생 수와 비교해도 53명은 정확한 숫자가 아니다.[243] 달성학교의 학생 수는 1900년 『교육시론』의 달성학교 현황에는 심상과 3학년생 2명, 2학년 10명, 1학년 3명 심상의 학생 수는 총 15명이었고, 예비 고등은 14명이었다. 개교 후 1년이 지나서 심상과 3학년까지 학년별 학생이 있었고 개교 4년째인 1902년에 고등과가 생기는 것으로 봐서 1899년 개교 당시 1학년만 있었던 것은 아니었다. 경상북도관찰부공립소학교에서 전학을 온다는 보고처럼 전입이 있었거나 자체 수준별 반 구성일 수가 있다. 1900년 고등과 예비생 14명은 정식이기보다는 양지아문 측량을 위해 선발된 일시적인 위탁학생이었다. 그 이전, 이후 연도에 전혀 없던 고등과가 예비생이라는 이름으로 등장하지만 이들은 잠시만 있었던 것이었고 실제 고등과가 생긴 것은 1902년이었다.244) 그 이후에도 심상과 학생이 월등히 많았다. 1902년 심상과 31명, 고등과 4명이었다.245) 심상과와 고등과의 비율은 1903년 달성학교의 학생 수 35명 중에 보통과가 28명이라 하고 고등과 신입생이 3명이라 하였으니 고등과 2학년은 4명이었다.246) 1904년 10월 보고에 의하면 그해 4월 졸업생은 고등과 2명, 보통과 6명으로 나와 있어 학생 수와 졸업생 수가 차이가 있다. 이 당시에는 중도에 학생이 학교를 그만두는 경우가 많았다. 1901년 제1회 수업증서수여식이 있었는데 내빈을 초대하여 권학 연설을 하고 2명의 우등생에게 시상하여 학생들의 학습을 격려하였다.247) 이때 우등생으로 상을 받은 김경수, 박래붕은 1904년 1회 졸업식 졸업생 명단에 없는 것으로 봐서 중간에 학업을 그만둔 것으로 여겨진다. 1905년에 있었던 제2회 졸업식 보고에 의하면 졸업생 수가 2명으로 고등과인지 심상과인지 밝히지 않고 있지만 심상과가 더 많았기에 1명이나 고등과 졸업생이 없었던 것으로 보인다. 설령 2명이 전부 고등과라고 해도 1903년에 입학한 고등과 학생이 3명이었으니 졸업하지 못하였거나 중도에 전출, 퇴학이 있었던 것으로 보인다. 1904년 1회 졸업식에 8명, 2회 졸업식에 2명 1905년까지 총 10명이 졸업생이었다. <표 20>에서 보면 고등과의 학생 수가 1902년 4명, 1903년 3명인 것을 보면 평균 학생 수는 3, 4명으로 파악된다.

같은 해 1900년 11월 5일 교육시론의 "달성학교현황"에서 학생 수는 심상 15명과 고등 예비생 14명으로 나오고[248] "일본인의 한인 교육현황" 기사에는 45명으로 나온다.[249] 달성학교 개교 시 20여 명의[250] 학생이 1년 만에 2배가 되었다는 것은 그 당시 학생 증가가 많지 않았던 점으로 봐서 실제 평균 출석생 수는 20여 명으로 여겨진다. 이 당시에는 기준을 실제 등교하는 출석 학생 수로 하는 것과 재적 수로 하는 것의 차이가 컸다. "일본인의 한인 교육현황 경우"에는 "최근의 학적부 조사에 의한 것"으로 말하고 있어 전체 재적 수였다. 이 당시의 출결 상황을 보면 1902년 3월 재적 47명, 출석 26명으로 재적 수와 출석자 수는 21명의 차이가 난다.[251] 동아동문회 이후 보고에서 재적 수, 평균 1일 출석생 수, 결석생 수 등 정확하게 보고를 하는 예가 있어 살펴보면 3월에는 47명이었다가 한 달 뒤 4월에는 35명이었다. 3월 한 달 퇴학생 수가 18명이었고 4월에 입학도 6명이 있었다. 입학과 전출이 상당히 빈번하였다는 것을 알 수 있다. 이 현상은 달성학교뿐만이 아니었다. 한성사범학교도 학생의 전출이나 퇴학이 잦아 졸업생 명단만 작성하였다.[252]

학생 수가 늘어나기 시작한 것은 1903년 유년과 설치 이후이다. 출석 생도가 50여 명이라고 나와 있어 재적 생도는 더 많은 것으로 추정된다. 경부철도공사 착수로 일본인들이 늘어나는 이유도 있지만 유년과 설치는 한문만을 가르쳤던 한문숙에 학생이 20여 명이어서 학생 수가 늘어났다. 50여 명 중에서 "일본어를 배우는 사람은 30명이고 나머지는 한자를 배운다"라고 되어 있어[253] 보통과는 크게 변하지 않았다.

그 후 1904년과 1905년 11월 25일 자 달성학교발 대구통신에 따르면 매일 한일 양 생도가 등교하고 있고 일본인 생도가 증가하여 24명이 되었다. 1904년 이전에는 일본인들이 대구로 점차 들어오고 있다는 얘기는 있지만, 일본인 학생 수에 대해서는 1904년 11월 15일 처음 밝혔다. 그해 1월과 3월 숫자는 한국인 학생과 일본인 학생 수 구분이 없었고 학생 수만 52여 명이라고 밝히고 있다.

〈표 20〉 달성학교 학생 변동 상황

연도		학생 수	비고
1899	8월 10일	20여 명	교육시론
1900	11월 5일	45명(일본인의 한인 교육현황)	
	11월 5일	심상 15명, 고등 예비생 14명 (달성학교 현황)	예비생 고등 14명 양지아문
1902	1월 8일	학생 30여 명	
1902	6월 1일	3월 재적 47명, 출석 26명 4월 재적 35명, 출석 24명 퇴학 18명, 입학 6명	고등 4명
1903	1월 1일	재적 35명(출석자 28명)	고등 신입생 3명
	7월 1일	출석 50여 명(유년과 30명)	
1904	1월 1일	본교 22, 23명, 분교 30명	
	3월 10일	본교, 분교 구분 없이 52, 3명	1회 졸업식
	10월 25일	졸업생 고등과 2명, 보통과 6명	
	11월 25일	일본인 생도만 24명	
1905	6월 26일	수료생(한국인 25명, 일본인 27명) 한일 61명	1905년 3월 말 2회 졸업식
	10월 26일	등교생 45명(일본인 전출 이후)	

출처: 近代アジア教育史硏究會 篇, 『近代日本のアジア教育認識』 資料編 Ⅵ, 63쪽, 64쪽, 171쪽, 241쪽, 271쪽

일본인 학생 수 24명을 제외하면 한국인 학생과 일본인 학생 수는 비슷한 것으로 생각된다. 일본인 학생 수가 표기되기 이전 연도들의 보고는 모두 한국인 학생 수인데 1902년 출석 학생 평균 숫자들이 3월

26명, 4월 26명이고 1903년 1월 28명이었다. 또, 그 후 1905년 2월 수료식의 한국인 학생 수도 25명이었다는 것에서 개교부터 1905년 2월까지 한국인 학생 수는 25명 전후였다.

달성학교의 학생 수는 1905년에 많은 변동이 있었다. 일본인 학생은 1904년 11월 24명에서 1905년 2월 수료식에서 27명으로 변하였다. 일본인 전용 공립소학교가 개교한 1905년 10월에 몇 명의 학생이 일본인 전용소학교로 전출되었는지 동아동문회 보고서에는 나와 있지 않다. 『대구부사』에 의하면 달성학교로부터 일본인 전용학교로 인계된 아동은 심상과 25명, 고등과 13명이다.[254] 달성학교 학생 수의 변동은 국내·외적으로 러일 전쟁을 하면서 정치적으로 우리나라가 식민지화되어 가는 것뿐만 아니라 일본 국내의 사정과도 밀접한 관련이 있다. 메이지유신 이후의 불안한 상황에서 서부 일본의 주민들이 지리적인 이점을 살려 대거 우리나라로 들어오게 된다. 주로 해안의 여러 개항장을 비롯해서 내륙은 철도를 따라 교통이 편리한 곳으로 이동하였는데 대구가 그중 한 곳이었다. 1895년 청일 전쟁 직후에 조선 내지 보고서에 대구가 유망한 땅이라고 했고 경부철도공사가 시작되자 거류민의 수가 300명에서 1년 새 1,548명이 되었다.[255] 일본인 전용 학교가 없다 보니 일어학교인 달성학교로 학생들의 전입이 많았다가 1905년 10월 일본인 전용 소학교 설립으로 전출을 하였다. 전출 이전 보고에는 1905년 7월 학생 수가 한일 학생 모두 61명으로만 나와 있어 한국인과 일본인을 구분하여 알 수는 없지만[256] 일본인 전용 학교로 30여 명이 옮겨 가고도 등교생 수가 30명 안팎이어야 하는데 평균 등교생 45명으로 나와 있어 달성학교의 한국인 학생 수는 증가하였다.[257] 달성학교는 1905년 10월 일본인 전용 소학교 설립 이후 다시 한국인 전용으로 돌아갔다.

10. 중류층 십 대 보통과 학생

달성학교 개교 당시 학생의 연령대가 18세에서 22세라고 해서 오늘날 중고등학교라고 생각을 하면 안 된다.[258] 개교 당시 심상과만 있었던 상황에서 22세가 입학하였다는 것은 연령대가 상당히 높았지만, 그때는 지금처럼 학년과 나이가 일치하지 않았다. 심상과가 오늘날의 초등과정이지만 나이가 많은 학생이 학교에 입학하는 것은 달성학교만의 일이 아니었다. 인근 경상북도관찰부공립소학교의 학생 중 기혼자가 있었고 1908년 대구보통학교 학생의 나이가 15세 이상이 45%였다.[259]

1903년 유년과가 신설되어 운영되고 유년과 생도의 나이가 6, 7세부터 20여 세까지로 나와 있다. 입학연령은 낮아졌지만 여전히 학년과 나이는 일치하지 않는 경우가 있다.[260] 달성학교 입학생은 개교 당시 "아직 구관습을 벗지 못하여 양반은 평민과는 자리를 같이하는 것을 싫어하는 경향이 있으므로 양반의 자제에 한하여 입학시키기로 하였다"는 것과 "성내 중류 자녀들"이라는 표현에서 양반 중류층 신분이었음을 알 수 있다.[261] 당시 공립부 소학교는 가난한 자들이 다녀 다니기를 꺼린다고 하였으니 대구지역도 예외는 아니었다. 당시 경상북도관찰부공립소학교는 학비가 없었던 것과 달리 달성학교는 학비가 있었다. 1902년 지필묵을 생도가 스스로 부담하도록 했을 때나 1905년 4월 이후 수업료 징수를 했을 때도 저항이 없었다고 하였다.[262] 수업료 징수가 1905년 학생 수 변동에 영향을 미치지 않았던 점으로 봐서 학교 설립 초기 입학을 양반에 한정했던 것이 그대로 유지되었거나 부형의 경제력이 보장되었던 것으로 보인다. 1908년 윤필오 아들 윤창섭이 14

세로 학교에 다녔던 것이나263) 달성학교 졸업 후 보성학교로 진학을 한 서상일의 경우가 이를 뒷받침한다.264) 서상일의 부친 서봉기는 대구지역의 대표적인 지도층 인사였다.

학생의 출신 배경뿐만 아니라 학생의 취업 현황으로도 성향을 알 수가 있다. 1904년의 달성학교 보통과 졸업생 6명 중 이상만, 김사훈, 말제영, 록봉환 4명은 부산 근처의 철도공사 통역 일을 하였고 김달수는 육군 입영, 현석건은 동경 유학으로 졸업생 모두가 일본과 관련된 일을 하였다.265) 고등과 졸업생 서기은과 김재한은 조교 교사로 달성학교에 근무하였다. 1905년에는 졸업생 2명이 부산우편국에 지원한 것을 알 수 있다. 이나바 츠기오(稻葉繼雄)는 와타나베 마나부(渡部學)의 일어학교 특징에다가 일어학교 학생이 출세 지향적이라는 내용을266) 포함하고 있는데 위의 10명 졸업생의 진출이 이를 뒷받침하고 있다. 달성학교의 보조교사 중 한 명이었던 서기은은 번역 업무를 하다가 탁지부 주사를 거쳐 남해 군수까지 역임하게 된다.

졸업하기도 전에 수학 중 취업이 되는 경우가 있었다. 고등 예비생이 양지아문 논밭측량에 취업한다는 보고나 수학 중에 측량조수로 수명이 되었다고 하였다. 또 졸업 후 측량기사가 되는 경우도 있었다. 서상일의 경우 6개월 측량 강습을 받아 1906년 11월 측량기수가 되었으니 1906년 4월 졸업생으로 추정된다.267) 서상일은 달성학교 고등과를 그해 졸업하고 1906년 5월 1일 대구에서 6개월 기간으로268) 일필지측량(一筆地測量) 기술 강습을 하는 측량기수 견습생으로 등록을 하여 11월 7, 8, 9급에 첫 측량기수로 임용된 사람 중의 한 명이었다.269) 탁지부 측량기수 견습생 채용공고에 시험과목으로 산술 비례, 일어 초보, 한문으로 나와 있는데 이는 달성학교 교육과정에 포함되는 내용이어서270) 달성학

교 출신들이 유리하였다. 대구농림학교 입학시험 역시 시험 고시에 본
과는 국어, 한문, 일어, 산술을 보통학교 졸업생 정도, 속성과는 국어 및
한문, 일어, 산술을 외국어학교 2학년 정도의 수준이라고 하여 달성학교
고등과 수준이면 합격이 가능하였을 것으로 보인다.271)

1906년 5월 1일부터 1907년 3월 15일까지 대구에서 양성된 측량기
사 수가 125명이어서 달성학교 학생 중에 원하는 학생은 경쟁 없이 측
량기사로 취업이 가능하였다.272) 일본은 일어학교인 달성학교의 조선
인 졸업생을 일본과 관련된 사업에 활용하여 일본 진출에 도움을 받았
다. 부산 개성학교가 근대교육의 시작 측면과 함께 "일어 보급의 척후
였다"는 비판적 견해를273) 수용한 것처럼 달성학교는 일본인 교사들이
대구의 중류 양반층 학생을 대상으로 일본어 보급과 근대 지식을 가르
쳤던 학교였다는 점을 인정하여야 할 것이다.

11. 일어학교 특징을 갖는 달성학교

위에서 살펴본 바와 같이 "달성학교는 우리 민족이 설립한 학교였지
만 일본인이 교사진의 중핵을 점하고 일본어 및 일본어에 보통학이 교
과 내용의 중심을 이루는 학교는 일어학교"였다.274)

또, 일어학교 연구자들이 주장하는 일어학교의 교육상 특색이 ① 한
국인 양반을 비롯한 서민 자제를 포함하는 것, ② 교육 내용은 일어를
매개로 해서 근대적 사회생활을 위해 근대적 지식, 즉 보통학을 배우는
것, ③ 일어 보급에 공헌한 것, ④ 일어학교를 만드는 현상 그 의미로

는 사범 교육적 효과를 갖고 있던 것, ⑤ 합병 후 근대 학교의 전신 역할을 한 것이라고 하였다. 이는 지금까지 기술한 달성학교의 설립, 교사, 학생, 교육 내용과 비교하여 보면 다음과 같다.

첫째, 일어학교 특색인 한국인 양반을 비롯한 서민 자제를 포함하는 것은 달성학교의 학생도 마찬가지였다. 설립 초기에는 양반 자제로 입학을 제한하였고 이후에도 대구의 중류층 서민 자제가 교육 대상이었다. 수업료나 지필묵을 부담할 수 있었던 달성학교의 학생은 대구지역 재력가의 자식이었다. 윤필오, 서봉기 등의 자녀 재학이 대표적이다.

둘째, 달성학교의 교사진은 한문을 가르치는 한국인 교사 1명을 제외하고는 일본인 교사가 2~3명 내외로 하여 일본어를 매개로 근대적 지식을 가르쳤다. 교사가 일본인이다 보니 교수 용어 자체가 일본어였다. 물론 달성학교가 경성학당과 더불어 한문을 교육하였지만 이는 우리 민족의 요구를 반영한 교육이라기보다는 통역의 편리를 위한 것이고 한문 교육을 선호하는 학생 유치를 위한 것이었다.

셋째, 달성학교가 일어 보급에 공헌한 것은 졸업생의 활동뿐만 아니라 달성학교는 일어 독습잡지의[275] 대구판매점으로 일반인들의 일어 보급에 기여하였다. 졸업생의 진로는 학교에서 배운 일본어를 바탕으로 통역, 일본 군대, 경부철도, 우편국 등에서 활동을 하고 있어 일본의 세력 확장에 이바지하였다. 달성학교는 탁지부의 위탁으로 특별학생을 수용하여 측량기사 양성에 이바지하였고 서기은처럼 달성학교 졸업생들은 달성학교에서 학습한 일본어, 한자, 산술 지식이 졸업 후 측량기사의 진출에 도움을 줘서 일어 보급에 공헌하였다.

마지막으로 일어학교를 만드는 현상이나 근대 학교 전신에 관한 것은 학교 승계 부분이다. 달성학교는 일어학교의 특징 중 하나인 "일어학교를 만드는 현상" 혹은 "사범교육적 효과"를 갖고 있던 것과 완전히 일치하지는 않지만 1905년 대구 일본인 전용 소학교가 설립되어 달성학교 내 일본인 학생들이 이동하였다. 또, 달성학교가 학교 승계 부분이 불명확해서 특정 학교로 연결할 수는 없지만 대구실업교육과 보통학교 체제 형성에 영향을 준 것은 사실이다. 달성학교의 한국인 학교장과 관리 감독의 일본인 운영체제, 일본어 교수 등은 보통학교와 비슷한 것으로 보통학교 체제 마련을 위한 기반이 되었다. 실업학교인 대구농림학교가 전국에서 우선적으로 설립된 것도 측량기수 교육을 위한 것이었지만 측량기수들의 필수 요소인 일본어 능력이 달성학교 학생들은 가능했기 때문이었다. 달성학교 초창기 일본어를 잘하는 고등과 졸업생 서기은, 김재환 2명은 달성학교 자체 도제교육식으로 특별교육을 받아 조교로 채용되었기에 달성학교 자체적으로 사범교육이 이뤄졌다고까지 평가되고 있고[276] 이후 서기은은 번역관을 거쳐[277] 탁지부 내 일본어학습소 교사로 활동을 해서 사범교육과 무관하다 할 수 없다.

II-2. 달성학교 이야기(폐교)

1. 통감부 설치에 따른 일어학교의 변화

앞에서 살펴보았듯이 달성학교는 개화를 목적으로 우리 민족이 설립하였지만 일본인이 운영의 중심이었고[278] 재정 역시 학부의 지원금 이외에 동아동문회 등 일본의 지원을 받았던 일어학교였다.[279] 일어학교는 통감부가 설치되면서 변하였다.

1905년 12월 20일 통감부 및 이사청 관제가 공포되어 1905년 12월 21일 일본에서 이토 히로부미가 통감에 임명되고 1906년 1월 30일 추밀원 관저에서 통감정치의 방침을 설명하였다.[280] 그는 1906년 2월 1일 통감부가 설치되자 1906년 3월 2일 초대 통감으로 한국으로 부임한다. 동아동문회가 달성학교를 통감부에 인계를 결의한 것은 이토 히로부미가 통감으로 부임하기 전인 1906년 3월 1일의 일이었다.[281] <그림 9>의 내용에서 알 수 있듯이 이날 동아동문회 평의원회는 직접 설립 운영하던 평양일어학교 및 성진학당뿐만 아니라 보조학교였던 경성학당, 달성학교, 한남학당과 함께 통감부로 인계를 결의하였다.

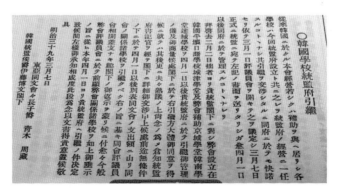

〈그림 9〉 통감부 인계 동아동문회

이 중 경성학당은 통감부 인계 후 1906년 6월 14일부터 2개월 반 동안 관립 한성 제2외국어학교로 존속하였다.[282] 그 후 1906년 9월 경성학당 농업속성과 학생 33명을 1학년에 편입시켜 농상공학교 교사에서 수업을 시작하였다.[283] 또, 평양일어학교는 1906년 4월 통감부에 인계되어 1907년 4월 관립평양일어학교로[284] 변경되었다가 1911년 1월 평양고등보통학교로 되었다. 대구에서도 1907년에 관립일어학교를 설립하기로 계획 중이었던 적이 있어서[285] 달성학교 변경도 경성학당, 평양일어학교와 같은 방향으로 전개되려 했던 것을 알 수 있다.[286] 이처럼 동아동문회 지원교들이 통감부에 의해 실업학교나 관립일어학교(이후 고등학교)로 바뀌었다. 개성학교는 학부 보조의 단절로 인해 학교 운영에 어려움을 겪다가 학부에 학교를 헌납하여 1909년 4월 조직을 새로이 해서 부산실업학교로 바뀌었다.[287] 1906년 동아동문회 교육사업 조선 철수로 인해 달성학교를 비롯한 동아동문회 학교들에 대한 일본인들의 지원은 단절되었고 1907년 6월 6일 학무과장 김사중이 달성학교 학부보조금 중단을 통보하였다.[288] 달성학교 역시 재정지원 단절로 학교운영이 어려워 변화할 수밖에 없었다.

또, 통감부 설치에 따라 일어학교가 필요 없게 되었다. 이전까지 일어학교들은 청일·러일 전쟁 시기에는 일본에 지역정세를 보고하였고 조선에서는 청과 러시아 세력을 견제하는 일본 세력의 교두보 역할을 했지만 조선이 일본의 보호국이 되면서 더 이상 보고가 필요 없게 되었다. 통감부가 기존의 공립소학교를 보통학교로 변경하여 일어교육을 실시하게 되어 일어학교의 필요성이 줄어들었다. 통감부는 1906년 3월 13일 한국 시정 개선에 관한 협의회를 열고 인구 2만 명 이상 되는 1개 군에 1개 보통학교를 설치할 것을 협의하였다. 다음 4월 19일 회의

에서 우선 보통학교를 1개 도에 1개교 설립을 원칙으로 하여 지방 13
개교 설립을 추진하였다.[289] 이는 기존의 경상북도관찰부공립소학교처
럼 대구공립보통학교로 변경된 것으로 종전 공립소학교의 선택교과였
던 일본어가 보통학교에서는 필수교과로 바뀌어 일주일에 6시간을 가
르쳤다.[290] 이같이 일어학교는 교육 내외적으로 존재의 의의를 잃
고[291] 변할 수밖에 없었다.

독자적인 존재의의가 약해진 일어학교는 시데하라 다이라(幣原担)가
수립한 한국교육개량안에 의해 실업학교로 변경되었다.[292] 이 개량안
에 따라 종래 보통학교는 심상, 고등 2과 각 5, 6년으로 하여 10~12년
수업연한이었던 것이 보통 4년으로 통일하여 고등 4년을 합쳐 합계 8
년의 과정으로 줄었다. 통감부는 보통교육 중심의 교육체제 형성과 함
께 일본의 토지수탈에 필요한 실무적인 기술자 양성을 위해 실업학교
를 설립하였다. 통감부는 학교를 간이하고 실용에 적합한 교육체제로
만들었다.[293]

〈표 21〉 주요 일어학교의 학교 변화

학교명	변화 시기	변화 내용
경성학당	1906년 6월	제2외국어학교로 변경[294]
	1906년 9월	경성학교 학생 수원 농림학교로 편입[295]
개성학교	1909년 4월	부산실업학교로 개칭[296]
평양일어학교	1906년 4월	관립평양일어학교로 변경[297]
	1909년 4월	관립평양고등학교로 개편[298]
관립인천일어학교	1909년 5월	관립인천실업학교로 조직 변경[299]

2. 사립학교법에 따른 학교 설립 인가

통감부는 전국 50개의 공립소학교를 보통학교로 변경하였으나 백성들이 입학을 거부하여 기존의 서당이나 사립학교로 입학하였다.[300] 1910년 전체 학교 수의 90%가 사립학교였고 학생 수의 80%를 사립학교 학생이 차지했다.[301] 이 같은 현상은 보통학교 출신이 입학하기에 유리했던 대구농림학교 입학생의 출신 학교에서도 사립학교 출신이 압도적으로 많았다.

<표 22>에서 사립학교와 사립보통이 구분되어 있지만 사립보통학교는 사립학교 내에 포함되는 학교였다. 이후 수창학교처럼 통감부나 총독부의 인가를 받아 사립학교에서 사립보통학교로 변하였다.

<표 22> 대구농림학교 입학생 출신 학교

구 분		본과		속성과		계
기 수		1회	2회	1회	2회	
출신학교	공립보통	13	9	5	10	37
	사립보통	10	13	21	47	91
	관립사범			1		1
	사생사범				1	1
	사립측량		1	3		4
	사립실업	1				1
	사립학교	2	2			4
	계	26	25	30	58	139

사립학교는 국권 회복과 자주독립의 거점이 되었고 1907년 군대해산 이후 군인들이 사립학교에 고용되어 병식체조를 가르쳤는데 체조라

기보다는 병사훈련과 같은 것이었다.[302] 학교에서 연습한 병식체조를 지역 연합운동회에 선보이고 애국가를 제창하며[303] 민족의식을 고양하였다. 이에 학부는 연합운동회에서의 독립운동 고취 연설이나[304] 병식훈련에서 시위성을 내보이는 교육활동에 대해 통제를 시작하였다.[305] 1908년 5월에 관찰사 회의 석상에서 학부대신이 보통학교 입학 독려, 연합운동회 제한, 사립학교 감독 등을 훈시했다.[306]

대구에는 광문사 등을 중심으로 한 지역 인사들의 계몽교육활동이 활발하였고 지역 유림들에 의해 1906년 협성학교가 개교를 하였고 1907년 이서들에 의해 수창학교가 개교를 하였다. 대구에서도 연합운동회가 봄, 가을로 개최되어 협성학교, 대구공립보통학교, 기독교 학교가 함께하였고 수창학교만의 운동회도 있었다. 지방 신사들이 "한결같은 마음으로 충애할 것을 학생들에게 말해 이백 명의 생도가 감동하였다"는 기사가 있어[307] 대구지역 운동회의 성격도 알 수 있다. 운동회 참석자들의 훈화 내용인 충애는 황제권 강화를 주장한 대한제국의 정신이었다.

이에 학부는 조선 백성이 모이는 사립학교 연합운동회를 제한했을 뿐만 아니라 사립학교를 1909년 4월까지 인가받게 하였다. 사립학교 인가를 받기 위해서는 학교는 기본금을 3,000원 이상 확보해야 했고 교지, 교사의 평면도, 설립자 및 교원의 이력, 1년간 수지 예산 등을 제출해야 했기 때문에 학교 인가를 받는 것은 쉬운 것이 아니었다.[308] 전국적으로 5,000여 개의[309] 사립학교 중 사립학교령 초창기인 1909년 5월 1,824개교가 인가를 신청하였지만, 겨우 337개교만이 인가를 얻었다.[310] 1909년 7월부터는 법을 완화하여[311] 1909년 11월 1,600여 개 전후의 학교가 사립학교로 승인이 되었고[312] 1910년 5월 사립학교 인가 학교 수가 2,250개였다. 사립학교령 이전에 비해 절반 정도의 학교가 사라졌다. 경북지역도 370개의 학교에서[313] 150개의 학교로 숫자가 줄어들었다.[314] 1906년 대구부 안의 70곳의 사립학교가[315] 1910년도 대구거류민단의 조사에서는 10여 개로 조사되고 있어[316] 많은 수의 학교가 인가를 받지 못했음을 알 수 있다.

대구농림학교 입학생의 출신 학교를 분석하여 보면 대구경북지역 사립학교 인가 경향을 알 수 있다. 대구의 수창학교를 비롯하여 안동의 영가, 동명학교, 김천의 개령, 광흥학교, 의성의 육영, 문소학교, 비안학교, 선산의 창선학교, 고령의 우신학교, 군위 의흥학교, 청도 유명학교 등은 오늘날까지 이어지고 있는 학교이지만 이외의 더 많은 학교들은 사라졌다. 달동, 인흥, 국어학교, 칠원통변학교, 양우학교, 운림, 영취, 광성일어학교, 척곡일어학교, 모량일어학교, 금곡측량, 의성측량학교 등이 대표적인 경우이다. 주로 사라진 학교는 일어 강습 학교와 측량학교였다.

달성학교는 1908년 9월부터 윤필오가 학교장을 사직한 상태여서 사립학교 설립인가를 신청할 주체도 없었고 동아동문회에 이어 학부보조금까지 단절된 상태에서 사립학교승인신청에 필요한 기본금 마련이 쉽지 않았다. 1911년 대구농림학교 입학생 배병헌의 학적부 출신 학교란에 타 사립학교와 달리 전(前) 사립달성학교라고 기재하고 있어 달성학교는 사립학교승인 신청을 할 수 없어 폐교된 것으로 여겨진다.

3. 실업학교 설립으로 사립학교 진학 저지

통감부는 1908년까지 실업학교에 대해 부정적인 입장이었다가 보통학교의 졸업생이 배출됨에 따라 중등교육기관의 필요성을 인식하기 시작하였다.[317) 1908년 5월 관찰사 회의에서 학부는 보통교육의 보급 확장에 따라 중등교육기관 확장을 꾀하는 것이 당연하지만 예산이 부족하여 재정이 허락하는 범위 내에서 충실을 기하려 한다고 말하였다.[318) 전국에 중등학교 수준의 공립고등학교가 한성과 평양 2개였기에[319) 대다수 보통교육단계 졸업생들은 각종 사립학교로 진학하였다. 통감부는 조선이 일본의 보호국으로서 각종 시설 개량을 하는 데 필요한 인력을 양성하는 것과 함께 실업학교가 최상급 학교로서 고등교육기관을 대신하게 하여 우리 민족의 지도자 배양을 막고자 하였다.[320)

대구지역에서 서상일, 윤창기처럼 달성학교를 졸업하고[321) 서울의 상급학교로 진학하거나 김광진처럼[322) 서당이나 사숙 등에서 공부한 사람이 협성학교로 진학하는 경우가 있었다. 남형우 등 영남 출향 인사들이 보광학교에서 교남교육회라는 단체를 만들어 지역의 계몽운동을 주도하였다.[323) 통감부는 보통교육을 마친 대구 학생들이 서울 사립학교로 진학하는 것을 막아야 했고 사립협성학교로의 진학을 통제할 필요가 있었다. 불완전한 교육이라는 이름하에 사립학교령에 의해 사립학교를 통제하는 것과 함께 지역의 공사립 보통학교 졸업생을 수용할 실업학교 설립을 추진하였다.

"관공사립 보통학교 졸업생이 매년 그 수가 증가하는데 그 졸업생 중에 중등교육을 받고자 하는 자가 있으나 지금 중등교육기관이 많지 않아 부득이 근처 사립학교에 입학하여 불완전한 교육을 받는 상태에서 실업학교가 필요하다."[324]

실업학교는 1910년부터 통감부가 추진한 토지조사측량인력 양성을 위해서도 필요하였다. 토지조사는 10년간 추진된 사업으로 많은 인력이 필요했고 토지의 정확한 측량과 동시에 토지의 품위 차등을 정할수 있는 농업적 지식 재능을 갖춘 기술자가 필요하여 실업학교를 설립하였다.[325]

측량 사업은 열강의 침략을 막고자 광무개혁 때 대한제국정부가 실시하려 했던 것으로[326] 많은 계몽운동가들도 필요성을 느꼈다. 대구의 계몽단체 교남교육회 행사에서 회장인 남형우는 "교육을 발달하게 하고 실업을 흥왕하게 하는 것이 우리 회원의 양어깨에 달렸다. 대구부중에 있는 수창학교를 양수해서 한쪽에는 실업부를 조직하여 농상공에서 식산하는 것을 급급히 연구할 때"라고 하였다.[327] 계몽운동가들은 식산흥업은 국가 발전을 위한 문명개화나 부국을 위한 것으로 생각해서 실업교육을 주장하였다.

학부는 1908년 5월 관찰사 회의에서 "산업의 진흥 발달은 부국의 기초다"라고 하였지만[328] 통감 이토(伊藤)는 교육과 산업의 진흥을 자주 독립의 기초로 삼고 있는 실업교육이 계몽운동에 이용되는 것이 두려워 실업학교 설립에 소극적이었다.[329] 학부대신 이재곤이 13개 도에 간이실업학교를 설립하려고 하였으나 통감 이토가 "한국의 민심은 아직 어떤 문물·제도·기술을 쇄신 개선하려는 기풍이 없다"고 하면서 거부하였다. 하지만, 1908년 12월 동양척식주식회사가 설립되고 토지자원 수탈을 위한 기술인력이 턱없이 부족하자 기술자 양성을 위해 실

업교육령을 발표하였다.330)

1908년 4월 일본인 학부서기관, 사무관들이 여주, 평양, 강화로 학교 확장을 시찰하게 하였고331) 1909년 5월 9일 학부는 학부사무관 고스기(小杉)를 부산으로 출장을 보내 개성학교를 실업학교로 변경하는 것에 대해 조사하게 하였다.332) 이토 세이이치로(伊藤精一郎)는 대구로 보내 농림학교 설립을 사전 조사하게 하였다.333) 1909년 5월 전후 고스기(小杉)의 경부철도 인근 보통학교 시찰, 해주관찰도 교감회의 참석, 관립한성고등학교 시찰 등의 기사에서334) 학교 정비가 학부의 일본인들에 의해 계획적으로 추진되는 것을 알 수 있다.

한편, 지역에서 교육계몽운동을 하던 사립학교들이 통감부의 의도는 파악하지 못한 채 조선의 힘을 기르기 위해 학부에 실업학교를 신청하였다. 1909년 9월 함북 경성의 사립함일학교가 실업학교로 바뀌었고335) 그해 12월 사립의신학교가 제주농림학교로 개칭되었다.336) 이듬해 2월 사립기창학교가 실업학교로 변경되었다.337) 함일학교가 실업학교로 변경되기 전 보성학교와 통합 관련으로 갈등이 있었다. 1909년 3월 20일 함경북도 서기관 나카이 기타로(中井喜太郎)가 학부차관 타와라 마고이치(俵孫一)에게 함경북도 경성군 경성읍 한 읍에 함일학교, 보성학교 두 학교의 목적이 똑같아 합병을 장려하는 것이 좋겠다는 의사를 표명하였다. 이에 학부에서 두 학교의 합병을 권유할 것, 두 학교가 합병하지 않는 이상 공히 설립을 인가하지 아니할 것, 양 교(校)가 합병을 승낙하지 아니하면 한쪽은 고등학교로, 다른 쪽은 실업학교로 할 것 등의 내용을 담은 훈령을 명하였다. 1909년 5월 "함일·보성학교 양학교금일인가"라는 문건이 있어 함일학교와 보성학교는 통합하지 못했던 것을 알 수 있다. 함일, 보성 두 학교로 있다가 1909년 9월 함일학교가 사립함일실업학교로 변경을 인가받았다.[338] 함일실업학교에 내려진 훈령처럼 대구의 협성학교, 달성학교 양 교(校)를 박중양이 합병을 시도하였지만 실패하였다. 학부에서 이토 세이이치로(伊藤精一郎)를 파송하여 대구농림학교 교사 건축을 위한 터를 조사한 후[339] 협성학교는 고등학교로 있었고 실업학교인 대구농림학교가 설립되었다. "양 교(校)가 합병을 승낙하지 아니하면 한쪽은 고등학교로, 다른 쪽은 실업학교로 할 것"이라는 학부의 훈령대로 대구의 학교도 정비하려 했던 것이었다. 함경북도 경성군처럼 고등학교로 협성학교가 남게 되었고 실업학교로 대구농림학교가 설립되었지만 함일·보성학교와 달리 변경에 관한 서류가 없어 달성학교가 대구농림학교로 변한 것인지는 명확하지 않다.

4. 대구사립학교의 측량강습기관화

학부가 1908년 실업교육 강화를 내세우기 전에 대구는 1906년부터 대구부 내 토지측량을 시범적으로 실시하고자 측량강습이 있었다. 1906년 4월 탁지부는 경북관찰사 신태휴에게 공해 1처를 선정하여 측량을 교수하도록 하였다.[340]

이에 1906년 5월 1일 기수견습생 96명을 선발하여 6개월 동안 일필지측량(一筆地測量) 기술을 강습한 후[341] 1906년 11월 7, 8, 9급의 측량기수로 임용하였다.[342] 1907년 1월 18일부터 경상북도 관찰사와 대구거류민단장의 신청으로 대구시가와 부근 지역을 계속 측량하였고

1908년 6월 카와카미 츠네로오(川上常郎) 대구재무감독국장이 측량구역을 대구부 전체로 확장할 것을 신청하여 측량작업이 이어졌다.

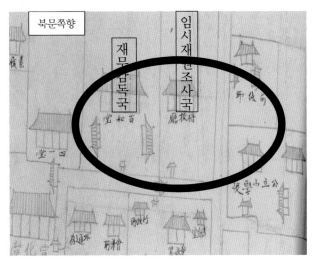

〈그림 10〉 경상감영 내 측량관련시설

　백남준 보고서(1907년)에 의하면 측량강습소 자리가 장교청 자리였고[343] 측량 업무는 임시재원조사국이 담당하였다.[344] 경상북도관찰부 공해도에 서울대 규장각 소장의 주본에 감영 건물을 표시하여 보면 임시재원 조사국과 측량강습소가 같다. 측량업무 담당하는 곳에서 측량강습을 하였다. <그림 10>의 임시재원조사국 자리가 경상북도관찰부 감영 공해도의 장교청 자리이다. 장교(집사)청 자리는 1899년 사립흥화학교지교가 개교한 자리였다. 1900년 서울 사립흥화학교에서 광무양전사업을 추진하면서 측량교육을 실시했던 전례가 있었다.[345] 달성학교도 1901년 고등예비생 14명이 양지아문 논밭 측량에 고용되고자 달성학교에 입학하였고, 달성학교 수학 중인 수 명의 학생이 양지아문의 측량조수로 고용되었다.[346] 이후 달성학교는 1902년 9월 농업부, 상업부, 공업부로 나눠 직업기술을 가르치려 한 달성학교 실업교육확장계획도 달성학교와 실업교육과의 관계를 시사한다. 달성학교 연혁과 달성학교 자리 역시 측량교육기관과 관련이 있었다.

달성학교는 백화당 주변 유휴군사시설이었다.[347] 이 주변의 군영 시설들이 측량 관련 시설이나 측량 교육 장소로 바뀌었다. <그림 10>의 공립소학교는 장관청 자리이다. 경상북도관찰부공립소학교가 이전한 후 사립 측량강습학원 등으로 바뀌었고[348] 경상감영 달서문 앞 우현서루에서도 측량교육이 실시되었다. 기타 남산측량, 서상측량, 침산동의 달명측량 학원 등이 졸업생을 배출하였으며 1909년에는 사립 양성학교,[349] 서소문 밖의 달흥학교, 파회 등 동네 곳곳의 사립 측량학교가 생겼다. 신문에 나오지 않은 측량 관련 대구의 교육기관이 이것 이외에도 더 있을 수 있다.[350]

〈표 23〉 대구의 실업교육 관련 내용

일자	출처	기타 실업교육 관련	달성학교 연혁
1906.4.19.	황성신문	대구관찰사에게 측량교수 지시	1906년 4월 달성학교 통감부 인계
1906.4.28.	황성신문	탁지부 대구 측량강습 5월 1일 시작[351]	
1908.11.24.	대한매일신보	남산동에 측량학교 설립	
1908.12.19.	대한매일신보	서상면 계산동에 측량학교를 설립	
1909.1.8.	황성신문	측량설소 사설측량사무소를 설립	
1909.1.9.	대한매일신보	대성측량사무소	

일자	출처	기타 실업교육 관련	달성학교 연혁
1909.1.14.	황성신문	관허 대한측량 임시출장사무소설치	
1909.3.12.	대한매일신보	달명측량학교(침산동) 졸업식	
1909.3.14.	대한매일신보	우현서루 내 제2회 측량졸업식	
1909.3.23.	대한매일신보	파회의 전 진사 박민동 측량강습	
1909.3.23.	대한매일신보	대창측량야습소	
1909.3.25.	대한매일신보	대구양성학교 내에 사립측량	
1909.4.3.	황성신문	대구 측량학생모집	·1909년 4월 달성학교 와 협성학교 통합 주장 ·사립학교인가신청기한 (1909.4.30.)
1909.4.6.	대한매일신보	서소문 외 사립 측량강습소	
1909.4.27.	칙령 제56호	실업학교령 발표	
1909.4.	농상공부고시1호	권업모범대구지장 설립352)	
1909.5.9.	황성신문	대구농림학교 설립 검토	
1909.5.27.	대한매일신보	수창보조금(측량야학)	
1910.3.14.	관보	대구농림학교인가(농림, 측량과)	

대구지역에 측량교육이 활성화된 것은 통감부 정책에 적극적이었던 박중양이 대구군수, 경상북도관찰사로 재직한 것도 영향을 주었겠지만 기존과 다른 토지, 삼림법이 시행되었기 때문이다. 1908년 토지가옥증명규칙에서 면적 표기가 시작되고353) 삼림법이 시작되자 측량에 관한 백성들의 관심이 높아졌다.354) 백성들은 삼림법 공포 후 3년 이내에 개인 삼림을 측량으로 증명하지 않으면 개인소유의 땅이 국가 소유로 편입되어 외국인이 점탈할 수도 있다고 생각했다.355) 백성들은 토지를 지켜야겠다는 생각으로 개인 사숙 등에서도 측량강습이 실시되었다.356) 백성들이 땅을 지키고 식산흥업으로 나라를 일으키려는 생각은 당시 대구지역 유림을 대표했던 서상하가 측량교육에 적극적이었던 점에서도 엿볼 수 있다. 서상하는 1908년 우현서루에 측량교육 시설을

마련하여 측량을 장려하였고357) 1909년에는 측량교육을 하는 수창학교 강습소에 보조금을 지원하였다.358) 1910년에는 수창학교에 토지까지 기부하였다.359)

<표 23>의 음영 부분을 보면 대구의 측량 강습 시점이 달성학교의 변화 시점과 일치한다. 달성학교가 통감부로 인계되었다는 1906년 4월에 측량강습생 모집이 있었고 1906년 5월부터 대구에서 토지측량 강습이 있었다. 재대구일본인들이 달성학교와 협성학교의 통합을 주장하는 1909년 4월에도 측량학생모집이 있었고 광주와 춘천의 관찰사가 측량업무를 청원하였다.360) 1910년 광주의 사립측량광남학교가 옛 객사 광산관에서 광주공립실업학교로 변하였고,361) 춘천은 측량학교가 실업학교로 바뀌면서 대구농림학교처럼 향교에 자리 잡았다.362) 전국적으로 측량 관련 교육기관이 설립되었고 학부의 예산 부족으로 그중 일부 측량교육기관이 감영 건물이나 향교, 낙육재 등 지역의 공공건물을 이용하여 실업학교로 변화한 것이었다. 학부가 식민지교육체제 형성을 위해 보통학교, 실업학교, 고등학교, 고등여학교 순으로 학제를 형성하였지만 실제는 보통교육에 집중하다 보니363) 실업학교 예산이 1908년까지 학부 예산에 전혀 반영되지 않았다. 그 후 우리 계몽운동가들의 식산흥업과 맞물려 1911년까지 지역 학교들이 실업학교로 변화하거나 신설이 많았다.364)

5. 대구공립보통학교로의 변경설

1934년 대구도한안내서인 『대구안내』에는 "명치 39년(1906년) 달성학교가 정식으로 대구공립보통학교로 바뀌었다"는 내용이 나온다.[365] 하지만, 1906년 8월에 발표된 학부령 27호 제1조에 의하면 "보통학교령 시행일로부터 기존의 공립소학교를 공립보통학교로 인정"하는 것으로 나와 있다. 달성학교가 대구공립보통학교로 바뀐 것이 아니라 경상북도관찰부공립소학교가 대구공립보통학교로 변경된 것을 다른 곳에서도 찾을 수 있다.

대구초등학교의 연혁지 "6. 학교연혁"란에서 "1906.9.9. 학제 개편으로 종전 공립소학교를 가교사로 개교"라고 기록되어 있다. 법령에 의해 종전의 소학교인 경상북도관찰부공립소학교에서 대구공립보통학교로 바뀐 것이다.[366] 이는 대구공립보통학교가 경상북도관찰부공립소학교 자리에서 시작된 것에서도 알 수 있다. 1906년 대구공립보통학교로 변경 후 학교 확장안이 결정되었지만[367] 장관동의 신축건물이 완공될 때까지 경상북도관찰부공립소학교 자리에서 운영되다가 이듬해 1907년에 학교를 옮겼다.[368] 또, 교원 인사에서도 학부령 27호 제2조인 '현 공립소학교 직원은 보통학교령 시행일로부터 별(別)로히 사령을 불요(不要)하고 해(該)공립학교 직원으로 채용한다'는 법적 근거에 의해 경상북도관찰부소학교 교원 엄성구가 대구보통학교 교장으로 임명되었다.

달성학교의 통감부 인계설이 1906년 4월이었고 경상북도관찰부공립소학교에서 대구공립보통학교로 개편된 것이 9월이어서 달성학교 학생들 일부가 대구공립보통학교로 이동이 있었을 수 있지만, 사료를 찾을 수 없다. 만약 학생의 일부가 전출이 있었다고 해도 그것을 학교의 변경이라 할 수는 없다.

달성학교가 대구공립보통학교로 변경되었다면 변경된 이후 달성학교가 운영된 사항을 설명할 수 없다. 달성학교의 통감부 인계 결정은 1906년이었지만 그 이후에도 학교는 운영되었다. 달성학교 학부 보조금 지급 중단 통보가 1907년에 있었고 교장 윤필오가 1908년 8월 1일 영양군수로 발령이 나기 전인 7월 26일 "사립 大邱郡 달성학교 교장을 사임한 것"으로369) 보아 이때까지 달성학교는 계속해서 운영되었다. 1908년 1월 방학을 이용해 여행을 다니던 달성학교 학생이 김천역전에서 신분을 밝히고 연설한 내용이 있어 학생도 재학 중이었음을 알 수 있다.

법적인 근거나 교원인사, 건물 위치 등의 사료가 경상북도관찰부공립소학교에서 대구공립보통학교로 바뀐 것을 증명하고 있어 달성학교가 대구공립보통학교로 변경되었다는 것은 사실과 다르다. 다만, 보통학교 수준의 달성학교 학생이 대구공립보통학교로 인계되거나 개별적으로 전출을 가는 경우는 가능하였다.

⟨표 24⟩ 1906년 이후 달성학교 운영 내용

일자	운영 내용	근거
1907.6.6.	달성학교 학부 보조금 중단	경맥 117년사 127쪽
1908.1.25.	달성학교 학생 윤창섭 연설	대한매일신보 1908년 01월 25일
1908.7.26.	윤필오 달성학교 교장 사임	중추원 자료 승정원일기 관원 이력
1908.10.30.	박중양 달성학교와 협성학교의 통합 주장	"協校輪函", 『大韓每日申報』

6. 협성학교[370]와의 통합시도

우리나라 사료에는 달성학교와 협성학교가 통합되었다는 내용은 볼수 없었고 협성학교 재산과 달성학교 재산을 합쳐서 보통학교로 변경하고자 하는 박중양의 계획을 수차례 기사로 볼 수 있다.[371] 1908년 5월 17일 경북관찰사로 박중양이 부임하여 낙육재 재산으로 설립된 협성학교를 방해하고[372] 보통학교를 설립하려 하자 이에 지역 유림들은 박중양의 행동은 교육을 위한 것이 아니라 청년자제를 모아 국혼을 빼앗는 것이라고 말하였다.[373] 박중양이 협성학교를 없애고 제2 보통학교를 만들려고 하였지만 협성학교 교장과 학생들이 반대하였다.

> 박중양이 "協成學校는 폐지하고 이 재산은 達城小學校에 합쳐서 第二公立普通學校로 변경하고 생도는 7세 이상 아동을 받자고 하자…
> <중략>…서상하가 達城·協成이 각기 기본적으로 두 개의 학교인데, 하필 하나는 폐지하고 하나는 존속하는가?"[374]
>
> 『대한매일신보』, 1908년 10월 30일, "협교윤함"

이에 박중양은 1908년 12월 12일 순사를 동원하여 마침내 협성학교 교실을 폐쇄하였다.[375] 이에 지역 유림은 격렬하게 반대하며 임금께 찾아가 호소하자 "협성학교는 사립학교이므로 관찰사는 간섭하지 말라"는 회신을 받았다.[376] 한편, 학부는 협성학교 문제에 대해 박중양에게 답을 요청하였으나 올바른 답변이 없어 문제가 해결되지 않았다. 지역의 인사들은 박중양이 학부에 제대로 보고하지 않자 교남교육회 내에서 평의회를 열고 결의한 내용을 학부에 보고하였다. 1909년 5월 29

일 학부는 경상북도에 사건을 명백히 밝히라는 학부 훈령을 내렸다.[377]
그 이전 1909년 5월 9일 학부는 실업교육 추진 계획에 따라 대구에 실
업학교인 농림학교 설립안을 발표하였다.[378]

> 대구부 협성학교는 예전 낙육재가 변한 것인데 경북 선비들이 사
> 립학교를 만들려고 하고 그 도 관찰사 박중양 씨는 제이공립학교로
> 변경하려 하여 서로 공격하여 학부에 보고하였더니 학부는 대구농림
> 학교를 만들려 한다.
>
> 『황성신문』, 1909년 5월 9일, "대구농림학교"

당시 학부는 재정이 빈약해서 중등교육기관을 설립하지 못하고 보통
학교를 늘리지 못하자 학부는 사립학교를 보조 지정하여 공립화하는
정책을 추진하였다.[379] 박중양은 전국관찰사 회의 참석 후[380] 학부의
방향이 보통교육임을 알고 보통학교를 스스로 설립하려 한 것이었다.
박중양은 사립학교 통제를 위해서나 보통학교 설립 자금 마련을 위해
서도 협성학교를 폐교시켜야 했으나 지역 유림들의 반대에 의해 성공
하지 못했다.

"하필 하나는 폐지하고 하나는 존속하는가"[381]라는 서상하의 말대
로라면 협성학교를 문 닫게 하거나 달성학교로 통합하려 했던 것으로
여겨진다. 끝내 박중양의 대구지역 학교 조정에 대한 계획은 성공하지
못하였음에도 불구하고 협성학교와 달성학교의 통합 등의 이름으로 지
금까지 전해지고 있다. 그 이유는 고신문 제목에서 기인한다.

7. 협성학교와의 통합으로 혼동하는 이유

1907년 10월 7일『대한매일신보』기사 제목에는[382] "달성학교 취지서"라고 했지만 똑같은 내용이 "협성학교취지서"라는 이름으로 1907년 9월 26일 자 황성신문에 먼저 기사화되었다. <그림 11>은 1907년 10월 7일 자『대한매일신보』의 "달성학교 취지서" 기사이고 좌측 하단 <그림 13>은 1907년 9월 26일 자『황성신문』의 "협성학교 취지서" 기사이다. 두 기사 모두 "무릇 어두운 자가 밝아지고 어리석은 자가 지혜롭게 되는 것은(大凡昏者明愚者智) 재주에 따라 교육하는 것(係是隨材教育)이오"로 시작한다. 같은 학교 설립취지서이다. 설립취지서 내용 중에 "협성학교(協成學校)를 한 성 중앙 달성(一省中央達城)에 건축(建築)ᄒ야"라고 하여 대구지역 성의 중앙인 달성(達城)에 협성학교를 건축한다는 내용이다.[383] 달성이라는 것은 지명으로 달성에 있는 학교라는 것이다. 달성학교 교명이 아니다.

<그림 12>와 비교하여 보면 <그림 11>은 "무릇 어두운 자가 밝아지고 어리석은 자가 지혜롭게 되는 것은(大凡昏者明愚者智)"이라고 시작하고 <그림 12>는 "동양의 3대 나라가 있으니 대한제국, 일본, 청나라(東之洋有三大國)"라고 시작한다. <그림 11>과 <그림 12> 둘 중 하나는 달성학교 취지서가 아니라는 것을 알 수 있다. <그림 11>은 협성학교 취지서이고 <그림 12>는 1899년 7월 최극창이 쓴 "달성학교 설립취지문"이다.

〈표 25〉 신문 기사 내용 비교

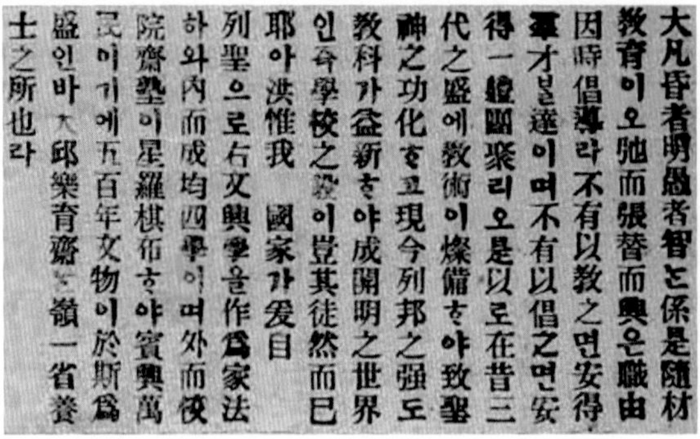
大凡昏者明愚者智ᄂᆞᆫ係是隨材
教育이오弛而張替而興은職由
因時倡導라不有以教之면安得
羣才발達이며不有以倡之면安
得一體團聚리오是以로在昔三
代之盛에教術이燦備ᄒᆞ야致聖
神之功化ᄒᆞ고現今列邦之强도
教科가益新ᄒᆞ야成開明之世界
인즉學校之設이豈其徒然而已
耶아洪惟我 國家가爰自
列聖으로右文興學을作爲家法
하와內而成均四學이며外而校
院齋塾이星羅棋布ᄒᆞ야賓興萬
民이기에五百年文物이於斯爲
盛인바大邱樂育齋ᄂᆞᆫ嶺一省養
士之所也라

〈그림 11〉 대한매일신보, 1907년 10월 07일
"달성학교 취지서"

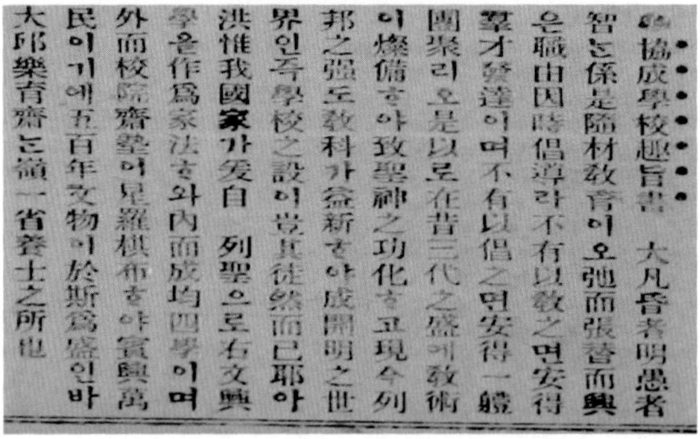
協成學校趣旨書 大凡昏者明愚者
智ᄂᆞᆫ係是隨材教育이오弛而張替而興
은職由因時倡導라不有以教之면安得
羣才發達이며不有以倡之면安得一體
團聚리오是以로在昔三代之盛에教術
이燦備ᄒᆞ야致聖神之功化ᄒᆞ고現今列
邦之强도教科가益新ᄒᆞ야成開明之世
界인즉學校之設이豈其徒然而已耶아
洪惟我國家가爰自 列聖으로右文興
學을作爲家法ᄒᆞ와內而成均四學이며
外而校院齋塾이星羅棋布ᄒᆞ야賓興萬
民이기에五百年文物이於斯爲盛인바
大邱樂育齋ᄂᆞᆫ嶺一省養士之所也

〈그림 13〉 황성신문 1907년 9월 26일
"협성학교 취지서"

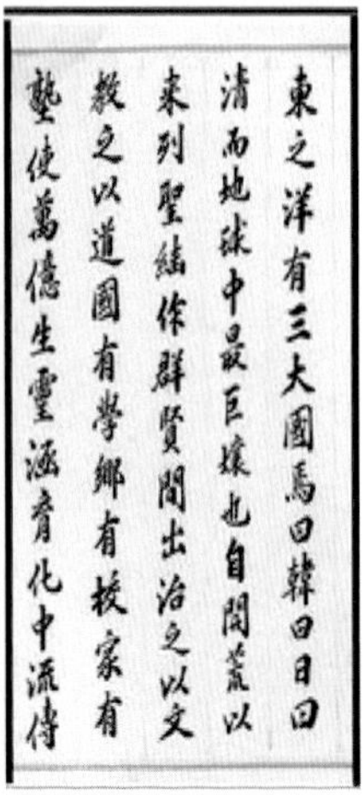
東之洋有三大國焉曰韓曰日曰
清而地球中最巨壤也自開荒以
來列聖繼作群賢間出治之以文
教之以道國有學鄉有校家有
塾使萬億生靈涵育化中流傳

〈그림 12〉 달성학교
설립취지문

고신문들에 보면 "대구학교"라는 기사 제목이지만 대구흥화학교의 내용이거나[384] "대구학교의 청조"의 기사 제목도[385] 대구학교가 아니라 대구에 있는 달성학교 기사였다. 이 밖에도 "대구학교"라는 기사 제목이지만 내용은 대구에 소재한 학교 전체를 말하는 경우가 있어[386] 고신문의 제목과 신문 내용을 비교하여 파악해야 한다. 이처럼 고신문 기사 제목만을 근거로 하여 달성학교와 협성학교가 통합했다는 「한말 경북지방의 사립학교와 그 성격」의 주장은 잘못이다.[387]

협성학교 취지서에는 "옛적의 낙육(樂育)재를 세운 뜻과 오늘날의 협성(協成)의 새 뜻을 힘써 돕도록 하심을 온 마음으로 희망함"이라고 나와 있어 낙육재와 협성학교의 관계 등을 알 수 있지만 달성학교와의 통합이나 변경 이야기는 전혀 없다.

또, 전혀 다른 달성, 협성 두 학교를 같은 학교라고 인식하거나 달성학교에서 협성학교로 개칭, 통합으로 생각하는 것은 두 학교가 비슷한 위치에 있었기 때문이다. 협성학교가 "1907년 7월에 건축공사를 시작하고 터는 달성학교 교내로 정하였다"라는[388] 기록이 있고 관찰사 이충구가 협성학교를 달성학교 안 옛 감영 무기고 자리까지 첨입해서 이층 반양옥 65칸을 건축한 것으로 나온다.[389]

달성학교의 위치가 학교 발기인인 최극창은 북문 안 건물 한 채라고 했고 윤필오는 북문 안 무너진 관아 터라고 했다.[390] 동아동문회 보고에는 달성학교 개교 시에 객사 한 동과 무기고 인근 700여 평을 사용할 수 있도록 허락받았다고 했다.[391] 달성학교는 경상북도관찰부감영 객사를 교사 건물로 사용하고 학교 부지 내 무기고 터가 있었다.

협성학교 역시 "북문 안에서 건물을 짓다가 화재가 났다"고[392] 한 것에서 경상북도관찰부감영 내 북문 안쪽 인접 공간에 있었다는 것을 알 수 있다. 협성학교가 달성학교 안 무기고를 첨입함으로써 두 학교의 부지가 중첩되었기에 외부적으로는 혼돈이 생길 수 있었다. 학교가 비슷한 위치에 있다 보니 협성학교에 화재가 났는데도 달성학교 화재라고 말할 수 있다.[393]

가와이 아사오(河井朝雄)는 『대구물어』에서 1907년 달성학교 학생의 증가로 인해 건축공사를 하다가 화재가 발생했다고 했다. 하지만 학교 신축 공사를 하였던 것은 달성학교가 아니라 협성학교였다. 달성학교는 1906년 동아동문회 교육사업 철수 후 학교가 언제 폐교될지 모르는 상황이었고 1905년 재대구일본인들이 일본인 전용 소학교로 빠져나간 후 공간의 협소함도 없어 공사할 이유도 없었다. 1907년 달성학교는 학부 지원마저 단절되어서 재정적으로 어려웠고 대구 일본인은 일본인 전용 심상소학교가 낙성하면서 일본인 전용 심상소학교에 관심을 갖게 되어 달성학교는 폐교에 직면하였다.394)

협성학교 화재 발생 7일 전 신문 기사에서 "시청에서 발기한 협성학교를 달성학교 안에 옛 (감영) 무기고 자리까지 더해서 이층 반양옥 65칸을 건축하여 그 공정(工役)이 이미 2/3 넘게"라고395) 말하고 있어 협성학교 공사였음이 확인된다.

> "경상북도관찰부 북문 안에 새로 건축하는 협성학교는 거의 필역
> 이 되더니 지난 이십구일 8시(저녁)에 불이 나서 몰수히 타고 이유
> 인즉"   『대한매일신보』, 1907년 12월 29일, "학교화재"

> "협성학교가 지난 12월 29일 하오 8시에 실화하여 2층 양 제75칸
> 이 몰소하고 민가 4호가 연소인데 그 이유인즉 일본인 공사무리들의
> 부주의"   『대한매일신보』, 1908년 1월 8일, "협교회록"

협성학교는 "화재 후 건물을 구해 1908년 6월 개학식을 했다"는 기사와396) 1908년 6월 전에 "본군 향교 내 명륜당"으로 이전하는 것에서397) 협성학교는 향교 명륜당으로 이전을 했다는 것을 알 수 있다.

미와 조테츠(三輪如鐵)는 "1909
년 4월 달성학교는 협성학교와
합치면서 히가시 혼마치(東本) 동
쪽 끝 공자묘 부속 대강당을 교
사로 쓰고 있던 협성학교로 옮겼
다"라고 했다. 그 이후 가와이 아
사오(河井朝雄)는 『대구물어』에서
"1909년 4월 달성학교는 협성학
교와 합동하게 되었고 공자묘 부

〈그림 14〉 1910년 7월 대구향교 주변
임시한국파견대 사령부제작(1910년),
김석배 인용(2014)

속의 대강당으로 교사를 옮겼다"라고 하였다. 미와 조테츠의 주장대로
1909년 4월에 협성학교와 달성학교가 합쳤다면 박중양이 1909년 4월
이후에 협성학교를 억압할 이유가 없다. 1909년 5월 29일 협성학교와
갈등을 해결되지 못한 것으로 보아 달성학교가 협성학교와 합치기 위
해 옮겼다는 말은 맞지 않다.

가와이 아사오의 주장대로 1909년 4월 달성학교가 대구향교 부속의
대강당으로 옮겼다면 먼저 협성학교가 이전해 있어서 그 옆자리가 달
성학교 자리이다. 대구농림학교 연혁에 학교 설립 장소가 달성학교 자
리였다고 기술한 곳을 찾아볼 수 없었고 대구농림학교의 학생모집 공
고에서도 시험 장소가 대구향교 안에 있는 공립대구농림학교 가교사
(협성학교)라고 기재되어 있다.[398] 대구농림학교 설립 시 공간에 대한
묘사를 보면 "건물 한쪽에는 협성학교라는 사립기관이 자리 잡고 있었
는데 중간에 벽을 만들어 본과와 속성과를 수용할 준비를 하였고 교직
원이 있을 별실을 설치하여"라고 하고 있다. 중간에 벽을 만들었다는
것에서 기존에 달성학교가 있었던 공간이라고 생각할 수 없다.[399] 미

와 조테츠와 가와이 아사오가 협성학교 화재를 달성학교 화재라고 오해한 것처럼 협성학교의 이전을 달성학교의 이전으로 생각할 수 있는 부분이다.

8. 심상과 고등과의 분리 변천설

달성학교의 심상과와 고등과의 분리, 승계 변화는 일제강점기 기록에 없다. 해방 후 달성학교가 보통학교로 흡수되었다는 기록도 있고 달성학교가 협성학교로 합쳤다는 기록도 있다. 그렇다 보니 달성학교의 심상과는 보통학교로 고등과는 협성학교로 바뀌었다는 주장이 제기되었던 것으로 보인다. 처음으로 분리, 승계 내용이 나오는 경우는 1973년 대구시사였다.[400]

대구시사(1973년)에 심상과는 1905년 8월 27일 관립고등보통학교로 인계되었다고 하면서 그 근거로 1907년 6월 6일 학부학무과장 김사중이 달성학교장에게 보낸 서계를 들고 있다. 심상과는 보통과정인데 보통과가 아니라 고등과로 인계된다는 것도 맞지 않을 뿐만 아니라 <그림 15>

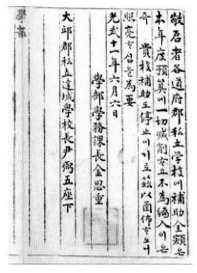

〈그림 15〉 학부보조금중단
(경북고역사관 보관)

인 이 서계는 학부학무과장 김사중이 달성학교 윤필오 교장에게 보조금을 중단하겠다는 내용이다. 1905년 인계를 이야기하면서 근거자료는 2년 후라는 것은 시기가 맞지 않다. 서계 내용도 학부 보조금 중단이라서 학교 인계와 전혀 달랐다.[401]

또, 1905년 8월 27일 관립고등보통학교라는 것은 대구에 존재하지 않았다. 공립보통학교를 관립이라 생각한 경향이 있어[402] 관립고등보학교를 공립보통학교로 간주하더라도 대구공립보통학교의 개편은 1906년이었다. 대구지역 1905년 설립된 학교는 일본인 전용 학교인 대구공립심상소학교였다. 대구시사(1973년)에서 말하는 달성학교 심상과 변화는 근거사료, 시기, 학교급 어느 하나 일치하는 내용이 없다.

달성학교 고등과는 1909년 사립협성학교라 개칭하였다고 나와 있지만 사료에 근거한 것이 아니라 당시 85세의 교육계 종사자인 서영달옹의 증언에 의한 것이었다. 그는 대구공립보통학교, 대구농림학교 출신으로 협성학교와 관련이 없었다.[403]

또, 협성학교는 처음부터 협성학교라는 이름으로 개교하였기에 이름을 바꾸었다는 말은 사실이 아니었다. "사립기창농림학교의 변경"처럼 칙령 제56호 실업학교령에 의한 기록이 있거나 제주농림학교 등의 신문 기사처럼 학교 변경, 개칭 등에 근거하여 합병, 개칭 용어를 사용하는 것이 타당하다. 경상남도 황철 관찰사의 방해를 받은 진주낙육재 학교는 없어지고 그 자리에서 진주실업학교가 시작되었지만[404] 진주실업학교를 낙육재 학교에서 승계되었다거나 개칭이라고 하지 않는다.

<표 26> 협성학교 변화 관련 오류 사항

문헌	변화 내용	오류
대구시사 (1973년)	심상과는 1905년 8월 27일 관립고등보통학교로 인계 고등과는 1909년 3월 8일 자로 대구향교로 옮겨 사립협 성학교라 개칭	
경북 교육사료 (1982년)	심상과는 1905년 관립 대구보통학교로 인계 고등과는 1909년 옛 대구향교 강당으로 옮겨져서 협성 학교로 개칭	- 관립대구보통학교가 대구에 없었음
영남 교육사초	심상과는 1905년 8월 27일 관립대구보통학교로 인계 고등과는 1909년 3월 8일 자로 대구향교로 옮겨 사립협 성학교라 개칭	- 공립대구보통학교 개교는 1906년임 - 1905년 개교학교는
대구 교육사 (1991년)	달성학교가 심상과 1905년 관립대구보통학교로 그 기구 가 인계 고등과는 순종 3년(1909년)에 낙육재(樂育齋) 재산으로 세워진 협성학교와 통합	대구공립심상소학교임
권대웅 (1994년)	심상과는 1905년 관립대구보통학교로 그 기구가 인계 고등과는 1906년 설립된 협성학교로 흡수	
대구시사 (1996년)	달성학교는 향교를 기반으로 건립된 협성학교와 병합되 었다가 광무 9년(1905년) 대구공립심상소학교에 통합되 었다	-1905년 전 협성학교 설립은 사실이 아님

만약 달성학교의 폐교에 따른 학생 이동이 있었다 하더라도 심상과 위주의 달성학교에서 중등교육기관인 협성학교로 옮겨갈 학생이 많지 않았다. 동아동문회 보고에는 1905년 달성학교에 심상과 학생인지 고등과 학생인지 명시되지 않았지만 졸업생이 2명 있었다. 2명 전부 심상과 학생으로 가정해서 고등과에 그대로 진학한다고 해도 달성학교 고등과에는 학생 2명이 된다.[405] 1906년 이전에도 달성과 고등과는 학생 수가 많아야 3, 4명 정도였다. 달성학교 학생들 이동에 대한 자료도 없고 설령 소수인 고등과 학생이 협성학교로 이동이 있었다고 해도 학교의 승계나 개칭이라고 말하기는 어렵다.

달성학교의 변화가 명확하지 않음에도 불구하고 일본인들이 달성학교와 협성학교가 통합되었다고 하는 이유는 대구 근대교육 시작을 일본인이 시작한 것으로 만들기 위한 것이다. 『조선대구일반』, 『대구물어』, 『대구부사』까지 달성학교가 대구 근대교육의 시작으로 말하며 일본인들이 달성학교를 설립하였다고 왜곡했다. 달성학교를 대구 근대교육의 시작으로 만들기 위해 이전의 경상북도관찰부공립소학교를 구학으로 부정했다.[406)

또, 대구 중등교육의 경우 1916년 대구고등보통학교가 협성학교 학생 63명을 승계하였기에[407) 달성학교, 협성학교, 대구공립보통학교 순으로 이어지기 위해서는 달성학교와 협성학교가 합쳤다고 주장해야 한다. 그렇게 함으로써 일본인이 운영한 달성학교가 대구 중등교육에서도 효시라고 할 수 있기 때문이다.

Ⅲ. 협성학교 이야기

1. 협성학교의 기원

일본 측의 주장처럼 달성학교가 협성학교로 개칭되었거나 통합으로 변경이 있었다면 협성학교 사료에도 언급이 있어야 한다. 이에 협성학교 관련 사료를 중심으로 협성학교의 운영에 대해 살펴보고자 한다. 달성학교와의 관계뿐만 아니라 지금까지 알려지지 않은 협성학교의 여러 가지 측면을 알 수 있을 것이다.

지금까지 1906년 시작된 협성학교를 1909년 시작으로 보는 견해가 다수였다. 달성학교 고등과는 1909년 3월 8일 자로 대구향교로 옮겨 사립협성학교라 개칭하였다는 1973년 「대구시사」의 기록 이후 「경북교육사료」, 「영남교육사초」 등에서도 달성학교가 협성학교로 개칭한 것으로 기록되었다. 장인진의 경우 학교 설립과정에서 화재로 인해 설립되지 않았고 채헌식(蔡憲植)이 주도하여 1909년에 설립된 것으로 보고 있다.[408]

최근 협성학교를 전신으로 삼고 있는 대구경북고등학교는 그간 학교 설립일로 삼았던 1909년 3월 8일이 근거 자료가 없는 것을 알고 「조선대구일반」을 근거로 해서 1909년 4월을 협성학교 개교일로 주장하고 있다. 미와 조테츠(三輪如鐵)는 「조선대구일반」에서 "1909년 4월 달성학교는 협성학교와 합치면서 히가시 혼마치(東本) 동쪽 끝 공자묘 부속 대강당을 교사로 쓰고 있던 협성학교로 옮겼다"라고 하였다. 이 문장에는 달성학교와 협성학교 통합에 관한 내용이지 협성학교 개교 관련 내용은 전혀 없다.

한편, 후루카와소(古川昭)는 1907년 12월 이후 달성학교가 협성학교로 흡수 합병되었다고 하여 미와 조테츠가 기술한 것과 다르다.[409] 대구의 잠업기사인 미와 조테츠가[410] 일본인을 대구에 유입시키기 위해 서술한 「조선대구일반」이 사실과 다른 부분이 있음에도 불구하고[411] 「조선대구일반」을 근거로 1909년을 협성학교 개교 시점으로 하는 것은 잘못이다. 두 학교의 합병이나 한 학교로의 흡수 통합이든 간에 그 이전에 학교가 설립되어 있어야 합병이나 통합이 가능한 일이어서 협성학교는 1907년 12월 이전에 있었다고 봐야 한다.

일제강점기 동안 일본인이 기록한 자료에는 협성학교 개교 시점처럼 대구에 소재한 다른 학교에서도 개교일이 사실과 달랐다. 대구공립보통학교는 경상북도관찰부공립소학교를 승계하였기에 1896년이 개교이지만 1906년을 개교 연도로 변경되었고, 수창보통학교도 1907년 개교였지만 1910년 보조지정학교 이후를 개교 시기로 삼고 있다.[412]

기독교 학교들도 마찬가지였다. 일제강점기 동안 1900년 설립된 대남학교는 1907년 개교로 변경되었고, 1902년 설립된 신명여학교는 1914년 개교로 바뀌었으며, 1906년 개교한 대구계성학교는 1912년에 개교한 것으로 변경되었다.[413] 또, 1906년 설립된 달서여학교와 1908년 설립된 해성학교 등은 1909년 이후 설립인가로 변경했다.[414] 이같이 학교 설립일은 일본인들이 조선을 식민지화하는 과정에서 반포한 교육법령에 의해 기존의 학교가 변경된 시기이지 최초 개교 시기가 아니다. 1909년 4월부터 1910년 5월까지 사립학교령에 의해 인가된 사립학교 학교 수가 2,250개였다.[415] 협성학교도 이 시기인 1910년 3월 8일 사립학교 인가를 받았다.[416]

협성학교 개교일이 언제인가를 명확하게 밝히기는 어렵지만 1906년부터 낙육재를 기반으로 해서 협성학교가 시작되었다.[417] 1896년 경상도가 남도와 북도로 분리된 후 진주에 설립된 낙육재에서도 경남지역 유림들이 1906년 5월 학부에 학교 설립을 청원하여 낙육학교가 이어서 운영되었다.418)

대구 유림들은 이보다 앞서 1906년 2월(광무 10년 음력 정월) 학교 설립 청원이 있었다. 1906년 기사에는 "낙육재는 도에서 세운 것으로 중학교로 개칭"하였다고 하고419) 1909년, 1924년 자료에는 "광무 십년(1906년) 낙육재가 폐지되고 누차 변하여 협성학교가 되었다"고 하였다.420) 김호규(金護圭) 등이 학교 설립을 제안하고 경상북도관찰사인 이근호(李根澔)가 학부에 보고한 후 승인을 얻은 것이 1906년 3월 29일이었다. 대구 낙육재에서 분가한 진주 낙육재가 사립학교로 변한 것은 대구 낙육재의 영향을 받은 것으로 보인다.

1906년 학교 설립 청원 이후에 협성학교가 운영된 것은 대구 광문사에서 발간한 교재에서 간접적으로 확인할 수 있다. 대구 광문사는 사회 계몽을 위해 1906년 만국공법요략을 발간하였고 1907년 10월 이후 중등산학과 상업학, 중국혼, 경제학 교과서들을 차례로 출판하였다.

"1906년 음력 5월 달성 광문사에서 근자 각 학교 교과과정에 대해 의논하고 신학문교육과정에 결함이 있는 고등학도의 교재 개발을 연구 중"이라고 하고 있어 협성학교가 운영되었음을 확인할 수 있다.421) 협성학교는 중학교 과정으로 학교를 승인받았지만422) 통감부의 학제 변경으로 인해 중학교가 고등학교로 되었기 때문에 고등학도는 대구 유일의 중학교인 협성학교의 학생을 말하는 것이다.

1908년 10월 "협교윤함"에서 "임금이 내려주신 절목을 정성껏 받들어 중학교과정으로서 경상북도 중앙의 학교에서 가르치니 명실상부 선비들이 앞다퉈 2학기를 이미 경과하온바"라고 하여423) 적어도 1907년도 학교가 운영되었던 것으로 보인다. 1907년 "학계경쟁"에는 "전 군수 박중양 씨 때에 대구시청 자리에서 발기한 협성학교"라고 하고 있어 박중양이 대구군수로 재임한 시기인 1906년 12월 이전에 학교 설립 활동이 있었다.

1907년 학교 설립에서도 "이충구(李忠求) 씨가 다시 도내 유림들과 협의하여 협성학교를 계속 설립하여"라고 하고 있다. "다시(夏)", "계속(繼續設立)"이라 말하는 것은[424] 학교의 시작이 아니라 이미 설립된 학교를 이전하기 위해 건물을 짓는 것이었다. 이 당시 처음부터 새 건물을 짓는 경우보다는 기존 건물에서 시작하여 이전을 하는 경우가 많았다. 협성학교가 대구공립고등보통학교로 바뀌었지만 대구향교자리에 있다가 대봉동 학교 신축 후 학교를 옮겼고 대구공립보통학교 역시 경상북도관찰부공립소학교에서 변경되었지만 장관청 자리에 있다가 학교 신축 후 학교를 옮겼다.

학생 수와 졸업 연도로도 학교 시작을 가늠할 수 있다. 오늘날은 새로운 학교를 신설하면 3개 학년이 개교와 동시에 인근 학교로부터 전입하는 경우가 있지만 이 당시 대구지역에는 협성학교가 유일한 중학교였다. 중학교 전학이 불가하여 3개 학년이 동시에 구성할 수 없었다. 3개 학년 평균 학생 수로 개교 시기를 추측해 보면 1910년에 108명,[425] 1912년 73명,[426] 1913년 74명,[427] 1915년 95명이었다.[428] 1910년에서 1915년 사이 파악 가능한 협성학교 3개 학년 학생 수의 평균이 87명이었다. 협성학교의 1908년 학생 수가 총 80명 전후였는데 몇 개 학년인지는 나와 있지 않다.[429] 1908년 협성학교의 80명 전후인 학생 수는 1개 학년이 아니라 3학년 전체 학생 수라고 할 수 있다. 중학교 3개 학년이 구성되려면 3년의 시간이 필요하여 1906년부터 시작되었다고 봐야 한다.

1911년 4월 13일 협성학교 2회 졸업식이 있었다.[430] 당시 중학교 과정이 4개년인 경우도 있었고[431] 학생들의 학교 중도 포기가 많아서 졸업식이 없었던 해도 있었다. 대구계성학교의 경우 1906년 10월 15일 개교를 하였는데 1회 졸업식이 1911년 6월 13일에 있었다.[432] 1911년 협성학교 2회 졸업식 기준으로 해서 학교 설립은 최소한 4년이 경과한 것으로 볼 수 있다. 3년제 중학교 과정으로 계산하면 1910년도 1회 협성학교 졸업생들은 1학년에 1907년 입학을 하였다.

1906년 3월 29일 고종의 협성학교 승인과 내사금이 있었고 1906년 음력 5월 28일 대구 광문사의 교과서 발행 논의가 있었다. 이는 학교 설립 후 교육과정에 대한 문제를 개선하기 위한 협의였기에 이 이전에 협성학교는 시작되었다. 학교 이전, 학생 수와 졸업 상황 등의 여러 가지 정황으로 봤을 때 협성학교는 1906년 설립 후 계속 운영되었던 것으로 간주된다.

2. 낙육재에서 시작한 중등 교육기관

협성학교가 낙육재에서 여러 차례 변하여 되었기에[433] 학교가 시작한 위치는 낙육재 자리였다. 낙육재 자리는 지금까지 대구성 밖 문우관 인근이라고 알려져 있지만 1906년의 경상감영 공해였다. 조선 후기 순조 1832년 지도에 낙육재가 남문 밖에 표시되어 있고 낙육재를 건립한 조태억의 「겸재집」에도 낙육재의 위치는 성 남문 밖이었다.[434]

대구읍성 밖에 있던 낙육재가 1888년 경상관찰사 김명진이 낙육재를 이설하였다는 기록과[435] 고종 무자년(1888년) 대구읍성 남문 밖에 있던 낙육재가 경상감영 공해로 이사했다는 기록이 있어[436] 낙육재의 위치가 변했음을 알 수 있다.

또한, 경상감영의 배치를 기록한 자인총쇄록에서 전신분국은 낙육재 자리라고 나와 있고[437] 대구부 읍지에도 무자년(1888년) 4월 낙육재(樂育齋)에 전분국(電分局)이 창설되었다는 기록이 있다.[438] 전분국이 대한제국의 공공기관이었기에 1888년 전 낙육재는 경상감영 안으로 이사했다는 것을 알 수 있다. 1902년 경상관찰사 이헌영의 시찰 동선이 낙육재를 방문한 후 공립학교, 미관, 본(대구)군, 전보사, 우체사 순이었다. 대구군, 전보사, 우체국, 공립학교가 전부 현재 경상감영 공원로에 해당된다.[439]

낙육재가 이전한 위치에 대한 기록이 없고 공해 변용이 중복되는 부분이 있어 정확한 위치는 알 수 없지만 사령청(使令廳) 자리가 낙육재 자리로 추정된다.

"학계경쟁"에서 "대구(當地) 시청에서 발기한 협성학교를"이라고 하였다. 대구 서상면 면장 최처은은 "공해 사령청(使令廳)을 빌려 시청이라 명칭(本郡公廨中使令房을 借居ㅎ야 市廳이라 名稱ㅎ고)"이라 하였다. 사령청 자리가 시청이다.[440] 시청에서 발기한 협성학교이기에 결국 사령청 자리가 협성학교 자리였다.

1895년 경상감영 내 여러 공해가 불필요하게 되었을 때 사령청도 대폭 축소되면서 변화가 있었다.

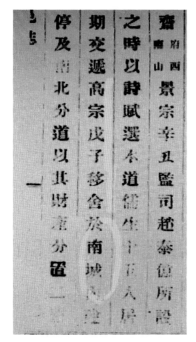

〈그림 16〉 낙육재 이건
(대구읍지, 1924년)

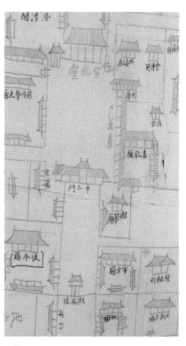

〈그림 17〉 경상감영 공해도 내
낙육재 위치

1904년 일본인 철도기사가 낙육재를 무단으로 점령한 사건이 발생하였다.441) 러일 전쟁 중에 일본이 대구의 우체국과 전보사 양사에 침입하여 함부로 전보를 검열하였고442) 러일 전쟁 승리 후 일본이 경상감영 내 공해 20여 건물을 사용하게 되어 공해 변용이 있었다.443) 1888년 창설된 대구전분국이 1896년 관노청(방)으로 옮겨간 후 낙육재 자리에 일본 수비대가 옮겨왔기 때문에 일본 수비대 자리가 이전 낙육재 자리였다.444) 대구에 주둔한 일본 수비대는 일본 헌병대였다. 일본 헌병대는 1904년부터 임시로 철도 및 통신 시설 보호의 구실 아래 대구에 진주하기 시작하였다가 러일 전쟁 이후에는 주차군 헌병대로 주둔하였다. 일본 헌병대는 친군남영이 있었던 관풍루 주변이었다.[445]

1907년 경상감영 공해 변용에 의하면 前 군뢰청(軍牢廳), 사령청(使令廳), 순령수청(巡令手廳) 총 3곳으로 일본 수비대가 사용하였다.[446] 이곳이 관풍루를 지나 선화당으로 진입하는 통로였다. 관풍루에서 선화당 앞쪽이 헌병대로 말미암아 폐쇄되었다는 기록과[447] 헌병대 옆은 대구우체국과 부속건물이라는 기록이 있다. 관풍루 앞 헌병대와 그 옆이 대구우체국이었던 것은 경상감영의 하급부서가 있었던 관풍루 주변이 행정제도 개편으로 인해 전보사, 우체사, 친군남영 등이 설립되었기 때문이었다. 또, 취고수가 혁파되어 1906년 5월경에 대구 광문사가 취고수청 자리로 이전해 왔다.[448]

대구 경북지역 교육을 위해 설립한 대구 광문사가 달서문 밖에서 낙육재 인근인 취고수청으로 이전한 것은 흥학활동 측면에서 무관하지 않다. 또 경상감영 공해 활용 측면에서 1896년 경상북도관찰부 장관청에서 경상북도관찰부소학교가 시작되었고 흥화학교지교가 장교청 자리에서 시작된 사례가 있어 협성학교도 경상북도관찰부 내 빈 공해 사령청에서 시작된 것으로 보인다.

3. 공공재산에 기반한 학교 재정

광무개혁 때 황제 권한을 강화하기 위해 역둔토 등 공유지를 내장원이 차지하면서[449] 대구의 향교, 서원 재산을 둘러싸고 유림과 학부 간의 갈등이 있었다.450) 러일 전쟁의 일본 승리 후 황실 권한이 약화되자 지역의 내장원 소유 토지를 둘러싼 갈등이 다시 시작되었다.451)

1904년부터 1907년까지 유림들은 향교 재산을 지키려고 교원토를 이용하여 전국 각지에 많은 사립학교를 설립하였다. 협성학교 설립은 "경북관찰부 아래에 있는 낙육재와 양사재에 사립보통학교를 설치하옵고"라고 한 것이나452) "향교전을 협성학교에 기부했다"는453) 내용에서 대구향교의 양사재 재산이 협성학교 설립에 포함된 것을 알 수 있다.

〈표 27〉 협성학교 재정 관련 사료

연도	출처	내용
1906년 7월 31일	대한매일신보 연계부	대구사립중학교는 구낙육재를 이어 설립
1907년 9월 26일	황성신문 협성학교 취지서	낙육재의 낡은 물건들을 수습하여
1907년 10월 6일	대한매일신보 달성학교 취지서454)	
1907년 11월 23일	대한매일신보 진찰흥학	낙육재 양사 유물을 기본으로 하고
1908년 10월 25일	대한학회 8호 隨聞隨錄	전일 낙육재의 소유자본금으로 설립한 학교
1908년 10월 30일	대한매일신보 협교윤함	낙육과 양사재 재산을 합동하여
1908년 12월 12일	황성신문 사론격발	낙육재의 재산을 광무 십 년 정월에~

협성학교의 설립 시 낙육재와 연계재를 기반으로 하였다지만 재정 중 낙육재 소유 토지 2,561원이 가장 많았고 연계재 논 값은 180원이었다.455) 연계재는 대구향교 내에 있어서 대구향교 토지가 기반이었던 반면, 낙육재는 경상북도 전체 교원 토지를 부속하고 있었다. 또, 대구군 내 양성학교와 달명의숙이 연계재를 기반으로 설립되었기에 대구군의 소유 재산을 협성학교로 이속한다는 것은 쉽지 않았다.456)

대구지역 유림은 경상북도 전체를 포함하는 협성학교 설립에 대구군 소유인 연계재 재산이 사용되는 것에 대해 이의를 제기하였다. 하지만, 1906년 7월 31일 대구지역 신사들이 협성학교의 건축비가 부족하여 공사에 어려움을 알고 난 후 연계재 재산을 협성학교에 부속시켰다.[457]

그 이후 이충구(李忠求)는 관찰사로 부임한 후 1907년 8월 19일 협성학교는 건축을 위해 7천4백 원에 계약했고 그해 10월 건축비 부족분 1,000원을 모금하였다.[458] 위와 달리 협성학교의 "건축비와 물품비 8천여 원"이라는 내용이 있다.[459] 건축비와 물품비를 따로 계산한다면 건축비는 7천4백 원이고 나머지는 물품비로 추정된다. 또 다른 기사에서 "8천 원이라는 거액의 공사비와 학교를 유지할 예산 3만 원"이라고 하였다.[460]

1908년 사립학교 설립인가 시 기본금이 3,000원 정도였으므로[461] 학교 공사비와 유지비가 3만 원이었다면 충분한 금액이었다. 하지만 "유지비는 낙육재와 양사재, 동서재 소유전담으로 처리"하고 있어[462] 유지비 3만 원은 조성되지 않았다. 낙육재 토지를 협성학교 운영 유지비로 사용하기 위해서는 낙육재 도조 토지, 도조 금액과 소작인 이름을 면단위로 조사하여 협성학교장이 날인 후 토지간사원에게 보고하였다.[463]

낙육재의 둔토는 본래 130여 석지기였다.[464] 낙육재 토지 130여 석에 거둬들이는 세수는 연간의 조수대(租穗代) 353.095석, 모수대(牟穗代) 81.059석 등 총 435.004석의 수입이 있었다. 돈으로 환산한 세입이 2,048량이었다.[465] 4.5량이 1원이었던[466] 당시 공식적 환율로 계산하면 일 년에 400원 정도가 수입으로 확보되었다. 사립학교 교사 1인당 월 급여가 15원 정도였기 때문에 400원은 재직 교원 3명의 급여로도 부족하였다.[467]

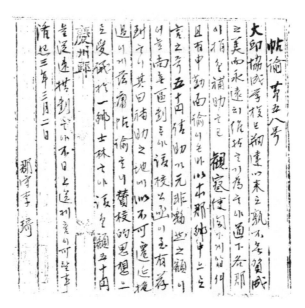

〈그림 18〉 협성학교 운영비 모금 첩유

　부족한 협성학교 운영비는 경상북도 각 군 향교로부터 모금을 하였
다. 1909년 경주향교 첩유(帖諭)에서 "관찰사(觀察使)는 협성학교 운영
을 위해 각 군에 명을 내려 향교에서 보조금을 거두고자 하니 경주향교
에 배분된 50원을 납부하라"고 경주군수가 경주향교에 통보하였다.468)

　조선총독부내무부학무국이 발간한 「조선인교육 사립학교통계요람」
의 1912년 경북지역 현황을 살펴보면 경북지역에 총 23개교가 있었는
데 경비는 16,222원이었다.469) 이 중에서 협성학교의 재정 세입은 기
본 전답 수입 2,351원, 잡수입 2,392원 합계 4,743원으로 가장 많았
다.470) 1915년 조선총독부 통계에서는 낙육재 전답의 기본전답수입은
사라졌고 잡수입만 2,919원이었다.471)

1912년 조선총독부 통계자료에 의하면 대구부 일반사립학교인 달요학교는 경비가 605원, 명신학교는 340원, 일신학교는 216원, 속성일어학원은 578원이었다.[472] 재적 수 기준으로 달요학교가 83명으로 73명이었던 협성학교보다 학생은 10명이나 더 많았음에도 불구하고 예산은 1/7 수준이었으니 협성학교 예산이 월등히 많은 것을 알 수 있다.

1906년 경북지역에 370개 사립학교가 설립이 되면서 한정된 공공재원을 나눠 써야 하는 상황임에도 불구하고 협성학교가 타교육기관보다 비교적 많은 재산을 확보한 것은 경상도 영학인 낙육재를 기반으로 했기 때문이었다.[473]

4. 대구지역 유림 중심의 학교 설립

갑오개혁으로 과거제도가 없어졌지만 성균관 경학과 연종시험 급제자를 각 부처에서 요청할 수 있다는 규정을 마련하여 급제자가 관직으로 진출할 길을 열었다.[474] 1896년 6월 학부대신 신기선이 전국에 내린 흥학장정에는 향교에 지방학교를 설치하여 외상생(外庠生: 各道 8명)을 선발하고 군에는 도훈장(都訓長), 면훈장(面訓長)을 둬서 정기 강학 활동을 하는 내용을 담고 있다.

학부는 1899년 재차 2월 흥학장정을 발표함으로써 근대교육을 위한 새로운 교육체제를 수용하면서도 성균관을 정점으로 하는 교육관리 체제를 유지하려 하였다.[475] 1902년 대구 낙육재를 중수한 것도 전통 교육체제를 유지하면서 새로운 것을 수용하려는 것이었다.[476] 조선의 최고기관인 성균관에 경학과가 유지되었고 대구지역의 낙육재 등에서 전통 교육이 실시된 상황에서 새로운 학교 설립은 대구지역 유림의 지지를 받기 어려웠다.

이일우(李一雨), 김광제(金光濟) 등 영남지역 인사들이 학교 설립에 어려움을 겪자477) 대구 광문사 사장 김광제(金光濟)는 사원인 김호규(金護圭) 등을 서울로 보내 고종의 허락을 얻었다.478) 1906년 4월 대구 광문사 총회에서 경상북도관찰사 신태휴가 참석한 가운데 고종으로부터 받은 흥학조칙(령)을 봉독을 하였다.479) 충군의식을 가진 지역 유림들은 고종의 윤허로 인해 학교 설립에 적극적으로 변하였다.480) 신태휴 관찰사와 대구경북 유림들의 학교설립으로 일진회와 동아교육회의 대구 경북지역 교육 진출은 어려웠다.

동아개진교육회는 영남지역에 세력을 확장하기 위해 경상북도관찰사 신태휴(申泰休)를 만났다. 신태휴는 "동아개진교육회 회원의 행동이 백성에게 피해를 준다"는 내부 훈령에 근거해481) 동아개진교육회의 학교 설립에 협조를 하지 않았다.

일진회는 1905년 전국 34개 군에 학교를 설립하였고482) 이후 60∼100여 개로 확대하여 학교를 설립하였지만483) 경상북도에는 청도 이외에 일진회 관련 학교가 설립되지 않았다.484) 일진회 기관지 국민신보에 "신태휴(申泰休)가 하는 교육은 간사한 짓이고 학교 설립 기부금을 낭비한다"고 기사화되었다.485) 이용익(李容翊)을 내쫓았던 경상북도 친일 세력들은 술책을 써서 신태휴를 전보시키려 하였다.486) 국민신보는 익명으로 투서한 것으로 하여 투서한 사람을 밝히지 않자 의심을 받게 된 이근호(李根澔), 김광제(金光濟), 김호규(金護圭), 윤영섭(尹瑛燮), 김용선(金容璇) 등이 사실무근이라며 정정 보도를 낼 것을 주장하였다.487) 이 밖에도 대구인민대표와 사립학교 교원 십여 명이 국민신보에 찾아가 무고에 대해 항의를 했고488) 신태휴에게는 경상북도관찰사로 머무르도록 정부에 청원해 달라고 부탁하였다.489) 신태휴 관찰사가 평안북도관찰사로 전출한 후 4명의 경상북도관찰사가 발령을 받지만 칭병 등을 핑계로 부임을 포기하는 일들이 있었다.490) 우여곡절 끝에 한진창(韓鎭昌)이 경상북도관찰사로 발령을 받았지만 관찰사 집무실인 선화당이 이사청으로 바뀌어 관찰사가 근무할 장소가 없었다. 대구군수 박중양은 경상북도관찰사 부재 시 경상감영 공해 20여 곳을 일본인에게 제공한 것뿐만 아니라 수조권 임의 변경, 세금 강제 징수, 불명확한 세금 용처, 돈으로 향직을 파는 등 많은 비리를 저질렀다.491) 한진창(韓鎭昌)은 박중양(朴重陽)의 행적을 알고 3차례나 보고하여 같이 근무할 수 없다고 하였지만, 통감부에서 박중양을 조사하지 않았다. 이후 한진창이 전출을 하였다.492)

1906년 7월부터 대구군수였던 박중양은 윤필오, 양재기, 윤영섭과 더불어 시청 설치와 학교 건축을 명목으로 부정을 일삼아 협성학교 운영에 방해가 되었다. 특히 박중양은 시청 설립을 명목으로 낙육재 재산을 저당잡았고 대구 군내의 학교를 통폐합하려 하였다.

1907년 경북관찰사로 이충구가 부임한 후 협성학교 운영은 "도교장 이충구(李忠求), 부교장 박해령(朴海齡), 총무는 강일(姜鎰)이었고 사무원은 이덕구(李悳求), 채헌식(蔡憲植)이었으며 서기는 강신우(姜信友), 조창용(趙昌容)"이라고 하였다.493)

대한매일신보 1907년 11월 23일 "협교유망"의 박해령(朴海齡) 외 협성학교 관련 나머지 인물은 백농실기와 일치한다. 이들 중 강일을 제외한 나머지 학교임원은 박해령이 발기한 대한협회 대구지회 회원으로 등록하였다. 일진회의 기반이 된 시천교에 협조적이었던[494] 이충구가 경상북도관찰사로 부임하였기에 박해령, 윤필오(尹弼五) 등의 친일 세력은 그대로 활동하게 되었다.[495] 통감부하 친일적인 행위를 하는 지방관리가 재임하는 상황에서 협성학교운영 주체는 친일 성향 인사의 참여가 가능하였다.

일본인의 실수로 발생한 협성학교 화재의 배상과정에서 윤필오를 중심으로 한 친일 세력들의 방해가 있어 화재 배상 부분이 제대로 이뤄지지 않았다.[496] 1908년 1월 대구지역 전통 유림들이 대구향교로 협성학교를 이전하여 다시 운영위원이 되었다.[497]

협성학교 찬무회 회장 장순원(張珣遠), 회원 김호규(金護圭), 김후병(金厚秉), 류완식(柳完植) 등이었다. 찬무회 회장 장순원은 의병장 허위 휘하에서 의병활동을 하다가[498] 1908년 6월 허위가 체포된 이후 근대교육운동에 참여하였고, 학교장 서상하(徐相夏)는 전직관료이자 대구지역의 재력가 중 한 사람이었다.

김호규, 서상하, 장순원 등은 교육을 충군과 연결시키고 있어 반봉건을 주장하는 친일 인사들과 거리가 있었다. 이들이 협성학교를 대구향교로 이전한 것도 교궁(향교)에 지방학교를 설립하여 군(郡)에서 도(道)로 이어지는 학교를 만들어 구본신참의 전통교육기관체제를 유지하려는 것이었다.[499]

5. 대한협회 대구지회의 협성학교 운영

1908년 경북관찰사로 대구에 다시 부임한 박중양(朴重陽)은[500] 지역
의 전통 유림들과 달리 협성학교를 폐지한 후 제2보통학교를 설립하려
하였다.[501] 10월 8일 대한협회 회원인 박해령(朴海齡), 권석우(權錫禹),
정진태(鄭鎭台), 김두현(金斗鉉), 서서교(徐瑞敎), 권중희(權重熙) 등은
도회(道會)라는 이름으로 협성학교를 찾아가[502] 협성학교 폐교를 찬성
하였다.[503]

1908년 11월 25일 발행된 대한학회 월보에 따르면 대한협회 회원인
이현주(李玄澍), 권석우(權錫禹), 서흥균(徐興均) 등은 김호규(金護圭),
장순원(張珣遠), 서상하(徐相夏) 등의 교육활동이 거짓이고 공의를 거
치지 않은 채 임의로 운영하였다고 비방을 하였다. 이 사건을 접한 대
한학회는 재판관도 아니고 행정관도 아니어서 적극적으로 중재를 하기
보다는 지방관리가 교육을 간섭하지 않는 것에 동의를 보낸다면서 관
찰사 박중양(朴重陽)의 학교 간여를 우회적으로 비판하였다. 또, "협성
학교의 처음 설립 초기부터 대표적인 인물이 김호규였음을 상기시키고
지역 내에서 학교를 두고 경쟁하지 말라"고 말하였다.[504]

대한학회는 김호규, 서상하 등 유림 세력에 힘을 실어 주었지만 박
중양은 대한학회의 권고를 무시한 채 협성학교 임원들을 대한협회 회
원으로 제한하였다. 양홍묵(梁弘默)이 대구군수로 부임한 후[505] 양홍묵
은 박중양과 자신을 협성학교의 새 임원이라 칭하며 기존의 임원들을
몰아내고자 하였다. 이에 장순원은 협성학교 운영을 대한협회의 회원
으로 제한한 것에 대해 이의를 제기하면서 관찰사 박중양, 군수 양홍묵

을 찾아갔으나 질병을 핑계로 만나주지 않아 학부에 청원하였다.506)

　서상하와 장순원 등 기존 유림들이 협성학교 폐교를 반대하자 박중양은 대구지역의 영향력이 있는 대한협회 대구지회를507) 이용하여 전통 유림들의 행동을 제한하였다. 박중양과 전통 유림들의 갈등이 대한협회 인사와 전통 유림들의 갈등으로 바뀌었다.508) 전통 유림과 달리 대한협회는 한일합방에 대해 적극적인 반대를 하지 않았고 대한협회가 한일강제병합의 주체가 되고자 했었다.509) 대한협회 지방지회에서 개명 인사들의 영향이 컸고 개명 인사와 유림들과 갈등이 있었던 지방이 많았다.510) 대한협회 대구지회도 지방관과 일정하게 결탁하려는 세력과 이를 배제하고 독자적인 노선을 견지하는 사람 간의 대립이 있었다.511) 협성학교 운영에서는 서상하, 장순원, 김호규는 독자적인 노선을 추구하였던 반면, 박해령(朴海齡), 이종면(李宗勉), 채헌식(蔡憲植), 양재기(楊在淇) 등은 박중양, 이충구 등의 지방관과 결탁하여 협성학교 운영에 참여한 대한협회 회원이었다. 박해령은 교육 확장이라는 이름으로 식민지 제국주의의 첨병이었던 일본의 동아동문회와 연락을 하였고512) 박중양을 대신해서 서상하 등을 찾아가 협성학교 폐교에 앞장섰던 인물이었다.513) 이종면은 협성학교 폐교를 위한 정리위원에 임명되었다가 대한협회로 학교운영진이 바뀐 뒤 협성학교 교장이 되었다.514) 이종면은 농공은행 설립과 대구은행 설립을 주도한 신흥자본가였다.515) 채헌식은 낙육재 출신으로 이충구 관찰사 시절에 협성학교의 서기로 있으면서 일본인 키쿠가와 케운(키쿠가와(菊川溪雲))과 더불어 협성학교를 대구달성학교와 통합하려 했고516) 일본인 시오야이치타로우(塩谷一太郎)가 주도한 퇴계 선생 종택 건립 모금 운동에 참여하였으며517) 이완용이 중심이었던 국민연설회 활동을 하였다.518) 양재기 역시 낙육재 출신이지만 박중양이 대구군수로 재직하던 때 읍성훼철에 참여하여 지역 사람들로부터 비난을 받은 바 있었다.[519]

조선 왕조의 권력이 일본에 의해 실추함에 따라 양반·유생의 세력은 점차 약해지기 시작하였고 권력 지향의 개화 인사들이 언론, 교육활동을 주도하기 시작하였다.[520] 대구의 개명 인사인 개명 유학자와 신흥자본가는 대한협회를 비롯한 여러 단체에 가입하여 자신의 정치적 입지를 확보하였고 박중양의 경상북도 관찰사로 부임 이후 학교운영에도 관여하였다. 이와 달리, 충군을 주장하던 대구지역 전통 유림들은 위정척사의 의병투쟁이 계몽운동에서 배제되었듯이[521] 협성학교 운영에서 배제되었다.

6. 구본신참의 학습 내용

고종이 협성학교에 하사금과 함께 내린 흥학조령에 "백성에게 공자를 가르치고 학교에 다니게 하면 1년 안에 효과가 나타난다"고 말하였다. 이는 공자로 통용되는 유교를 기본으로 하여 신학문을 가르칠 것을 제시한 것이었다.

협성학교 취지서에는 "교과는 천하의 문자·언어를 알아 만국의 교제·법률에 통달하며 상공·술수·후생·이용의 시무(時務)에 이르러서 모두 통달하도록 함이 대개 시(詩)·서(書)·육예(六藝)의 범위를 벗어나지 않도록" 할 것을 밝혔다. 시·서·육예는 전통적인 학습 내용이다. 구한말부터 계몽단체들도 반봉건을 주장하면서 유교의 폐습을

비판하였지만 삼강오륜으로 국민 주체를 형성하려 했던 것도 유교를 무시할 수는 없었기 때문이다.[522]

신태휴(申泰休) 경상북도관찰사가 밝힌 흥학훈령에는 교육 내용이 더 상세히 나와 있다. "시무교육이라는 것은 실제상에 배워야 하지만 새로운 것이 아니라 소학, 군신, 부자의 윤리 예절을 숭상한 후 본국의 국사, 지리, 산술 등을 배워 익힌 이후에 정치, 법률, 격치 연구 등의 단계로 배우는 것"을 말하였다.[523] 협성학교 취지서가 유교의 범위 내에 시무교육을 말한 것에 비해 신태휴의 흥학조칙은 윤리 예절을 먼저 배운 후 시무교육을 학습하도록 교육의 순서를 밝혔다. 또, 신태휴는 "외국어가 중요하지만 대충 아는 것은 새와 같다"라고 하며 한문으로 읽은 후 한글로 풀이할 것을 말하였다.[524] 이는 외국어와 시무교육 등의 근대적인 학문을 배우더라도 유학을 기초로 하여 신학문을 수용하자는 것이다.

협성학교는 교제(류)와 신학문 수용을 위해 외국어가 필요하다고 생각하여 여러 외국어를 가르치려 하였지만 일본어 외 기타 외국어 교사를 구하기가 어려워 일어만을 가르쳤다.[525] 보성학교나 대성학교의 경우 일어라는 과목을 별도의 교과로 두지 않고 외국어에 포함하여 운영하였다. 오산학교는 일본 명치학원(明治學院)의 학사행정을 본떠 어학을 강화했고, 대성학교에는 입학시험에 영어, 일어를 포함하여 외국어를 중요시하였지만[526] 교사 수급의 문제로 대다수 지방사립학교는 일어만을 가르쳤다.[527]

1906년 법제 및 경제, 음악이 생략 가능한 결제과목이었던 것이[528] 1909년 고등학교령 개정 후에는 법제 및 경제, 음악, 외국어가 선택 교과목으로 바뀌었다. 실업교육을 강조하는 시대 분위기를 반영하여 실업 과목은 필수과목으로 바뀌었고 교과목은 수신, 국어, 일어, 역사, 지리, 수학, 박물, 물리와 화학, 법제 및 경제, 실업, 도화, 창가, 체조, 외국어였다. 1906년 한성의 보성학교 학생모집 공고에는 수신학, 국어, 한문, 작문, 역사, 지지(地誌), 물리 및 화학, 박물학, 지문(地文)학, 법학, 수학, 도화, 창가, 체조, 외국어, 농업학, 상업학, 부기학을 과목으로 제시되었다. 보성학교나 대성학교는 실업 교과에 농업, 상업을 다 가르쳤고 대성학교는 지지(地誌) 교과에서 천문이 포함된 것이 특이한 점이었다.

협성학교 자체 편찬 교과서는 6종, 인가 교과서 14종을 사용하여 총 20종의 교과서였다.529) 협성학교의 교과서 수는 위의 보성중학교와 대성학교의 교과목 수와 비슷하다. 교과용도서검정규정(1908년 9월)에 의해 학부 출판이나 검인정 도서를 교재로 사용할 수밖에 없었기에 협성학교도 이를 준수할 수밖에 없었다. 협성학교가 사용한 물리 및 화학 교과서들이 「권(卷) 1, 2」는 식물, 동물, 광물, 지문(地文), 「권(卷) 3, 4」는 물리학, 생리, 위생이어서 과학 전 영역에다가 위생까지 포함하였다.

협성학교 자체 편찬 교과서 6종은 확인되지 않고 대구 광문사가 발간한 「중등산학」, 「월남망국사」, 「상업학」, 「경제교과서」만이 남아 있다. 외국어 학습과 산술 중심의 근대교육에서 덕육 과정 결여가 교육과정의 문제로 대두되자530) 대구 광문사는 교과서 집필 과정에 유교를 반영하려 하였다. 대구 광문사는 "사서에 심성정(心性情)과 인의예지(仁義禮智)를 신학문 덕육 과정에 적당한 것 선택"하여 교재를 만들고자 하였다.531)

「중등산학」은 이원조가 편찬한 상하권 수학교과서였다. 이원조는 대

구측량강습소 출신으로 탁지부 임시재원조사국 양지과 대구출장소의
수학강사였다.532) 「중등산학」이 "각 도의 측량과와 각 학교에서 교재
의 청구가 많다"라고 하고 있어 학교뿐만 아니라 측량기수 양성 교재
로 사용된 것을 알 수 있다.533) 「중등산학」은 사칙, 나누기, 비례, 제곱
근, 세제곱근, 구적 내용으로 구성되었다. 「중등산학」은 1908년 12월
교과용 도서 검정에 따른 절차 미이행으로 취소되었고534) 그 이후 협
성학교 수학교과서로 「산술일과」가 사용되었다.535) 「산술일과」 책도
기본적인 수학 개념에 대한 설명과 사칙연산, 연습문제로 구성되어 있
었다. 「월남망국사」는 평북 한흥보통학교 일본인 교감의 보고 내용
중536) 교과용 도서 목록에 수록되어 있어 학교 교재로 사용되었음을
알 수 있다. 대구 광문사판 월남망국사는 현변(玄采)의 국한문 번역으
로 책 서문에 "나라의 존망과 일의 성패에 있어 패사를 읽어보면 멀리
떨어지고 세대가 다르더라도 본보기가 된다"라고 하여 책을 발간한 이
유를 밝혔다.537) 「월남망국사」는 치안 방해라는 이유로 출판법 제16조
(1909년 5월 5일)에 의해 발매 반포가 금지되었다.

「상업학」은 조선의 개항으로 인해 상거래가 늘면서 개인이 상점 영
업에 알아야 할 사항을 주된 내용으로 하여 20장으로 구성되어 있다.
「상업학」은 장지연이 역술한 것으로 매매, 상업, 무역, 부기, 기관, 보
험 등의 영역 이외에 "상가에 들어가는 자의 명심"이라는 장을 맨 먼
저 둔 것이 특징적이다.538)

<표 28> 협성학교 「경제교과서」 내용

구분	내용
1편	경제, 국민경제발달의 차제, 경제학의 정의와 공기 공급 공용경제
2편	생산의 개념, 생산의 요소, 생산의 조직과 급기방법(及其方法)
3편	교환의 개념, 가치와 급물가(及物價), 화폐, 신용, 무역, 운수통신
4편	분배의 개념, 지대(地代), 이자, 임금, 이윤
5편	소비의 개념, 생산과 소비의 관계, 보험
6편	재정의 개념, 경비, 수입, 세계예산(歲計豫算), 공채(公債)

「상업학」과 일부 내용이 경제와 중복되는 부분이 있기는 하지만 별도의 경제 교과서가 대구 광문사에서 출판되었다. 「경제교과서」는 일본 법학박사 와다다켄조(和田坦謙三)의 책을 이병태(李炳台)가 번역한 것으로 국한문 혼용으로 총 6편으로 나눠져 있었다. 1편 '서론'에는 경제의 개념을 설명한 후 생산, 소비, 분배 등 각 편으로 나눠서 설명하였다. 5편에는 보험을 수록하였으며 마지막 6편에는 재정에 관한 내용을 포함하고 있다.

「경제교과서」 6편 재정의 내용 중에 경제의 목적은 "최소 경비로 최대 효과를 얻어 행복을 증진하고 안녕을 유지하는 것"이라고 하고 있어[539] 오늘날에도 통용되는 학습 내용임을 알 수 있다.

「법제·경제」과목의 교수 지침상 배당 시수가 3시간이었다. 협성학교 학생이었던 김광진이 「산술일과」 이외에 「헌법정리(憲法精理)」를 소지하고 있어서 학생들이 참고했던 것으로 보인다.[540] 서병규가 "물리, 화학, 기계를 협의한다"라는[541] 내용에서 과학이나 기술 관련은 이론뿐만 아니라 기계 실습이나 약품 실험을 같이 행하였던 것을 알 수 있다.

협성학교 일부 교과는 번역본을 교재로 사용하였지만 상업학, 경제 교과서, 법률 교과 등에서 시무교육의 내용을 포함하였다. 시무가 지육이라 하고 덕육은 공맹의 도라고 하면서[542] 지육과 덕육을 근대교육의 2대 축으로 여겼던 인식이 협성학교에도 반영되었다. 시무교육을 학습하는 것은 관료가 되지 않더라도 통감부의 수탈에 대비해서 새로운 법제나 장정 그리고 일어 등을 배워야 할 필요성이 증가하였기 때문이었다.[543]

7. 실력 양성을 위한 학생활동

협성학교는 교과 내용의 변화와 함께 학습 방법에 있어서도 변화가 있었다. 구한말부터 만민공동회와 같이 대중의 정치적 각성을 위한 집회가 성행하였고 각종 학회에서 연설이나 토론이 중요시되었다.[544] 1898년 경상북도관찰부공립소학교 학생들도 토론을 하였고[545] 대구 우현서루에서 신학문 강연과 토론을 하였다.[546] 서상하(徐相夏)는 각 학교 생도들의 친목을 위해 연합토론회를 개최하였다고 하지만 "문명 진보에 학생들의 노력"을 연설하고 있어 실력 양성을 독려하는 토론회였다.[547]

구한말 사립학교에서 토론회보다 더 활발했던 것은 운동회였다. 고종의 교육입국조서에서 오륜의 행실을 닦는 덕양(德養), 체력을 기르는 체양(體養), 격물치지(格物致知)의 지양(智養)을 교육의 3대 기본강령으로 삼았다.[548] 1908년 태극학보에서 "지, 덕, 체육의 3가지 요소 중에서 지, 덕을 완전하게 기르려면 먼저 체육을 완전하게 할지니 체육의 관계가 밀접하고 영향이 중대하다"고 하였다.549) 협성학교 서기였던 조창용(趙昌容)도 "교육의 결과를 체육으로 인정"한다고 경상북도관찰사 이충구(李忠求)에게 말하였다.550) 체육의 중요성이 부각된 것은 상문주의에 의해 무를 경시하는 탓에 국력이 쇠약해졌다고 반성하면서 외세의 침입으로부터 나라를 지키기 위해 체력을 길러야 한다는 반성 때문이었다.

평양 대성학교의 교사 문일평(文一平)은 병식체조뿐만 아니라 수상체육, 승마교육을 주장하였고 박은식(朴殷植)은 스파르타의 리쿠르고스(Lycurgus of Sparta)를 예로 들며 여자들도 상무적 교육이 필요하다고 하였다.551) 협성학교 교사였던 장지필(張志必)이 불은창가로 배일사상을 고취했다는 일본의 기록이나 "1, 2회 전교생이 노상 행렬을 가졌는데 목총을 메고 구한국식 육군 군가를 불렀다"는 대구희도학교 졸업생 이형준의 증언에서 대구지역 학교에서도 군사훈련이 실시되었음을 알 수 있다.552) 희도학교처럼 전국의 사립학교에서 육군 군가를 불렀을 뿐만 아니라 당시 독립가, 혈죽가, 망국가, 권학가 등을 창가로 많이 불렀다. 창가는 민족정신을 고취하거나 국가의 유용한 인물이 될 것을 강조하는 가사였다.553)

구한말 연합 운동회 경기종목은 깃발취하기(旗取), 착의(着衣), 멀리뛰기(高跳廣跳), 계산(計筭), 지지(地誌), 병식체조(兵式體操) 등이었다.554) 그중 계산 경기 종목은 대구에서도 있었다.555) 계산 경기를 하는 이유가 산가지로 작전의 책략을 순식간에 결정하기 위한 것이었다. 이 밖의 운동경기 종목도 용맹과 민첩함을 기르는 것으로 독립활동과 관련이 있었다.556) 운동회 경기는 학생뿐만 아니라 교사, 내빈의 각종 경기가 있었다.557) 운동회는 단순히 학생 운동경기를 겨루는 것뿐만 아니라 남녀노소 전체가 모여 자강의 의지를 다지는 장소였다.

대구 학생의 봄, 가을 연합운동회는 달성공원에서 거행되었다. 1909년 협성학교가 향교에 있어 학교 운동장이 별도로 없었다. 공해나 사숙에 시작한 학교들은 대부분의 비슷한 형편이었다. 지역 학생과 사람들이 모일 수 있는 곳이 달성공원이었다. 그 이전 1908년 가을 운동회에서는 대구지역 대표적인 계몽단체인 달성친목회가 대구지역 연합운동회에 상품을 제공하였고 달성친목회 회원인 양익순 씨가 점심을 제공하였다.558) 달성친목회는 평소에도 학생들의 체력증진을 위해 달성친목회 회관에 청년체육구락부를 운영하였다.559) 달성친목회의 체육활동 전개는 학생들의 체육활동을 지역사회에서 가능하게 한 것일 뿐만 아니라 국권회복을 위한 달성친목회의 투쟁 노선을 보여주는 것이기도 하다. 이후 달성친목회의 다양한 강연과 강습 활동으로 이어졌고 이는 비밀 항일결사 단체인 국권회복단의 모체가 되었다.560)

8. 사범교육을 위한 강습소 운영

협성학교는 정규학교 교육뿐만 아니라 야학과 강습소를 운영하였다. 야학과 강습은 남녀노소를 불문하고 각종 지식을 보급하고 동시에 항일애국사상을 고취시키는 데 큰 역할을 했지만 일제 강점 이후 야학이 변질된 적도 있었다.561)

대구교육회 이토기치사부로(伊藤吉三郎)가562) 일본인에게 조선말 야학강습회를 개최하였고 대구의 각 관청 관리가 협성학교 야학을 지원한 것으로 봐서 야학은 조선인의 민중계몽을 위한 것만은 아니었다.[563] 협성학교 야학 학생 중에 조선인은 1명이었던 적도 있었고[564] 그 이후에도 일본인이 30명이나 돼서 조선인보다 일본인이 더 많았다.[565] 1910년대 이후 야학이 보통학교 교육과정을 속성으로 지도하거나 일본인의 업무능력 향상을 위한 조선어강습이 성행했다.[566] 협성학교 야학도 내용이나 대상 등으로 봐서 일본인에게 조선말을 강습하였다는 것을 알 수 있다.

협성학교에서 주목할 만한 것은 사범강습소가 운영되었다는 점이다. 강습소는 성격상 필요에 따라 수시로 조직되어 일요, 단기, 춘하추동의 계절 강습소가 있었고 교육 내용에 따라 국어강습소, 역사·지리강습소, 사범강습소, 법학강습소, 농림강습소 등으로 나눠지기도 했다.[567]

국권회복을 목적으로 근대교육을 위해 학교를 설립하였으나 학교 교육과정에서 신학문은 거의 일어, 산술에 지나지 않았다. 이는 한국어로 근대교육을 할 수 있는 교사가 부족한 상태였기 때문이었다.[568] 신학문에 대한 오해를 바로잡아 민족교육을 할 수 있는 교사 양성기관 설립이 시급하였다. 통감부는 한성사범학교 이외에는 사범교육을 실시하지 않았다. 1910년 한성사범학교의 교원 16명 중 교장을 포함하여 11명이 일본인이어서 민족교육과는 거리가 멀었다. 공립보통학교에서도 한성사범학교 출신 교사가 부족하여 속성으로 교원 양성을 하는 상황에서 사립학교의 교사를 한성사범학교에서 양성한다는 것은 불가능한 일이었다. 상황이 이러다 보니 보통학교 부교원의 월급이 15원이었는데[569] 사립학교 교원은 60원을 줘도 구하기 어렵다고 하였고 어렵게 구한 교사조차 자질이 부족하여 제대로 된 교사가 없다고 한탄을 하였다.[570]

협성학교 교사도 사범학교 출신이 아니었다. 윤신영은 휘문의숙 출신으로 지인의 소개로 협성학교에 근무하다가 일 년 후 숭정의숙으로 옮겼다. 대구 출신의 협성학교 교원인 양재기(楊在淇)나 채헌식(蔡憲植)도 사범교육을 받은 이력이 없었다. 지인과 각종 학회에서 추천한 지역 인물을 각종 학교의 교사로 임용해서는 전국적으로 4, 5천 명의 교사를 구하기는 어려웠다.571)

교원 부족 현상을 극복하기 위해 서우학회, 한북흥학회, 기호흥학회, 호남학회 등이 사범학교를 설립했고 대한협회 대구지회는 협성학교 내에 속성사범과를 설치하였다. 1910년 7월 15일 협성학교 내 속성사범과 학생 20명의 졸업증서 수여식이 있었다.572) 대한협회의 해주, 덕원 지회가 속성사범과를 설치 가결한 것으로 대한협회 회보에 나와 있지만 두 지회에의 졸업식 내용은 찾을 수 없다.

협성학교에서는 속성사범과 이외에도 달성친목회가 주도한 하계교사 강습회도 있었다. 달성친목회는 경상북도 내 근대교육을 할 수 있는 교사가 적어 각 학교의 교육과정에 결점이 있다고 판단하여 1910년 협성학교에서 여름방학 기간 동안 역사와 과학을 지역 교원들에게 강습하였는데 참석 인원이 200여 명이었다.573) 역사는 화이관과 다른 세계관을 형성하여 민족 자주성을 기를 수 있는 교과라 생각하여 적극적으로 도입된 교과였고 과학을 저급한 것으로 간주하는 조선의 전통적인 인식이 있었지만 과학과는 앞선 서양 기술 문명의 근간이 된 교과여서 가장 필요한 교과였다.574) 달성친목회는 유학생단체인 대한흥학회와 교섭하여 근대 지식을 배운 일본 유학생을 강사로 초청하고자 하였지만 이뤄지지 않아575) 대한제국군 오위장 출신인 서기수가 강의하였다.576)

협성학교 교원 중 달성친목회 출신 인사들은 무장 항쟁과 관련이 있었다.577) 안확이 마산창신학교로 이동하여 조선국권회복단 마산지부장을 맡았고, 이동하, 윤세복, 윤세용은 환인현의 동창학교를 설립하여 독립군 기지 형성에 기여하였다. 이경희, 안확, 홍주일 등도 실력 양성과 함께 무장 항쟁으로 국내외 독립운동에 공헌하였고 장지필은 의열단 활동을 하였다.

〈표 29〉 항일 관련 협성학교 교사 명단

성명	고향	직위	이력
이동하(이원식)	안동	교감	의병활동대동청년단, 신흥무관학교, 동창학교 교사
윤세용	울산	교사	밀양 신창학교 교사, 대종교 입교, 환인현 동창학교 설립, 참의부 소속 독립군, 대한민국 임시정부의 국무원
윤세복			밀양 신창학교와 협성학교 교사, 환인현 동창학교 설립, 대종교 3세 도교사, 흥업단, 독립단 조직 등 독립운동
이경희	대구		교남교육회, 대한협회 대구지회, 달성친목회
안확	서울		마산창신학교, 조선국권회복단 마산지부장,
홍주일	청도		국권회복단단원군자금모집사건 천도교 대구교구장, 강유원 단원, 명신, 교남학교 설립
장지필	구미		인명학교, 협성학교 교사, 의열단 활동, 의사 장진홍 스승

출처: 한국사데이터베이스

협성학교 교사들의 항일운동과 교육활동은 제자들에게 이어졌다. 최원호는 대동청년단, 김광진은 조선국권회복단과 월배덕산학교 교사로 활동했으며, 김하정은 강유원 활동과 해성학교 교사로 재직하였다. 협성학교의 교원임시 양성소 운영뿐만 아니라 협성학교 졸업생까지 교사가 될 수 있었던 것은 교사 부족의 시대상을 반영한 것인 한편 협성학교가 사범기관 역할을 담당하였음을 보여주는 사례이기도 하다.

이 밖에도 협성학교 임원이었던 김후병(金厚秉)과 김택노(金澤魯)는 고향 안동협동학교 설립에 참여하였고 강신우(姜信友)는 상주에서 학교 설립을 발기하였다. 1907년 협성학교에 참여했던 이덕구(李悳求)는 안동보통학교 한문 교사, 조창용(趙昌容)은 대구보통학교 부교원으로 임용되어 활동하였다. 이처럼 협성학교가 대구 경북지역 근대 학교 설립 확산에 영향을 주었으며 민족교육 실현을 위한 교사 양성은 학생교육뿐만 아니라 대구 경북지역 교육에 큰 기여를 한 바이다.

대구 경북지역 주민의 전폭적인 지원을 받은 협성학교도 일본의 강압에 의해 1916년 대구고등보통학교로 변할 수밖에 없다. 63명의 협성학교 학생이 대구고등보통학교로 승계되었고 이때부터 대구 경북의 중등 근대교육의 주도권은 일본인의 손으로 넘어가게 되었다.[578]

10년 남짓 운영된 협성학교 자료에는 달성학교와 합쳤다는 내용은 전혀 없다. 1907년 학교 설립취지서에 협성이라는 이름을 밝히고 있어 달성학교가 개칭하여 협성학교가 되었다는 것은 전혀 사실과 다른 이야기이다. 협성학교는 경상감영 영학인 낙육재에서 대구 경북지역 유림들이 설립한 학교였다. 영학(營學)의 공공 재산을 기반으로 하여 근대교육을 실시한 사례는 대구 낙육재뿐만 아니라 진주 낙육재(현 경남과학기술대학교), 전주 희현당(현 전주신흥고등학교)에서도 찾아볼 수 있다. 이는 한국의 근대교육의 시작이 외세에 의한 것이 아니라 전통교육의 승계를 보여주는 것으로 충청도의 영학(營學)원, 평안도의 장도회, 함경도의 양현당, 황해도의 사황재 등 각 지역 감영소재 영학(營學)에 대한 사례 발굴의 시작이 되었으면 한다.

Ⅳ. 수창학교 이야기

1. 수창학교 설립 배경: 군대 해산과 이서층의 몰락

협성학교가 개교된 이듬해 수창학교가 개교를 하였다. 이 두 학교는 대구지역에서는 민족학교라고 불리는 학교이다. 앞서 살펴보았듯이 협성학교는 대구지역 중등교육기관으로 시도민의 사랑을 한 몸에 받은 학교였다. 사립학교였지만 경상북도관찰사가 주도적으로 설립과 운영에 참여하였고 경상북도 전 지역에서 후원을 하였다. 협성학교와 달리 수창학교는 친일 관찰사 이충구의 견제를 받으며 시작되었다.

1906년 통감부 설치는 내장원 세력의 약화를 가져와 지역마다 친일 세력이 확대되자 신태휴 경북관찰사는 불명확해진 지방재정을 이용하여 선제적으로 학교 설립을 추진하였고 그로 인해 친일 세력의 무고로 좌천되기까지 하였다. 황실재정이 통감부에 장악되어 갔고 관찰사까지 좌천되는 상황에서 이교(吏校)들의 자리와 소유 전답은 불안하기는 마찬가지였다.

통감부는 공공재산을 확보하고 식민지 기반 조성을 위해 소요되는 중앙정부 재정 부담을 지방에서 부담하도록 하고자 1906년 12월 지방세규칙을 공포하였다. 지방관청에 소요되는 경비를 지방재정으로 충당하도록 하면서[579] 일본인에게 징세권을 주었다. 군수와 이서층을 징세 과정에서 배제시켰고 조세를 현물납에서 화폐납부로 변경하였다. 광무개혁 이후 경상감영 내 혁파된 부서의 이서들은 실직되거나 고용인으로 신분이 변했고 남아 있는 이서도 경제적으로 어려움에 처했다.[580] 종전까지 징세를 현물납으로 보상받았던 것이 사라지게 되었고 1906년 10월 조세징수규정을 반포하여 징세사무를 담당하던 이서층이 완전히 배제되었다.

1907년 7월 18일 고종이 강제 퇴위되었고 한국 군대가 8월 1일부터 서울을 시작으로 해서 대구 진위대는 8월 4일 강제 해산되었다. 해산 군인이 의병으로 참가하게 되어 의병항쟁이 활발해졌고 일부 해산 군인은 지역으로 돌아가 사립학교 교원으로 활동하였다. 해산 군인 출신 교사는 병식체조 등 상무교육 실시로 민족의식을 고취시켰다.

1907년 8월 수창학교 설립 시기 무렵에 "각 군 각 도에 교토, 원토 및 이서와 군교 소속의 전답과 여재사환미 조사(各道各郡에 校土 院土 及 吏校所屬田畓과 餘在社還米를 調査)"가 있었다.581) 교토, 원토의 조사는 이서뿐만 아니라 지방교육을 담당하고 있는 유림들에게도 영향을 주어 교원토를 둘러싸고 전국적으로 분쟁이 있었다. 교원토 중 대구의 양사재 소유 토지처럼 지역민들이 사적으로 모은 공유지를 다시 사유지로 되돌리지 못할 바에야 학교비로 보충해서 지역의 공공재산으로 사용하고자 한 경우도 있었다.582)

1907년 경상북도관찰사 이충구가 협성학교를 신축하면서 "유지비는 낙육재(樂育齋)와 양사재(養士齋)와 동서재 소유전답으로 처리(取用)하려 하는데 그중에서 동서재는 감영 이서(吏胥)들이 일하던 건물(廳物)이라 소유재산을 지키기 위해 수창(壽昌)학교를 따로 세웠다"라고 하였다.583) 동서재는 감영이서가 근무하는 건물이 아니라 사숙이나 향교의 학생 기거 시설이었다. 이서가 근무한 건물은 감영 공해 내에 있는 건물로 동서재가 아니라 경상감영 내 무너진 동서청으로 보인다. 감영이속은 향리인 동반이속, 가리인 서반이속으로 나눠져 있었다. 1907년 이충구는 경상감영 동·서청 자리에 협성학교 설립을 추진한 것도 빈공해가 되었기 때문이었다.584) 관찰사 이충구는 이서층이 동·서청 자리에 협성학교 설립을 반대할까 걱정하여(觀察使는 慮其反對滋擾ㅎ야) 수창학교 설립을 탐탁지 않게 생각했다.585) 또한 협성학교를 2/3 건축한 상황에서 경비가 부족한 상태였다.

이서직이 세습되던 시절에는 이서들의 직무와 관련하여 이서층 자제 교육을 실시하였다. 수창학교를 따로 세워 구 이서 자손을 가르친다는 기사(壽昌学校를 別設ㅎ고 舊吏子孫을 敎授ㅎᄂ 舊吏子孫을 敎授ㅎᄂ)에서나 대구 인근 자인현에 이서의 자손을 교육시키는 기관인 통재가 있었다. 일정한 교육을 거친 이서층의 자녀들이 통인으로 등록되었고 그 후 일정기간 수습 기간을 마친 후 이안에 등록되었다.586) 공문서나 이서의 역할에 대해 자세히 안내하는 별도의 이서교육 교재가 있어587) 지역마다 이서교육이 진행된 것으로 간주하고 있다. 시대의 변화로 이서의 지위가 불필요해진 상황에서 기존의 이서교육이 불필요하게 되어 교육의 변화가 불가피한 상황이었다. 이처럼 수창학교는 이서층의 새로운 교육이 필요해서 학교가 설립되었다.

수창학교와 협성학교를 두고 "도내 유림과 이서 두 부류("道儒와 吏胥의 二部를)로 나눠 몇몇 개혁파로 밀접하게 상의 중"이라는 내용(任某做過ㅎ고 內容으로는 幾個改革派로 密接商議中인듸")으로 봐서 대구경북 유림과 이서층이 나눠져 있었던 것을 알 수 있고 협의라는 면에서 두 집단 간은 수직적인 관계는 아니었다고 볼 수 있다. 조선말 전임수령이 임지를 떠나기 전에 새로 이서를 임면하는 것으로 이서의 임면 방식이 변경되면서 이서에 대한 유림의 영향력은 줄어들었다. 또, 군포제가 호포제로 변하여 사족들에 주어지던 특혜가 축소되었다. 신분에 의한 것보다는 재력을 형성한 평민층 등이 지방사회 세력으로 등장하기 시작했고 지방의 몰락한 사족 중에는 하층 관리로 진출하기도 하여 유림층, 이서층의 구분이 명확하지 않았다.

관찰사나 유림이 세력이 강하였다면 이서층이 설립하는 수창학교를 제지할 수 있었을 텐데 경상북도 관찰사 이충구가 수창학교 설립을 막지 못하였다.[588] 또, 이서층 중심의 수창학교에 일부 유림이 운영에 참여한 것으로 봐서 대구지역에서도 유림과 이서의 구분이 불명확해지고 있었다.

통감부는 1908년 대구 외 4곳에 재무감독국을 설치하였고 그 밑에 231개소의 재무서를 두어 탁지부 대신의 지휘 아래 세무와 재무를 감독하게 하였다. 재무감독국장은 모두 일본인이었고, 재무서장도 대부분 일본인을 임명하였다.[589] 재무감독국 신설은 갑오개혁 이전 행정권, 재판권, 경찰권과 함께 징세권을 갖고 있던 지방관의 권한에서 징세권을 먼저 박탈한 것이었다.[590] 통감부에 의해 지방관의 권한이 점차 축소되었을 뿐만 아니라 백성들이 지방관에 대하는 저항도 이전과 달랐다. 영남지역의 단성지방 등 여러 민란에서 보듯이 부세제, 지주제 등으로 인한 구조적 모순은 그대로 남아 있어 지역사회 내부에는 강력한 저항의식이 있었다. 구한말 지방관의 권한과 유림의 영향력이 줄어든 상황에서 해산 군인과 신분적으로 불안한 이서들이 학교 설립에 나서게 되었고 대구지역에는 수창학교가 그 사례였다.

2. 퇴역 군인과 경상감영 이서 중심의 설립

영남지역 유림 중에는 교원토가 공립학교에 사용되는 것을 반대하는 상소를 올리면서 신교육에 대해 노골적으로 반대를 하였다. 이일우와 김광제가 영남지역은 보수적이어서 개화를 위한 신교육이 어렵다고 토로한 이유가 타 지역보다 근대교육에 대한 저항이 강했기 때문이었다. 이 같은 영남지역의 상황을 감안하여 김광제 등은 1906년 대구 광문사를 먼저 설립하고 이를 중심으로 학교 설립을 학부에 보고하는 방식을 취하였다. 이를 알게 된 고종이 학교 설립 지지의 조칙과 하사금을 전하자 대구 경북지역 유림들이 근대교육에 적극 동참하게 되었다.[591]

대구 유림들이 참여한 초기의 학교인 1906년 대구사립사범학교 설립 시에 참여한 발기인 65명의 명단이 전해진다. 그중에 벼슬을 하지 않았던 사람은 2명밖에 없었다. 대구에는 경상감영 내 관직을 한 사람들이 많아 학교 설립에 참여한 전현직 관료 비율은 타 지역의 전현직 관료 학교 설립 참여 비율의 평균인 65.6%보다 더 높았다. 이는 수창학교 설립에도 그대로 나타났다.

수창학교 설립 주관자는 전 사과(前司果) 서흥균, 오유창, 사과(司果) 최처은, 정래욱, 서기하와 전 정교(前正校) 오세린, 전주사 서봉기로 이름을 밝혔다. 정교는 지방부대인 진위대의 하사를 말하는 것이었고 사과는 정6품의 군사직이었다. 주사는 흔히 행정하급관리를 부르는 말로 근대 학교 설립에 참여한 주요 직종이었다. 수창학교 설립 시에는 협성학교 설립이나 대구사범학교 설립 등과 달리 군사직이 학교 설립에 대거 참여하였는데 이는 드문 사례였다. 동래부에 퇴역 군인이 주축이 되어 창설한 기영회라는 학계가 있었다. 그들이 설립 주도한 동명학교의 참여 인사 중 군인 출신이 차지하는 비율은 전체 절반 정도이지만 수창학교의 경우 설립 주관자 중 서봉기를 제외하고는 전부 전현직 군사직이었다. 수창학교 설립 시 교장은 서봉기, 교감은 서흥균이었다.[592] 서봉기, 서흥균, 서기하는 공립대구보통학교의 학무위원이기도 하였다. 학무위원은 공립보통학교로 학생들을 입학시키는 일을 도왔다. 보통학교가 일본어를 가르치는 학교라는 이유로 조선 학생들이 입학을 기피하는 상황이 벌어지자 군수와 각 면마다 할당하여 학생을 보통학교로 입학시키고자 하였다. 서봉기, 서흥균, 서기하가 공립대구보통학교 학무위원에 임명된 것은[593] 융희 2년(1908년)으로 수창학교 설립 후였다. 학무위원은 관찰사가 임명하고 관찰사와 회의를 하도록 법적으로 정하고 있었으며 직무를 태만히 하거나 체면을 손상시키는 경우 해임하도록 하였다.[594] 일부 지역에서는 회의 결의 시 2/3 이상 출석해야 가능했기 때문에 다수가 불참하기는 어렵다. 서봉기, 서흥균, 서기하처럼 대구지역 계몽활동과 함께 학무위원 등으로 통감부 시기 협력 조직의 참가한 경력이 있지만 구체적인 학무위원의 활동 사례는 찾을 수 없어 일제의 협력 체계에 노골적으로 앞장섰다고는 단정 지을 수는 없다.[595]

당시 개화지식인 중에는 일본의 제국주의적 지배에 대해서는 반대하지 않거나 혹은 허용을 인정하면서 조선의 진보만을 위한 행동을 하였다. 대한협회가 일본인 오가키 다케오(大垣丈夫)를 고문으로 고용한 것도 일본의 침략 의도를 간과한 채 개화만을 중요시한 것이었다. 오가키 다케오는 애국지사의 활동을 국가에서 정한 법률 테두리 안에서 무력 항쟁 투쟁 대신 교육, 식산 등으로 계몽활동을 할 것을 강조하였다. 그는 애국지사들이나 또는 당대에 영향력 있는 사람들을 대한자강회, 대한협회의 회원(會員)으로 만들었고 일부 인사들은 일본 침략자의 탄압 회유정책이 강화됨에 따라 개량주의적이고 타협주의적인 방향으로 전락하기 시작했다.[596)

수창학교 설립을 주도한 서봉기, 서흥균 등은 대한협회 대구지회 설립에 주도적이었다. 수창학교 설립 관계자 중 오세린을 제외한 전부가 대한협회 회원이었다. 서봉기가 대한협회 대구지회 부회장이었고 정래욱(鄭來郁)이 회계였고, 평의원 서흥균, 서기하 등이었다.[597)

위의 수창학교 설립취지서에 이름이 기재된 사람들뿐만 아니라 이서들이 설립에 참여하였다. "대구수창학교는 이왕 감영 리속이 그 소유한 공공재산으로 설립하였다"는 기록이 있다. "이왕 감영 리속"이라는 것은 조선 왕조의 경상감영 이속을 말한다. "이서 중 완고한 몇몇이 소유재산을 지키기 위하여 수창(壽昌)학교를 따로 세우고"라는 기사에서도 이서층이 학교 설립에 참여한 것을 알 수 있다.

수창학교 취지서에 "원래 많은 백성들이 계를 모아 서당을 지었는데 이미 백 년이나 오래되었다"고 학교의 유래를 말하였다. 수창학교 설립은 종전의 달성학교나 협성학교 등과 달리 관이 간여하거나 주도한 것을 찾아볼 수 없다. 수창학교의 근원이 되는 서당이 개인 자영서당이 아니라 지역 주민들이 계를 모아 설립한 마을조합서당이어서 수창학교는 기존의 관찰사들이 간여한 학교들보다 더 자발적이고 민립적인 성격이 강한 학교였다.

3. 서당에서 변한 수창초등학교

조정이 통감부 손에 넘어간 상태에서 조선 백성은 국난을 극복하기 위한 방편으로 민간인 주도의 사학에 기댈 수밖에 없었다. 사학 중에서 서당은 천 년 이상 역사를 가진 교육기관으로 문자 보급의 공적인 면에서 향교 이상으로 중요하였다.[598] 서당은 과거 응시를 준비하는 기관이라는 부정적인 면도 있었지만 과거제가 폐지된 후 종래의 단순한 한문사숙의 공간에서 벗어나는 곳도 있었다.

보통학교가 설립되었지만 입학 학생의 수는 증가하지 않아 사숙에 대한 폐지가 주장되고 있었기에 서당은 변화할 수밖에 없었다. 수창학교 설립취지서에 "문학을 숭상하고 양성하는 실상이 오히려 사숙 중에 최고라 할 만하였는데 요즈음 시대가 달라지니 사물도 어찌 따라 변하지 않겠는가"라고 하여 대구의 서당도 변하는 것을 알 수 있다. 또, "본 군 가운데 예부터 동재(東齋), 서재(西齋) 두 집이 있었는데 바로 사숙(私塾)이라" 하면서 구체적으로 사숙을 언급하고 "두 집을 부수어 하나의 학교를 지어놓고 수창학교라 이름을 짓고 學학부에 올려 인허를 받는다"고 하였다. 이처럼 설립취지서에 의하면 수창학교는 대구향교가 아니라 대구의 서당에서 시작되었다.

일본의 교육 침탈이 심해지자 서당은 청소년에게 정치적 각성을 깨우치고 민족의식과 독립사상을 고취하는 장소로 이용되거나 근대적 사립학교로 개편되었다.[599] 서당은 기본적으로 민중의 창의와 자주를 바탕으로 운영되는 초등교육기관으로 각 도시는 물론 전국의 촌락에 널리 존재했고 국민교육에 중요한 위치를 차지하였다. 초등교육시설이 부족한 상황에서 서당을 폐지할 수 없게 되자 통감부는 1908년 서당관리에 관한 규정을 반포하여 학과, 학습 시간, 학습 내용 등을 관리하였다.

이 시기에 마을 단위에서 운영하던 서당, 마을 사숙과 이를 운영하기 위한 학전, 학계, 마을계를 통합하여 사립학교를 설립한 경우가 많았다. 강명숙의 연구에 의하면 분석 대상의 절반의 사립학교가 서당과 관련이 있어 특정 지역에 한정되어 나타난 현상은 아니었다.600) 사립중립학교, 사립명덕학교, 사립예동학교, 사립홍명학교, 사립오포균흥학교, 사립함흥관통학교, 사립동흥학교, 사립명신학교, 사립홍평학교, 사립대명학교, 사립유신학교도 서당 등의 마을 교육공간의 재편이었다. 18세기 후반 경제적 변화와 신분제의 혼란으로 비사족 중에서 부를 축적한 이들은 기존의 서당계를 활용하여 자신들의 자녀를 교육시켰고 새로운 학교 설립의 주체가 되었다.

수창학교도 서당계에서 유래되어 개인이 운영하는 자영서당보다 재정적으로 탄탄하였다. 이는 건물이 동·서재가 좌우에 배치되어 있어 공간적으로도 규모가 넓은 것에서도 알 수 있다. "학계경쟁"에서 수창학교는 동서재 재산으로 설립하였다고 하여 대구향교의 동서재에서 시작되었다고 생각할 수 있으나 수창학교 설립취지서처럼 동재, 서재는 서원이나 서당에서도 존재하였다. 또, 대구향교 동서재 공간의 존재가 명확하지 않고 대구향교와 수창학교의 관련 사료는 전혀 없다.

이에 "본 군 가운데 예부터 東齋, 西齋 두 집"인 사숙에서 수창학교가 시작되었다는 설립취지서에 근거하여 수창학교 개교 위치를 찾아보고자 한다.

4. 수창학교의 개교 위치

근대 학교의 개교 위치는 학교 성격과 밀접한 관련이 있다. 교회에서 출발한 학교는 설립의 주체가 기독교도여서 기독교 교육을 실시하였고 향교에서 설립된 학교는 유림들이 유교적인 교육을 실시하였다. 일반적으로 향교와 서원, 서당은 공립, 사립의 차이로 생각할 수 있고 향교에는 문묘가 있고, 서원에는 향사가 있었던 차이를 생각할 수 있다.

대구읍지에는 서원은 기록되어 있지만 서당은 찾을 수 없다. 대구 부내에 20여 개의 서당이 있었다는 기록이나 달명의숙, 일신의숙[601] 등 대구 부내 사숙이 존재하였고 사숙 중에는 측량교육기관으로 바뀌거나 시무학당처럼 근대교육을 실시하는 학교로 변했다. 그 이전부터 서당은 18세기 후반 기존의 사회체제에 불만을 가진 몰락한 양반이나 유랑 지식인들이 서민서당의 훈장이 되면서 교육 내용이 현실 인식 위주로 편성되었다.

근대 대구 지도 중 1907년, 1912년, 1917년 지도에서 수정(현재 수동)의 같은 위치에 학당(학교)이 표시되어 있다.

1912년 조선대구일반 지도 하단에 수창학교라고 표시가 되어 있는 곳이 <그림 20>의 동그라미자리로 수정(현재 수동)에 해당한다. 이 자리는 1907년 <그림 19> 지도의 학당 자리와 일치한다. 수창학교 설립 취지서에 서당(書堂), 사숙이라고 했는데 서당은 예로부터 내려오는 사설(私設) 한문교육기관으로서 학당(學堂), 사숙(私塾), 학방(學房) 등이라고도 하였다.[602] 그 후 <그림 21> 1917년 지도에도 1912년 지도와 같은 위치에 학교 표시가 있다. 수창학교는 1923년 5월 현재 위치인

수창동으로 이전 전까지 같은 위치인 수정에 있었다.[603]

〈표 30〉 수창학교 관련 지도 비교

〈그림 19〉 1907년경 한국철도선로	〈그림 20〉 1912년 조선대구일반	〈그림 21〉 1917년의 대구

서당 자리에서 시작한 수창학교의 위치는 아래 〈표 31〉과 같이 조선총독부 통계 등 각종 자료에서 서상면, 쇄환동, 수정으로 기록되어 있다. "당지 수정 사립보통학교"라는 기사와 "수정 수창보통학교 이전 후 대성학관이 그 자리에서 개관식을 거행했다"라는 신문 기사에서도 수창초등학교는 수정에 있었다는 것이 증명된다. 수창학교연혁지에 수정 83번지라고 구체적으로 기록되어 있어 이곳이 수창학교가 시작한 곳이다.

〈표 31〉 수창학교 위치 관련 근거 사료

설립일	위치	학생 수	조사 기준	사료
1910.5.	서상면	111	1910	朝鮮人敎育統計表(1911)
1910.5.13.	쇄환동	102	1910	대구거류민단보고
1910	수정			대구시사(1973), 수창학교연혁지 근거[604]

서상면은 조선 시대 동명으로 동네 범위가 넓었다. 서상면 내에는 남일동, 서내동, 계산동, 신동, 남중동, 북내동, 동산동, 달성동, 남하동, 남산동, 전동, 쇄환동, 남외동, 후동으로 나눠져 있었다.[605] 그중 쇄환동이 1911년 4월 일본식 이름으로 바뀌면서 경정, 수정으로 나눠지게 되었다.[606] 위 대구거류민단의 보고에 1910년의 쇄환동이라고 한 것은 행정구역 변경 전이었기 때문이었다. 수창학교의 위치를 서상면, 쇄환동이라고 한 것은 같은 곳을 수정을 시기에 따라 다르게 부르는 말이었다. 해방 후 행정구역개편으로 인해 수정에서 수동으로 바뀐 것으로 지번은 동일하다. 과거 희도학교가 수동 100번지에 있었으므로 그 인근이다. 토지변동의 합병이나 분할이 있어 희도학교 주소인 수동 100번지나 수창학교 주소인 수동 83번지는 현재의 지도에서는 찾을 수 없다. 다만 희도학교 위치에 희도맨션이 건립되어 전해져 오고 수동 83-1번지가 검색되고 있어 그 인근으로 추정된다. 현재 이 주변의 경신정보고등학교, 제일교회, 계산성당은 대구 근대교육의 출발지였다. 경신정보고등학교는 대구초등학교, 경혜여자중학교, 경북여자고등학교 등과 관련이 있고 제일교회는 종로초등학교, 신명여자중학교와 관련이 있으며 효성초, 효성여자고등학교 등은 계산성당과 관련이 있다. 대구의 많은 사립학교가 있었던 수동 인근에서 수창학교도 시작하였다. 수동의 지명 유래는 목숨 "수(壽)"를 사용하여 동명을 정한 것으로 수창학교의 수(壽) 자와 같다. 8·15광복 뒤인 1946년 일제 잔재 청산의 일환으로 수정(壽町)을 없애면서 수동으로 바뀌었다. 1963년 대구시 중구 수동, 1981년 대구직할시 중구 수동을 거쳐 1995년 대구광역시 중구 수동이 되었다. 수동은 법정동이고 행정동은 성내 2동이다.

대구향교의 상황을 살펴보면 수창학교 위치가 명확해진다. 당시 대구향교에 위치한 협성학교는 대구거류민단보고에 동상면 용덕동으로 되어 있고 대구시사(1973)에는 동본정이라고 하고 있다. 구한말 동상면 용덕동이 일본식 동명으로 동본정으로 변경한 것으로 그 위치는 지금의 태평로 1가이다. 그곳에는 협성학교가 있었다. 수창학교가 대구향교 내에 있었다면 동상면이나 동본정으로 기록되어야 하는데 수창학교 위치 기록은 서상면, 쇄환동, 수정이라고 하고 있다.

<표 32> 대구향교 주변 지도

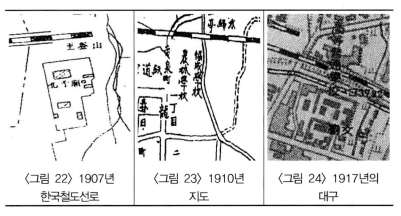

〈그림 22〉 1907년 한국철도선로	〈그림 23〉 1910년 지도	〈그림 24〉 1917년의 대구

대구향교에서 수창학교가 시작되기가 어려웠던 점은 이서와 유림 간의 갈등의 문제도 있었지만 대구향교 공간 협소가 문제였다. 수창학교 개교가 1907년 8월이었고 협성학교 대구향교 이전이 1908년 1월이었다. 1908년 협성학교가 대구향교 명륜당으로 이전할 수 있었던 것은 수창학교가 대구향교에 없었기에 가능한 일이었다. 아래 1907년 대구향교 배치에 보듯이 동서재의 존재가 모호하다. 전형적

인 전묘후학의 배치로 앞쪽에 공자묘(대성전)가 있고 뒤의 가로 긴 건물인 명륜당이 있었다. 동쪽의 작은 건물이 있지만 공간이 넓지가 않았다. 전국에서 규모가 크다고 알려진 나주향교의 경우에도 동서재 규모는 크지 않았다. 동래향교의 경우 동재가 명륜학교 부속 사무실로 사용한 것도 동서재는 교실로 사용하기에는 좁았다는 것을 말해 준다. 100여 명으로 시작한 수창학교 학생을 대구향교 동서재에 수용하기는 어려웠고 대성전은 성현의 위패를 모시는 문묘의 장소여서 학교 공간으로 사용이 불가하였다. 학교 시설로 사용 가능한 곳은 명륜당밖에 없었다. 명륜당에는 협성학교가 1908년부터 1916년까지 있었고 1910년도 협성학교 옆에 잠시 농림학교가 있었다. 이 밖의 대구향교 관련 재산서류에도 협성학교와 관련 내용은 있으나 수창학교와 관련된 기록은 전혀 없다.

또한, 수창학교는 통감부의 향교 탄압정책으로 향교에 설립되기 어려웠다. 1907년 정주향교가 오산학교에 지원한 것처럼 사립학교에 재정을 지원하는 향교가 늘어나자 통감부는 지역향교를 관장했던 장의, 재임 등의 직위를 없앴다. 이는 향교를 향교유림의 자치적 관할에서 관찰사 통제하에 두는 것이었다. 통감부는 객사나 향교 등 공공건물에 설립된 기존의 사립학교에 대해 관찰사를 거쳐 통감부 인허를 받도록 하였고 향교의 공토를 조사하여 학부로 귀속시키도록 하였다.[607] 공공건물에 학교 설립을 제한하려 관찰사를 거쳐 인허를 받도록 한 상황에서 경상북도관찰사 이충구는 수창학교 설립을 반대하였기 때문에 수창학교는 향교에 설립되기 어려웠다. 이충구는 전국관찰사 회의에서 보통학교로 학생들의 입학을 독려하도록 지시받아 보통학교로 학생을 입학시켜야 하는 상황에서 수창학교 설립에 반대할 수밖에 없었다. 이충구 관찰사는 1907년 음력 8월 19일 수창학교개교식에 참석하지 않았으며 오히려 수창학교운영에 방해를 한다고 비난을 받았다.608) 이듬해 3월 공립대구보통학교 수료식에 참석하여 시상을 한 것과는 대조적이다.609)

위에서 보았듯이 수창학교는 대구향교 건물배치구조에 없었고 구한말 지도에 수동지역에 위치하였다. 또, 향교를 탄압했던 당시 상황에 비추어 봐도 수창학교는 대구향교에서 시작한 것이 아니라 수창학교 설립취지서대로 지역의 사학인 서당(지도의 학당)에서 학교가 시작되었다.

5. 순종의 간접적인 학교 지원

수창학교가 설립되는 시기인 1907년 8~12월 3개월간 전국적으로 323차례 의병의 전투가 있어 의병항쟁이 활발히 전개되었다. 1907년 한국 군대 해산 이후 일본군이 의병 진압을 하면서 의병들의 많은 피해가 있었다. 순종은 선유사를 파견하여 의병들의 귀가를 종용하는 훈유를 하였다. 순종은 "의병 활동은 옳고 그름을 분명히 하자는 것이지만 난을 일으킨 것은 옳지 않고 의병활동을 하는 것은 교육을 받지 못한 것에 있다"라고 말하며 "고향으로 돌아가서 식산・흥업・교육의 일을 연구하라"고 말하였다. 순종의 훈유는 무장 항쟁보다 실력을 기르자는 것이었다. 수창학교 설립 인사들도 "학교를 설립하는 것이 분명히 나라의 큰 정사(政事)임은 어느 시대이든 그렇지 않은 경우가 없는

데, 지금 시국에서는 더욱 분명한 일이요, 진실로 시급한 일이다"라고
하여 교육을 급무로 생각한 순종과 뜻을 같이한다.

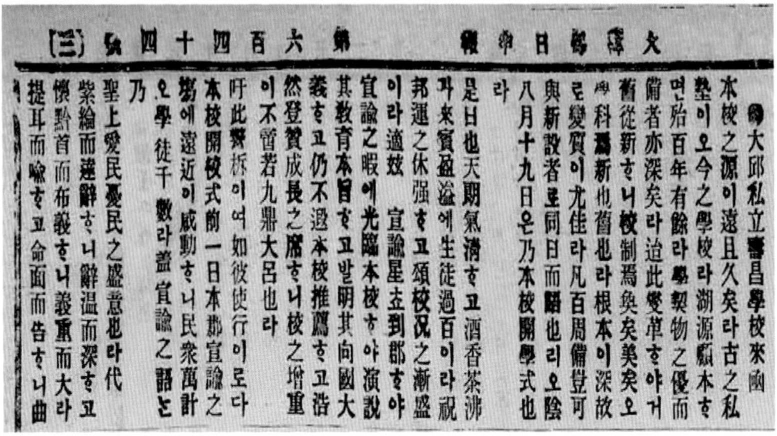

〈그림 25〉 대구수창학교 개교식의 선유사 참석. 대한매일신보, 1907년 10월 22일

경상도 지역에서 활동하는 의병들에게 훈유(訓諭)를 하던 선유사
김중환이 수창학교 개교식에 참석하였다. 김중환은 이용익이 설립한
보성학교의 교장 출신이었다. 김중환은 수창학교 개교식에서 교육에
대한 임금의 뜻을 대신 전하고 양지(洋紙)를 넉넉히 나눠주었다.[610]
조선 시대 학습에 필수적인 종이는 임금이 하사품으로 내렸던 물건
중의 하나였다. 조선 시대 후료아문의 벼슬아치와 성균관의 선비들에
게 매달 주던 삭지가 있었고 윤선도의 하사첩에 종이가 포함되어 있
었다.

수창학교 개교식에서 선유사의 연설을 들은 대구지역 학생들과 지역
민들은 임금의 우민애민 마음을 접하게 되었고 임금의 뜻을 따르려는

생각을 가졌다고 한 것이나 황제의 칙령이 교육을 위한 것이라고 수창학교 설립취지에 말하는 것은 충군사상에 근거한 것이다.

현재 수창학교는 충군사상을 순종의 남순행시 구출사건과도 관련짓고 있다. 남순행시에 수창학교 학생들이 종로바닥에 누워 순종 순행을 저지했다는 근거로 아래 <그림 26> "부산인민의 충심"이라는 기사를 제시하고 있다.[611] 이 기사는 남순행 중 순종이 일본으로 끌려간다고 생각한 부산지역 어부들이 어선을 동원해 군함을 포위하려 한 내용이다. 수창학교와 관련된 내용은 전혀 없다.

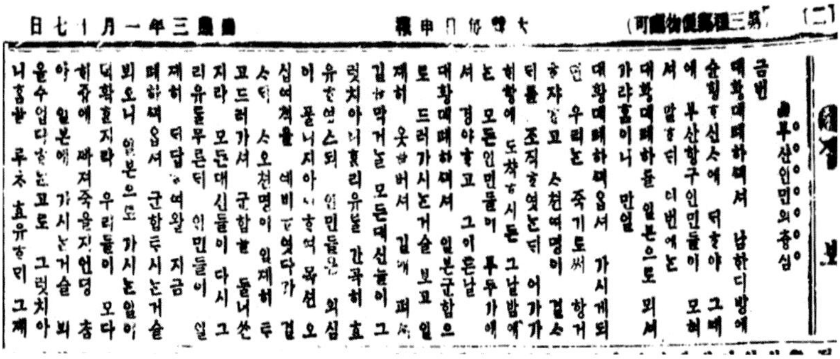
금번 ◎부산인민의츙심 대황뎨폐하께셔 남한디방에 슌힝ᄒᆞ신ᄯᅢ에 뎌ᄒᆞ야 그ᄯᅢ에 부산항구인민들이 모혀셔 말ᄒᆞ되 이번에는 대황뎨폐하를 일본으로 뫼셔가랴홈이니 만일 대황뎨폐하께옵셔 가시게되면 우리는 죽기로써 항거ᄒᆞ쟈ᄒᆞ고 ᄉᆞ쳔여명이 결ᄉᆞ대를 조직ᄒᆞ엿는ᄃᆡ 어가가 부산항에 도챡ᄒᆞ시든 그날밤에는 모든인민들이 투두가에셔 경야ᄒᆞ고 그이튼날 대황뎨폐하께셔 일본군함으로 드러가시는거술 보고 일제히 옷슬버서 길에 펴셔 길을막거늘 모든대신들이 그럿치아니ᄒᆞᆷ을 리유놀 간곡히 효유ᄒᆞ엿스되 인민들은 의심이 풀니지아니ᄒᆞ여 목션오십여척을 예비ᄒᆞ엿다가 결ᄉᆞ대 ᄉᆞ오쳔명이 일제히 ᄯᅡ로드러가셔 군함을 둘너싼지라 모든대신들이 다시 그리유를무른ᄃᆡ 인민들이 일제히 ᄃᆡ답ᄒᆞ여왈 지금 폐하께옵셔 군함으로 가시는거슬 뵈오니 일본으로 가시는일이 뎍확ᄒᆞᆫ지라 우리들이 모다 히중에 ᄲᆞ져죽을지언뎡 츙아 일본에 가시는거슬 뵈올수업다ᄒᆞ는고로 그럿치아니ᄒᆞᆷ을 루ᄎᆞ효유ᄒᆞ미 그제

〈그림 26〉 철로저지관련 수창학교 외벽 자료,
대한매일신보 1909년 1월 17일 "부산인민의 충심"

대구 학생들의 순종 남순행 저지 모의 사건은 통감부 기록문서인 "한국황제남순관계서류의 "이토통감 연설후의 반향 및 봉영상황" 자료에서 유추할 수 있다.[612] 이 문서 <그림 27>에는 수창학교 학생이라고 말한 것이 아니라 "대구지역 학생 중에 한국 황제 순행 저지를 위해 철로를 베고 누워 저지하였다(大邱ノ學生中 鐵路ヲ枕トシテ之ヲ沮止セント

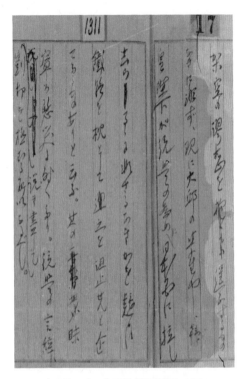

企ラタル事)"고 기록되어 있다. 대구지역 내 충군을 표방한 협성학교와 수창학교가 있어서 수창학교 학생일 경우가 포함될 수 있기는 하나 철도 옆에 위치한 협성학교도 해당되는 내용으로 확실하지 않다.

남순행 저지 모의 사건을 전해들은 순종이 은사모를 수창학교에 하사하였다고 하나 시기적으로 맞지 않고 은사첩 같은 기록의 근거는 없다. 순종의 재임 시기에 학생들에게 모자를 하사하였다면 순종이 남순

〈그림 27〉 대구학생항일관련 사료
〈통감부문서 9권〉 8. 한국황제남순관계서류

행 이후 순종의 재위기간은 1년여 사이였다. 이 시기는 단발에 대한 백성들의 저항이 심하여 단발을 감행한 안동의 협동학교 교원이 의병에게 살해를 당하기까지 하였다. 순종이 표면적으로 단발을 권하기는 하였지만 단발한 사람들이 상투 대신에 쓰게 된 모자를 수창학교 학생에게 준다는 것은 백성들의 정서와 맞지 않다. 또 다른 설은 남순행 저지 모의사건을 전해들은 순종이 경성제국대학 모자를 수창학교 학생에게 쓰게 했다는 것이다.[613] 경성제국대학은 1924년 개교를 하여 순종이 남순행을 한 1909년과 시기적으로 맞지 않고 경성제국대학은 일본 식

민지하 국책대학이어서 항일을 주장한 수창학교 학생들의 활동과도 반대된다.

하사금과 관련한 내용도 수창학교만 별도로 하사한 것이 아니라 "남부 지방 순행(巡幸) 시 각도 관찰사에게 내린 조칙"이나 "하사금조례"에 의하면 대구지역 학교 교육을 위해 하사한 금액은 이천환이었다.614) 박중양이 자의로 보통학교 설립에 하사금을 사용하려 하자 기존 학교에서 반발이 심하였고 박중양이 설립하려던 제2 보통학교가 별도로 설립되지 않아서 수창학교도 하사금 교부대상학교에 포함되었을 것으로 여겨진다. 이처럼 수창학교의 남순행 관련 저지 모의사건과 은사모, 하사금 등은 직접적인 관련 자료를 찾을 수 없지만 남순행 저지, 하사금 등은 간접적으로 연결되는 부분이 있다. 또, 선유사가 개교식에 참석하여 종이를 하사한 점은 수창학교에 대한 순종의 지지와 관련이 있었다.

6. 수창학교의 항일활동

1909년 1월 이토통감은 순종을 앞세워 남순행, 서순행을 하면서 전국적인 민심을 파악하였다. 통감부 보고에 의하면 추풍령, 대구, 부산 도착하는 곳마다 "연도에 한일 국기가 걸리고 만세 소리가 울렸다"라고 하였다. 순행 사절 영접 시에 학교마다 한일 국기를 게양하도록 하였는데 수창학교는 일본기를 게양하지 않았다. 수창학교처럼 일본기를 게양하지 않은 학교는 도산 안창호가 설립한 평양의 대성학교였다.

경상북도관찰사 박중양이 일본기를 설치하지 않은 수창학교를 폐교
하겠다고 하였고 대성학교 역시 폐지가 거론되었다. 대성학교는 "일본
기 병치를 따르는 것은 자국 주권의 존엄을 경시함이며 자국 민족의
이성을 박탈함이니 일본기 병치를 따라 수만 원의 상을 받으며 수백
년의 유지를 얻으면 형식상 대성학교는 수명이 장구하다 할지나 정신
상 대성학교는 폐멸한 지 이미 오래된 것이다"라고 말하였다.

일본기 병치를 하지 않은 것을 두고 일본인 신문 기자들이 회동하여
일본기를 게양하지 않은 대구와 평양의 학교에 대해 성토하는 연설회
를 개최하였다. 남순행을 하기 전에 학부 훈령으로 일본 국기 게양을
지시하였고 순사를 파송하여 위협하였던 상황이어서 일본기 게양을 거
부하기가 쉽지 않았다. 일본인이 국기 게양을 문제 삼은 것은 "이토는
일본 황제의 명을 받든 것으로 순종과 동일한 것"으로 생각하였기 때
문이다. 반면, 수창학교 학생을 비롯한 한국인은 충군사상에 의해 황제
순행길에 다른 나라 국기를 들면 불충하다고 생각하였다.

이 외에 "수창학교 학교장, 교주, 일반임원인 일본인 교사 야나기쿠
마타로(柳熊太郎)와 좋지 않은 감정이 있어 수창학교 학생 일동이 일
본인 교사를 반대하기 위하여 일제히 학교를 나갔다"라고 하는 것에서
수창학교 학생은 항일적인 성향이 있었던 것을 알 수 있다.615)

수창학교는 학생 저항뿐만 아니라 교사의 저항의식도 엿볼 수 있는
사건이 있었다. 1909년 이토통감 10월 저격 후 대구지역 인사 50여 명
이 모여 이토의 저격에 대해 일본에 사과해야 한다는 발언을 하자 수
창학교 교사 우모(禹某) 씨가 이토는 일본을 위해 노력한 인물로 저격
에 대해 사죄할 필요가 없다고 발언을 하였다.616)

대구지역 계몽단체인 달성친목회가 학교운영에 참여한 것도 수창학

교의 성격을 엿볼 수 있다. 대구지역의 식산과 흥업을 내세우며 설립된 달성친목회가 1909년 9월 수창학교를 양수하였다.[617] 달성친목회는 "오늘날 지사의 교육과 실업에 주의함이여, 일찍이 깨닫고 일찍이 분발하여 서양에서 온 문명을 흡수하였던들"이라고 후회하면서 국권회복을 위해 농·공·상업의 실용학문을 가르치려 하였다.[618]

대한협회, 서북학회 등 교재 출판이나 재정, 인력 지원 등으로 사립학교를 뒷받침하는 계몽단체가 지역마다 있었고 대구에는 광문사 이후 달성친목회가 그 역할을 하였다. 달성친목회는 달성친목회관 내에 청년체육구락부, 법률야학강습소를 설립하였고 달서여학교, 대구연합회운동회, 교사강습회를 지원하면서 대구지역 계몽을 위해 노력하였다. 달성친목회 개회식에 교남교육회가 뜻을 같이했고 달성친목회 주관 법률야학강습소의 교재로 보성전문학교강의록을 사용하면서 전국적인 계몽활동에 보조를 같이 하였다. 교육구국운동의 시대적 분위기 속에 1909년 측량야학 2곳, 노동야학이 1곳이 수창학교에서 운영되었다.[619] 달성친목회의 수창초등학교 양수 후 실업부를 조직하게 되어 수창학교는 학생뿐만 아니라 일반인까지 교육하는 사회교육 공간이 되었다.

7. 신구학문의 조화를 꾀하는 교육

1907년 수창학교의 설립취지에서 "구(舊)가 있어야 신(新)이 있고, 신(新)이 있어야 舊가 있는 것"이라고 하면서, "구학(舊學)은 신학(新學)의 근본이며 신학은 구학을 보다 발전시킨 것"이라고 하였다. 이는 새로운 것을 추구하는 시대 상황과 달리 구학에 기반하여 신구 절충을 주장하는 것이었다.

구학을 고집하다 문제가 발생하였으니 구학을 폐지하자는 타 학교의 설립취지서에 비해[620] 수창학교는 "구학을 갑자기 쓸데없다고 치부하고, 그저 신학이 구학에 절대 배치되므로 신학이 제대로 된 공부라고 한다면 나는 믿지 못하겠다"라고 하여 구학 존중을 설립취지에 밝히고 있다.

학교 간 설립취지서 비교에서도 수창학교가 추구하는 방향을 알 수 있다. 달성학교 설립취지서에는 "넓은 지식을 보고 듣지 못하고 뛰어난 재주나 특별한 기구를 만드는 기술이 얕고 짧아서 혹 그 사이에 배우고자 하는 사람이 나와도 재주를 제대로 배울 수 없어 애석하게 생각해 온 것이 오래다"라고 하면서 "나라의 문명과 풍속을 모두 고쳐보고 새롭게 바꾸고 성취하자"라고 하였다. 달성학교는 신기술이나 재주를 배울 수 없는 구학의 한계를 말하면서 신학문을 수용하는 것만이 대안이라는 논리인 반면 수창학교는 구학과 신학의 양립을 주장하였다.

비슷한 시기에 설립 운영된 협성학교 설립취지서에는 "천하의 문자·언어에 통하고 만국의 교제·법률에 통달하며 상공·술수·후생·이용의 시무(時務)에 이르러서 모두 통달하지 않음이 없게 함이 대개 시(詩)·서(書)·육예(六藝)의 범위를 벗어나지 않는다"라고 말해 근대교육과 구학문(시, 서, 육예) 간의 범위를 밝혔다. 수창학교는 "신구 두 학문은 서로 표리로서 명분과 실리가 되어야" 한다고 하고 새로운 것이 옛것을 무시하면 편벽한 것"이라고 하며 신구학문은 불가분의 관계임을 말하였다.

협성학교는 신학문인 시무를 배우는 것이 구학의 범위 내에 있다고 말하기는 하였으나 신학문을 배우는 것을 우선으로 삼은 반면에 수창학교는 15세까지는 한문을 먼저 배우게 한 후 15세 이상이 되었을 때 외국어와 신학문을 배우도록 한 점이 달랐다. 설립취지서상에 의하면 달성학교는 신학문 중심으로 수업을 하는 것이고 협성학교는 동시에 신구학문을 배우는 것이었으며 수창학교는 구학을 먼저 배우도록 하자는 것이었다.

한문은 당시에 구학을 대표하는 것으로 기존의 사서오경을 기본으로 하기 때문에 성장하는 학생에게 유교 중심적인 가치관을 형성한다. 한문을 먼저 익혀 유교 중심적인 가치관이 성립된 후에 신학문을 배우는 것은 가치관이 형성되지 않은 상황에서 일본어를 포함하여 신학문을 배우는 것과는 차이가 있었다. 대구지역 일본 세력에 맞서 흥학활동을 주도하였던 신태휴 관찰사가 한문을 익힌 후에 외국어와 시무교육을 배우자고 한 주장을 수창학교에 실현한 것이었다.

공립보통학교는 한문을 적게 가르쳐서 진학을 시키기를 꺼려했던 상황에서 수창학교의 평균 재적 학생 수가 100여 명 이상이었던 것은 학생들이 한문을 우선 가르치는 수창학교를 선호하였기 때문이었다. 구학을 존중하는 수창학교의 설립취지는 대다수 학교가 일본어를 가르치고 개화지상주의로 치닫는 통감부 시기에 전통을 고수하려는 수창학교의 설립 정신을 보여주는 것이었다.

8. 서당계 토지와 기부금을 활용한 재정운영

수창학교 설립에 경상감영 이속의 재산이 기반이 되었다고 하지만 현재 경상감영 이속 소유재산은 알 수 없다. 다만, 대구향교재산 목록 조사에 대구향교 소유의 일부 부속 토지의 유래와 변천이 기록되어 있어[621] 경상감영 건물 내 해당되는 부속 토지가 있었던 것을 알 수 있다. 이에 의하면 "낙육재 토지는 원래 경상감사 시대에 도내 유림의 교육비에 충용시킨 재산으로 그 후 경상감사 제도의 폐지와 함께 관찰사에 의해 사립협성학교의 기본재산으로 교부(交附)하였다"라고 기록되어 있다. 또 다른 교원토인 양사재 재산 역시 사립협성학교로 합쳐졌다. 양사재는 대구지역 16개 문중이 모금하여 구입한 토지여서

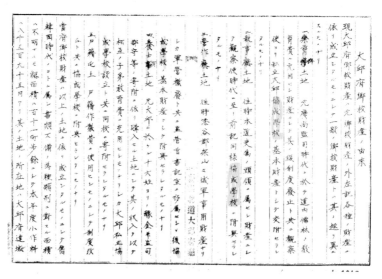

〈그림 28〉 대구향교 및 경상북도감영 교원토 사용,
『향교재산 지방시설 관계철』, 1923년

경상도 전체를 대상으로 하는 협성학교보다는 대구지역 학교 재원으로 사용되기를 바라는 의견이 있었지만 결국은 사립협성학교로 부속되었다.

교원토 이외에 행정제도 개편으로 인한 집사청, 영작청 토지 역시 사립협성학교의 재산으로 변경되었다. 집사청 토지는 경상북도 감영 이속(吏屬)의 두령에게 속한 재산이었다고 하나 이 역시 경상북도관찰사 시대에 이르러 협성학교 재산에 더해졌다. 군영철폐 이후 사용처가 없어진 가산산성 사용토지인 영작청 토지는 감영수서기실로 이속(移屬)하여 협성학교 기본 재산으로 하였다. 경상감영 내에 토지들이 협성학교로 부속되었고 그중에 수창학교 설립주체들과 관련이 있는 집사청 토지도 협성학교로 부속되었다.

수창학교는 문부 조사에서 학교 재산 중 "소현원의 토지", "학교 소유 논"이라는 말이 나와 있어 별도의 학교 소유 토지가 존재한 것을 알 수 있다. 서원 철폐 이후 서당이 서원 역할을 대신하는 경우가 있었고 서당계가 식리(殖利)로 재산을 증식하기도 하였다. 수창학교 설립 시에 7명의 이름이 적혀 있어 대구사범학교나 협성학교처럼 기부금이 모금되었을 수가 있다. 이후 학교 운영 보조를 서상하를 비롯하여 이재옥(李在玉), 마기흥(馬驥興), 이일우(李壹雨), 서상춘(徐相春), 이종면(李宗勉), 서병규(徐丙奎) 등이 수창학교에 기부하였다. 대구 소재의 사립협성학교였지만 경상북도 감영의 재산의 후원을 받는 공립적인 성격이 강한 사립학교였던 반면 계에서 유래한 수창학교는 지역 인사들의 기부와 지역 단체 달성친목회가 협력 운영하는 민립적인 학교였다.

달성친목회가 1909년에 수창학교를 양수하였지만 통감부의 보조지정학교 정책에 의해 1910년 수창학교는 보통학교로 지정되어 통감부로부터 보조금을 받았다. 통감부는 학교의 연혁, 학생정원, 학년별 재적자 수, 출석자 수, 졸업자 수 및 졸업 후의 상황, 1년간 수지예산, 유지 방법 등을 해당 학교장으로부터 제출받아서 보조금을 지원하였기 때문에 수창학교는 비교적 안정적으로 학교가 운영되었다.[622] 수창학교만의 세출 상황 기록은 없지만 1910년 경상북도 지역 보조지정보통학교 재정지출에 수창학교가 포함되어 있어 추측이 가능하다. 아래 <표 33> 1910년 경상북도지정보통학교 세출예산표 4개교 운영비 중 급여가 4,400원이었다. 교당 급여로 지출되는 비용은 1,100원이었다. 1개 보조지정보통학교당 일본인 1인, 한국인 1인이 배치되었고 일본인에게 지급되는 봉급은 국고에서 지원되어 동일하였다. 아래 <표 33>에서 경상북도지정보통학교 4개교의 봉급 이외 연간 세출 금액은 총 2,793원이어서 4개교의 평균재정은 673원이었다.[623]

〈표 33〉 경상북도보조지정보통학교 세출예산표(1910년 기준)

항목	비품비	문구지필묵	소모품	운반통신비	잡금잡비	영선비	의식운동회	예비비	급여	총계
금액(엔)	248	44	274	12	1834	97	146	137		
소계	2,793								4,440	7,233

1910년 수창학교에는 학부에서 파견한 교원 이외에도 한국인 교원 3명이 더 있어서 자체 교원 급여 예산이 필요했다. 갑종공립보통학교 운영비 잡금잡비에 200원 정도 계상하여 직원 급여를 사용하였다는 설명이 있어 직원급여가 잡금잡비에 포함된 것을 알 수 있다.[624] 학부에서 파견한 교사들에게 지불한 급여가 가장 많았고 잡금잡비가 그다음

이었다. 이는 「사립보통학교 설립에 관한 통첩」에서 알 수 있다.

「사립보통학교 설립에 관한 통첩」에 따르면 2학급의 사립학교 소요 기준액이 1,200원이었다. 그중에 일본인 교장은 월봉 40원, 조선인 교원 2인의 평균 월봉은 15원으로 총 840원을 기준으로 하였다. 급여가 경상비 전체 70%에 달한다. 사립이리, 다동, 삼흥, 내수, 장백, 주북, 조양보통학교에서 일본인 월 급여가 40원이 지출되었고[625] 조선인 교원은 15원 전후 지출되어 전체적으로 비슷한 양상이었다.

수창학교의 1910년 결산에 의하면 연간 총 재정지출이 1,788원이었다. 보조지정으로 인해 통감부에서 지원되는 교원 급여 1,100원을 제외하면 688원이었다. 1910년 사립학교법에 의해 교(장)원의 이력, 교과목 등을 명시하게 되어 일본인 교사를 배치할 수밖에 없는 상황에서 일본인 교원 급여는 재정 악화를 가져왔다. 자체 예산으로 일본인 교원을 고용하고 있던 수창학교가 보조지정공립학교로 된 이후 일본인 교원의 급여를 통감부로부터 지원받았기 때문에 자체 예산을 절감할 수 있었다.

통감부는 사립학교를 통제하면서 한편으로는 사립학교를 보조공립보통학교로 지정하여 인력과 재정을 지원한 이유는 보통학교를 늘릴 수 없는 통감부의 재정 상황 때문이었다. 중앙정부의 지출이 도로와 하천, 토지측량 등이 우선적이어서 토목비 항목이 1909년, 1910년 세출의 40% 이상이었다. 1908년 관찰사 회의에서 "지역의 공립학교는 지방재정에서 학교를 설립된 것은 없고 중앙정부에서 지출하고 있어 지방재정으로 보통학교를 운영 유지하라"라는 지시 역시 재정 부족에 따른 것이었다. 통감부가 1906년에 기존의 공립소학교를 보통학교로 변경하면서 1906년 일본흥업은행에서 국채로 차입한 50만 원을 교육비로 사용하였다.626) 50만 원으로 보통학교 51개교 신축이나 보수를 하였기에 1교에 평균 10,000원 정도 소요되었다. <표 34>의 "경상북도 갑종공립보통학교 세출예산"에서 보듯이 그 이후 학교 설립 투자관련 영선비가 263원이어서 신축 보수를 위한 금액이 거의 지출되지 않았다.627)

〈표 34〉 경상북도 갑종공립보통학교 세출예산

항목	비품비	문구 지필묵	소모품	운반 통신비	잡금 잡비	영선비	의식 운동회	예비비	급여	총계
금액 (엔)	349	350	374	117	758	263	196			
소계				2,426					7,944	10,370

통감부는 보통학교 설립 자금이 없게 되자 사립학교를 보조지정학교로 지정하여 교당 1,100원을 지원하면서 보통교육을 확대하였다. 통감부는 토목공사 등에 소요되는 경비가 많아 공립학교를 확장시키지 못하자 물리적인 힘을 이용하여 사립학교를 강제적으로 공립학교로 전환하였다. 먼저 지역적으로 접근성이 좋은 곳에 위치한 학교나 재정적으로 여건이 좋은 곳을 보조지정학교로 정하였는데 실제는 일본어가 필요한 지역이었다.628) 보조지정학교는 건물이나 부지가 사립학교 소유이고 비용도 사립학교 예산임에도 불구하고 사립각종(일반학교)에서 보통학교로 변경된 것이었다. 사립각종(일반)학교는 국가나 지방정부가 설립하지 않은 학교로 조선교육령으로 정한 학교 제도 체계에 속하지 않는 학교였다. 각종(일반)학교는 계몽 지식인들이 국권회복 운동을 위해 설립하였다. 해산군인이나 위정척사 사상을 가진 교원을 사립학교 마음대로 임용할 수가 있기 때문에 통감부는 수창학교처럼 일본인

을 훈도 겸 교감으로 임명 파견하여 학교 통제를 하였다. 일제 강점 이후 각죵(일반) 사립학교는 수창학교처럼 보조지정학교로 바뀌거나 공립보통학교로 바뀌었다.

9. 사립학교 통제에 따른 수창학교의 시련

지역의 향교 재산이 사립학교로 사용되는 경우가 많아지자 통감부는 1907년부터 향교 재산을 파악하기 시작하였고 1908년 4월 지역 향교의 재산을 학교비로 충당하기 위해 향교전답 조사를 실시하였다. 1910년 향교재산관리규정에 의해 향교 재산에서 발생하는 수입은 향교 소재 군내의 공립학교 또는 관찰사가 지정한 학교의 경비에 사용하는 것으로 한정되었다. 앞서 살펴봤듯이 대구향교의 재산은 협성학교로 사용되어 수창학교의 향교 재정 사용은 불가하였다.

통감부는 1909년 4월 각 도의 공공사업을 그 지방의 재산 겸 수입, 지방비 지불 사업에 속한 수입 및 부과금으로 충당하도록 하여 지방사립학교들의 재정을 궁핍하게 만들었다. 지방비의 주된 재원인 부과금은 지세부과금, 시장세, 도장세, 도축세, 토지가옥 소유권 취득세 등이었다. 이 재원은 그 이전까지 관찰사나 군수의 인가를 얻어 그 수입의 일부를 학교에 납입하도록 하였다.

덕천군에서는 향약전과 각 창기지를 방매하여 학교기금으로 사용하였고 홍천에서는 수철점의 세금, 단천에서는 어업세, 동래에서는 온천 수입 등 전국 각 지역에서 학교교육을 위해 지방세를 사용하였다. 종전 지방사립학교에서 임의로 사용하였던 재원들은 지방세법 실시 이후 전국적으로 일본인 통제하에 일본의 식민지화 사업에 사용되었다.

1909년 대한제국 전체의 지방비 세입은 80,722원이었는데 1910년 1,309,769원이었다.[629] 지방세 규칙에 의해 징수된 증가분 1,229,047원 중에는 종전 사립학교가 사용 가능한 금액이었다. 1년 만에 일본 손에 넘어간 금액이 국채보상운동 금액에 버금가는 수준이어서 상당한 금액이었다.

통감부는 사립학교 재원을 막기 위한 또 다른 방법으로 기부금을 단속하였다. 통감부는 "사립학교에서 종래 기초가 될 만한 재원을 구하지 않고 경솔히 설립을 기획하여 기부금을 강제로 청구한다"라고 하면서 1909년 2월 기부금 취제규칙을 공포하였다. 이 법으로 내부대신이 필요한 경우 기부금 모집을 제한하거나 금지할 수 있게 하였다.

1909년 5월 수창학교는 "생도가 200명이고 야학이 3개소라 교사 증축에 대해 부채가 많아 우려를 했는데 지역 인사들로부터 보조가 있었다"라고 하였다.[630] 기부금 취제규칙에 의해 제한되고 있는 상황이었지만 교사 증축에 대한 부채 등으로 수창학교는 재정확보가 필요하였다.

수창학교는 재정확보의 어려움뿐만 아니라 일본인의 행정 간섭으로 어려움이 있었다. 1909년 4월 주요 군에 한 사람씩 일본인 주사를 배치하였다. 관보 1909년 3월 31일 자 "경상북도관찰부 도주사 사메시마 타케지(鮫島武二) 근무"라는 기록이 있어 대구에도 도주사가 배치되었던 것이 확인된다.[631] "각 도에 배치한 일본인 도주사에게는 사무의 민활을 계도(計圖)키 위ㅎ야, 교육, 토목, 권업, 회계 등 중요직분을 분권 담당"하게 하여 도주사의 업무는 교육과 관련이 있었다.

또, "각 지방관리(各地方官吏)에게 고(告)ᄒ노라"는 사설에서 관찰사, 부윤, 군수, 도주사, 군주사들에게 가장 급선무가 교육이라[632] 하고 있어 일본이 조선을 식민지화하면서 교육을 중요시한 것을 알 수 있다. 학부 차관 타와라 미고이치(俵孫一)는 "도주사가 내부대신의 임명을 받고 일을 하는 것은 학부가 교육행정을 실시하는 데 있어서 큰 편의와 실익을 받게 될 것이기 때문이라"라고 하였다. 이는 도주사의 총괄적인 권한을 부여하기 위해 내부에서 임명을 하였지만 교육행정 업무가 주된 업무였음을 알 수 있다.

타와라 미고이치는 "도주사는 교육사무 주임뿐만 아니라 교육자의 지휘감독관"이라고 말하면서 "공립학교 종사자, 일본인 교감에 대해서 학부가 관심을 갖고 있으니 학부의 조치와 일치되도록 하라"라고 훈시하였다. 구한말 일본인 교원은 관·공립뿐만 아니라 사립, 지정보통학교 등에도 근무하고 있었고 상호 전근이 있었다. 영천군의 사례에서 보듯이 일본인이 장악한 학부에 승인을 받기 위해서는 일본인 교원이 유리하여 사립학교 설립인가 전에 일본인 교사를 고용하였다.[633] 1908년도 12월 말 기준으로 대구 거주 일본인 교원 7명이 있었다.[634] 대구 근무 일본인 교원 7명의 명단은 없지만 수창학교에도 1909년 12월 대구 수창학교의 일본 교원과 한국인 교사, 학생과의 갈등이 기사화되었기에 그 이전부터 일본인 교원이 임용되었다.[635] 일본인과 한국인 간 갈등은 일본인 교원의 행동에 기인한다. 이 당시 일본인이 가르치는 내용이 학생들에게 민족 감정을 불러일으켰을 뿐만 아니라 교내의 동정을 탐지하여 밀고하는 역할을 도맡았기 때문에 조선학생들은 일본인을 반대하였다.[636] 보통학교 일본인 교원의 역할은 일본어 보급 등 교육활동 이외에도 정기적인 보고와 수시 보고가 있었다. 정기 보고는 격월로

1년 6회에 걸쳐 학사 전반에서부터 지방의 상황, 민심의 동향에 이르기까지 다양했다. 또, 지방보통학교 교감은 한국 순종 황제 남순행 때 지방교육에 미친 영향에 관한 보고서, 교과용 도서 단속 보고 등의 보고를 수시로 하였다. 수창학교가 보통학교로 지정되기 이전부터 학생들의 반대를 유발했던 일본인 교원의 행동은 보통학교 지정으로 일본인의 식민교육활동은 제도적으로 보장이 되었다.

통감부가 조선을 식민지화하는 과정에서 사립학교를 직, 간접적으로 통제를 하자 수창학교는 재정적으로나 행정적인 면에서 어려움에 직면하게 되었다. 또한, 전국관찰사회의 등에서 통감부의 재정 사정을 파악한 박중양은 1909년 사립협성학교를 제2공립보통학교로 변경하겠다고 하였고 남순행 하사금으로 제2공립보통학교를 설립하려 하였다. 박중양의 계속적인 탄압에도 버텨오던 수창학교는 일제 강점 후 대구의 두 번째 보통학교로 변경되었다.

10. 공립으로 전환과정

노동야학은 개화 지식인에 의해 주도되었지만 지배계급의 수탈 대상이었던 노동자들이 학습에 참여하였기에 그 이전까지 양반 중심의 교육 대상과는 확연히 달라졌다. 대구의 대표적인 지식인 중 한 명인 서상하 씨가 수창학교 야학과 수창학교운영을 위해 두 차례나 기부를 하였다. 특히, 1910년 4월경 4,000여 원을 수창학교에 기부하였다.[637] 사립학교 1개 학교 설립에 필수적인 금액이 1,200원 정도라고 했는데

4,000여 원은 큰 금액이었다. 이 시기는 수창학교의 사립학교의 보조지정 전이어서 수창학교를 사립학교로 운영하려는 기부였다. 사립학교 보조지정은 지방민을 위해 설립한 사립학교를 통감부가 빼앗는 행위라고 생각하여 대다수 조선 백성은 저항하였다.[638] 서상하의 재정지원에도 불구하고 1910년 5월 12일 오오히라 군지(大平郡治), 1910년 5월 13일 김세준(金世駿)이 수창학교 교원으로 임명되었던 것으로 봐서[639] 수창학교는 강제로 보조지정보통학교로 되었다. 통감부는 1909년 31개의 사립학교를 보통학교로 보조지정 한 이후 1910년 10개교를 보통학교로 보조 지정하였다.

또, 사립학교 인가 시한인 1910년 5월 수창학교가 인가를 받았다. 학교의 목적 명칭 및 위치, 학칙, 교지 교사의 평면도, 일 년간 수지예산, 유지 방법 등의 사항을 밝히도록 하였다. 수창학교는 사립학교였지만 보통학교로 지정되면서 보통학교령에 의해 학교가 운영되기 때문에 사립 각종(일반)학교와 달리 운영되었다.

<표 35>에서 보듯이 경상북도의 경우 1910년 각종(일반)사립학교가 61개교, 보통학교가 4개교였던 것이 1911년 각종(일반)사립학교가 42개교로 줄어든 반면 보통학교는 22개로 증가하였다. 각종(일반)사립학교 중에서 18개교가 공립학교로 전환되어 22개교의 공립보통학교가 된 것이다. 1912년도 각종(일반)사립학교 19개교가 줄어든 반면 공립학교는 19개교가 증가하였다.

<표 35> 경상북도 학교 통계

	공립			사립	
	보통학교	실업학교	간이실업학교	일반	종교
1910	4	1		61	62
1911	22	1	1	42	46
1912	41	1	1	23	46

출처: 연도별 조선총독부 통계

총독부 설치 이후 1912년부터 1915년까지 127개의 사립학교가 공립학교로 전환되었다. 이 중에 대부분은 수창학교처럼 보조지정학교를 거쳐 보통학교로 전환된 것과 달리 사립학교에서 공립보통학교로 변한 경우였다. 박중양이 수창학교 보조지정보통학교로 전환 전에 일본기를 게양하지 않은 것을 이유로 학교 폐교를 말하였고 총독부는 수창학교를 공립보통학교로 전환시키기 전에 재산을 조사하였다. 1910년 3월경 수창학교 교장으로 부임한 오성래가 학교 기본재산 중 토지를 자기 소유와 아들 명의로 변경했다고 하였고, 이에 일부 사람들은 학교를 공립으로 전환하자 하였다. 한편, 몇몇 개인의 문제로 인해 공립으로 전환하는 것은 합당하지 않다는 반대 의견도 있었다. 이처럼 부정한 학교장이나 소수 임원의 문제를 이유로 학교 관계자끼리 편이 나눠지게 하여 공립 전환으로 유도하는 것은 일본이 사립학교를 공립학교로 변경시키는 방법이었다. 1909년 박중양이 협성학교 임원의 부정행위를 거론하며 학교를 폐교하려 하자 학교장 서상하는 자신의 재산으로 협성학교를 운영할 수 있다고 말하며 박중양의 간섭을 거부하였다. 이때도 박중양은 보통교육 중심의 조선교육개량안에 따라 중등교육기관인 협성학교를 폐교하여 제2 보통학교로 만들려 하였지만 실패하였다.

박중양 관찰사가 사립협성학교를 폐교하여 보통학교로 전환하려다 실패한 전례와 달리 통감부는 일본인 교감을 파견하여 단계적인 방법으로 공립화하였다. 일본의 식민지가 된 상황에서 부실 운영이나 재정 비리를 이유로 학교 폐교를 한다면 거부하기 어려울 수밖에 없다. 결국 지역인사들이 지역 서당을 기반으로 하여 자발적으로 설립한 수창학교는 보조지정보통학교를 거쳐 1914년 4월 1일 공립학교로 변경되었다. 비록 학교운영은 사립에서 국가보조를 거쳐 공립으로 변경되었지만 수창이라는 교명은 오늘까지 그대로 전해져 오고 있다.

V. 희도학교(현 종로초) 이야기 ●

1. 대남소학교의 개교

1955년 3월 희도학교가 현재의 종로초등학교로 옮겨 오면서 교명이 종로초등학교로 변경된 것이었다. 희도학교 기원은 그 이전 남성정교회에서 출발하였다. 남성정교회에서 시작하여 희도학교라는 교명으로 바뀌기 전까지의 과정을 먼저 살펴보고자 한다. 희도학교는 희원, 순도학교를 합쳐서 불렀던 이름이다. 희원학교는 대남소학교를 계승하였고 순도학교는 신명여자소학교를 계승하였다.

그동안 희원학교 전신인 남성정교회의 대남소학교는 1900년도에 설립되었다고 하기도 하고 1902년도에 설립되었다고 하기도 한다. 1900년도 시작이라는 것은 미국북장로교회 한국선교회의 역사 기록과 일본이 발행한 대구부사에 의한 것이다. 대구부사에는 대남소학교 개교 시기를 1900년 11월로 기록하였고 미국북장로교회 한국선교회에서도 1900년 가을이라고 하였다. 미국북장로교회 보고에는 "1900년 가을에 한국기독교인들이 비록 숫자상으로는 소수이지만 그들의 주도로 남자 아이들을 위한 학교(boy's day school)예산의 절반을 공급할 수 있는 충분한 기금을 조성하였고 대구선교기지의 선교사들이 개인적으로 나머지 절반을 제공하였다"라고 하였다.

1900년 하반기인 11월 11일이라는 날짜까지 명시한 당시 사료는 찾을 수 없지만 1900년 가을이라는 선교보고 기록으로 봐서 1900년 가을 학교 설립은 시기적으로 타당하다.

한편, 1935년 11월 14일 조선중앙일보 기사에서 희도학교가 개교 35주년이라고 한 기사를 볼 수 있다. "지금으로부터 35년 전, 즉 광무

5년 11월 11일 창립되었었는데"라고 하면서 학교기념행사, 장기근속 포상관련 내용을 보도하였다. 광무 5년은 1901년으로 개교 35주년이라는 기사와 기념 연도 수가 일치하지 않는다. 광무 5년을 시작으로 보면 개교 34주년이 맞지만 "지금으로부터 35년 전 창립기념일"이라고 하고 기념행사를 한 것으로 봐서 광무 5년은 잘못 표기한 것일 수 있다. 1923년 6월 11일 매일신보 신문에서 명치 사십사 년 중에 사립학교령이 발표된 후라고 하고 있어 사립학교령은 1908년 공포되었기에 명치 41년이라고 해야 한다. 1908년 공포된 사립학교령에 따라 1910년까지 사립학교를 인가받도록 하였기에 학교가 인가된 시점을 기준으로 해도 명치 43년이어서 1년의 차이가 있었다. 신문에 연호가 맞지 않는 경우가 있다. 개교 35주년을 기념하는 행사이기에 광무 5년보다 개교 35주년이 더 정확하다 하겠다.

1973년 대구시사처럼 1902년을 개교로 보는 경우가 있다. 1973년 대구시사 "문화" 편에는 개교 연도를 1902년으로 해두고 같은 책 "조선후기" 편에는 1900년을 대남소학교 개교로 하고 있다. 1973년 시사의 오류는 이후 1996년 대구시사에도 그대로 이어져 "대남남자소학교는 사립학교로서 1902년에 선교사 안의와에 의해 설립된 후"라고 기록되어 있다. 한편, 1901년 바렛이 보낸 보고서에는 브루엔 선생의 반은 25명 정도의 남자아이들이 있다고 하고 1902년 3월 지리, 산수 교과목을 지도하고 시험 실시 등이 있었던 것으로 봐서 1900년 설립한 boy's day school 학교가 그대로 이어져 온 것을 알 수 있다.[640]

한편, 1900년보다 더 이전을 개교 시기로 보는 견해도 있다. 대구제일교회 70년사는 1899년을 시작으로 하였고 1928년 신문 기사에서 "삼십일이 년 전"이라고 하고 있다. 1928년도를 기준으로 삼십일이 년

전은 1899년 전후이다. 선교사가 대구에 선교를 시작한 것은 맞지만 이때부터 학교교육을 했다고 할 수 없다. 선교사들은 선교의 한 영역으로 교육사역을 포함하고 있지만 학생을 모집하여 성경 이외의 일반적인 교육을 진행한 시기로 보기는 어렵다.

아담스가 대구에 도착해서 처음 미국으로 보낸 1897~98년 선교보고서에 "당장 오는 겨울에 그런 학교를 여는 것은 나의 목표가 아니다"라고 하면서 학교에 대한 문의를 선교회에 하고 있어 학교는 그 이후에 설립되었다. 아담스 전에 대구의 선교사로 재직한 베어드가 만든 조선 선교이론이 교회를 설립하고 학교를 설립하는 순서였다. 이 정책은 이후 미북장로교 조선선교정책의 모델이 되었다.

"지역의 교회가 잘 조직되고 튼튼해지면 곧 초등학교를 설립하도록 독려하였다"는 말대로 대구에서도 교회를 먼저 설립하고 학교를 설립하였다.641) 이때는 대구선교보고에 수록된 "1900년 가을에 한국기독교인들이 주도"하였다는 1900년이었다. 대남소학교의 시작이자 대구 기독교 학교의 시작이었다.

구한말 대구의 선교사는 "대구는 큰 도시로 바깥 세상에 대한 지식이나 지금까지 몰랐던 것들에 대해 더 많은 지식을 얻고자 하는 젊은 이들이 있었으나 지식을 가르쳐줄 만한 수업이 전혀 없었다"라고 보고하였다. 대구의 청년들은 유학을 배워 상당한 수준의 지식을 갖췄고 학문에 대한 열정이 있었으나 근대 지식을 가르쳐줄 매개체가 없었다. 그때 대구에 선교사들이 도착하였다. 대구기독교계 학교의 시작은 근대문명을 갈구하는 조선인의 염원과 미국인 선교사의 선교 목적이 부합한 결과였다.

2. 신명여자소학교의 개교

대구여자학교의 시작은 신명여자소학교이다. 제일교회 70년사 기록
에는 "1900년에 당시 제일교회 입구 대문채를 교사로 정하고 대남남자
소학교를 설립하였다. 선교사 부해리(傅海利, 영명 브루엔) 씨의 부인
부마태(傅馬太) 씨는 같은 제일교회 안에 신명여자소학교를 시작하였
다"라고 하고 있어 동시에 남, 여학교가 설립된 것으로 생각할 수 있다.

그 당시 신명여자소학교에 대한 기록에 의하면 제일교회 70년사 기
록이 사실과 다르다. 브루엔 부인이 처음 대구에 도착한 때는 1902년
5월이었다.642) 위의 제일교회 70년사의 내용은 1900년 한국에는 남편
브루엔만 도착하였기 때문에 브루엔의 부인이 대구에 학교를 설립하였
다는 것은 불가능한 일이었다.

브루엔 부인은 "제가 처음 왔을 때 존슨 부인은 어린 여자아이들을
모아 일주일에 한 번씩 가르치곤 했어요"라고 하였다. 존슨 부인이 브
루엔 부인보다 먼저 대구에 정착했고 학생 지도를 하고 있었다. 하지만
존슨 부인이 여자학교의 시작이 아니었다.

1901년 12월 12일 "존슨 부인은 너스(Nourse) 양이 맡았던 여학생
들의 뒤를 봐주고 있었다"라고 하는 바렛의 보고나 "너스 양이 15세
이하의 소녀 14명을 가르쳤던 월요일 오후반이 1902년 존슨 부인에게
넘겨졌다"라는 글에서 존슨 부인 이전에 너스 양이 가르쳤다는 것을
알 수 있다.643)

너스 양이 1901년 1월 1일 대구에 도착해서 9월까지 대구에 근무하
면서 월요 공부방을 운영하였고 너스 양이 대구를 떠난 이후 존슨 부

인이 월요 공부를 지도한 것이 시기적으로도 일치한다. 존슨 부인이나 아담스 부인이 너스 양보다 대구에 먼저 도착하였지만 자녀 출산과 건강의 문제 등으로 이 둘은 사역에 전적으로 헌신할 형편이 못 되었다.644) 이에 대구지역 선교사들이 선교부에 요청하였고 파견된 사람이 너스 양이었다. 남자와 여자가 각별했던 조선의 풍습에 의해 남자 선교사들이 여자 수업을 할 수 없어서 여자 선교사를 여러 차례 요청한 것을 선교사 보고에서 볼 수 있다.

여자 선교사가 부족한 상황에서 간호사로 부임한 너스는 1899년 한국에 입국하여 서울에서 한국어를 배운 후 1901년 1월 대구로 내려왔다. 당시 교육선교정책이 한국어로 가르칠 수 있어야 교육활동을 시작하였고 자립 유지, 자립 경영이 가능한 시기에 학교를 시작하였기 때문에 한국어가 가능한 너스가 대구에 이주함으로써 여자 교육이 가능하였다. "너스 양은 어린 여성들을 대상으로 월요 공부를 시작했습니다"라는 1901년 5월 16일 브루엔의 보고가 있어 이때가 대구에서 여자 교육의 시작으로 봐야 한다.

이는 로즈의 기록과도 일치한다. "15세 이하의 소녀 14명이라는 월요일 오후반은 1902년 존슨 부인에게 인계되었고 이듬해 브루엔 부인이 존슨 부인의 반을 맡았다"라고 하였다.

1903년 9월 브루엔 부인 보고에는 더 상세하다. "1902년 5월에 도착했을 때 존슨 부인이 어린 여자아이(나이는 7살에서 10살 정도)들을 모아 일주일에 한 번씩 가르치곤 했어요. 그녀가 서서히 여성 문제에 집중하게 하면서 그 반을 결국 제가 맡게 됐죠"라고 말하였다. 1901년 5월 너스가 시작한 반을 1902년 존슨 부인이 지도하였고 1903년 브루엔 부인이 가르치게 된 것이다.

그 후 1903년 9월 21일 브루엔 부인이 "여자아이들 반을 1주일에 두 번씩 맡고 있지만"이라고 하고 있어 수업 횟수가 증가하였음을 알 수 있다. 1904년 "브루엔 부인은 소녀들로 구성된 반을 매주 세 번씩 가르칩니다"라고 하고 있어 주 1회에서 시작한 수업이 주 3회로 학습 시간이 늘어났음을 알 수 있다.645)

　너스와 존슨 부인이 대구에 체류하여 활동한 시기가 달라 두 개 반이 동시에 존재할 수 없었음에도 불구하고 대구제일교회 측은 존슨 부인의 바느질반은 7살과 10살 사이의 소녀이고, 너스의 월요일 오후 소녀반은 15세 미만이라고 구분하고 있다. 너스가 15세 이하 어린 소녀를 대상으로 교육을 했기 때문에 존슨 부인의 7~10살 소녀가 포함되는 것으로 봐야지 별개의 반은 아니었다. 조혼으로 인해 여학생들이 다니기 어려웠다는 브루엔 보고로 봐서 나이 든 여학생보다 어린 여학생이 교육 대상이었음을 알 수 있다. 로즈의 대구 사역보고에 의하면 비교적 여학생보다 자유로웠던 "남자 학생 수가 15명이 넘지 않는 숫자가 등록되었다고 하고 평균적으로 7, 8명이 참석한다"라고 말하고 있어 학생 모집에 어려움이 있었다. 초창기의 여자 졸업생이 배출되지 않는 것에서도 여학생의 수가 적었고 꾸준한 출석 등이 어려운 상황이었음을 알 수 있다.

　이 시기는 완전히 독립된 2개 반 운영이기보다는 평일반과 주일학교반과의 혼동이었다. 1902~1903년 브루엔의 보고 여성 사역에서 "소녀반 주일학교 수업이 바느질과 성경 구절 및 찬양 프로그램으로 개설되었다"라고 하였으며 "평일에는 우리는 읽기, 쓰기를 하고 노래를 부르면서 이야기를 한다"라고 하여 주말과 다른 내용이 있었다. 평일반 학생이 일요일에 교회에 가서 주일학교반에 포함되기도 하였지만 주일

학교반을 학교에 포함시키기에는 한계가 있고 대구 체류 여성 선교사 수자 등으로 봐서 평일 학교의 형태로 운영된 것은 1개 학교로 봐야 타당할 것이다. 너스-존슨-브루엔 부인으로 이어진 신명여자소학교는 이후 Sin Myung Girls' Academy(신명여자학교 현 신명고의 전신)의 발판이 되었다.

3. 조선인 주도 학교운영

기독교가 선교 차원에서 가난한 사람에 대한 구호나 의료지원을 하였고 교육에서도 고아들을 모아 교육을 하거나 영어 보급을 하였다고 생각을 할 수 있다. 하지만, 대구선교의 개척자였고 북미선교사 교육의 핵심이었던 베어드 생각은 달랐다. 그는 감리교 선교회가 설립한 배재학당이 영어 등을 가르치는 정책은 일부 믿지 않은 학생에게 매력적인 많은 것을 도입하게 하여 비용은 많이 들었지만 기독교 공동체에 실질적인 이득은 없다고 봤다. 영어를 배우러 오는 학생에게 영어를 가르치는 것이 우선이어서 기독교 교육활동이 쉽지 않았다.

베어드는 북미선교회가 설립한 정동학교가 자선활동과 교육활동의 구분 없이 운영되었다고 비판하고 통역, 관리의 양성을 주안으로 하는 학교교육을 거부했다.[646] 베어드는 1897년 8월 말에 열린 주한 미북장로교 선교부 연례회의에서 자신이 한국에서의 교육사업 경험을 토대로 연구한 바를 "우리의 교육정책"(Our Educational Policy)이라는 문서로 제출했고 선교부는 이를 채택했다.[647]

베어드가 제안한 교육정책은 '토착교회 설립'을 선교의 최우선 과제로 설정하면서, 교회의 발전을 돕는 방편으로 학교의 발전을 모색하는 방향으로 수립되었다. 베어드는 교회가 어느 정도까지 성장하고 자립할 때까지는 학교와 병원과 같은 기관들을 동시에 설립해서는 안 된다고 주장했다. 베어드는 이전과는 다른 방식, 즉 강력한 토착교회를 먼저 설립하고, 다음 단계로 영어가 아닌 '현지어'(vernacular)를 사용하는 기독교 학교를 설립할 것을 주장했다.

교회가 학교를 설립하는 목적은 선교를 위한 교회지도자 양성이었기에 베어드는 학생들이 한국인의 생활양식과 습관에서 멀리 떨어지면 안 된다고 생각했고 숭실중학에서는 아침, 오후 두 차례 한문을 가르쳤다. 베어드는 기독교학교에서 영어를 사용하거나 영어를 가르치면 세속적 동기를 가진 학생들이 들어와서 학교의 기독교적 분위기를 해친다고 봤다.648)

브루엔은 평양을 방문하여 학교를 둘러봤고 평양학교의 교육과정을 모델로 해서 대구의 학교를 만들고자 노력했다. 브루엔은 평양 방문 시에 자력 유지(Self-support), 자진 처리(Self-government), 자진 전도(Self-propagation)의 선교 방식이 이뤄지는 평양교회와 학교를 보고 감동을 받았다고 하였다.649)

선교사가 학교를 설립 운영했다는 일반적인 인식과 달리 자력 유지의 원칙에 의해 대구의 학교도 비용의 절반은 한국인들이 부담하였다. 대남학교와 신명여자소학교가 교회 안 부지에서 시작한 학교여서 교회를 매입한 비용에 미국선교사회의 재정 기여가 있었지만 나머지 "학교 예산의 절반을 공급할 수 있는 충분한 기금을 조성", "교구, 교재는 한국인이 절반 부담하도록 하였다"라는 기록에서 대구의 기독교 학교도 베어드의 선교교육정책에 따라 운영된 것을 알 수 있다.

미션교회에서 학교교육에서 학생에 대한 지원은 없으며, 기독교학교에 대한 선교부 지원은 그 운영비의 절반을 넘지 못하도록 했다(즉, 최소한 50% 자립 목표).[650] 숭실학당의 경우 자조사업부를 설치하여 학생들은 일주일에 일정한 시간 동안 노동을 해서 그 수입으로 학비와 기숙사비를 지불하게 했다. 대남소학교 설립 시 대구 내 한국 기독교인들이 통학학교 예산의 절반을 공급할 수 있는 충분한 기금을 조성하였다고 하는 기록이나 개인적으로 기금을 내어 절반을 제공하였다는 기록이 있어 미국 선교회 정책과 일치하였다.

미국북장로회 선교정책에 따라 설립된 기독교 학교는 감리교단에서 설립한 배재학당처럼 영어와 근대 학문을 보급한 것이 아니라 한국적인 기독교 지도자 양성을 목표로 근대교육을 실시하였다. 미국북장로회 소속의 대남소학교도 기독교학교였지만 영어를 가르치지 않았고 기독교와 관련한 근대교육의 내용을 가르쳤다. 또한, 대남소학교는 미국북장로회 자력 유지의 선교정책에 따라 학교운영은 한국인 기독교인이 주도하였고 경비도 한국인이 대부분을 부담하였기 때문에 이후 학교 주도권을 둘러싸고 상당한 문제를 야기하게 된다.

4. 학교 설립자를 둘러싼 논쟁

대남소학교는 지금까지 선교사 안의와(미국명 아담스)가 설립했다는 것이 학교 연혁이나 경북노회사의 기록이다. 하지만 위에서 봤듯이 초창기 미국인이 작성한 선교사의 기록에는 안의와(영어명 Adams)가 학교를 설립했다는 기록이 없다. 이같이 선교사의 이름이 없었던 것은 베어드의 주장에서 알 수 있다. 베어드는 조선에서의 기독교 학교는 초등학교와 중등교육으로 성립된다고 봤고 중등교육은 선교사가 직접 가르치지만 초등학교는 조선인에 의한 초등학교를 주장하였기 때문이었다. 초등학교는 선교사가 조선인 교원을 선발하며 커리큘럼을 정하고 평가하지만 조선인 교원에게 학생을 가르칠 권한을 맡겼다.

이 당시 설립된 기독교계 학교의 대부분은 교회당의 일부 혹은 부속시설을 이용한 초등학교였으며 명목상으로는 외국인 선교사의 감독하에 있었지만 실제로는 조선인 전도사나 신자의 손으로 주로 자급학교의 형태로 자립적으로 운영되었다.651) "한 달에 한 번 있는 아침 헌금은 절반이 한국인들에 의해 운영되는 학교를 지원하는 데 사용됩니다"라고 하는 제일교회 기록이 있어 조선인 신자의 교회 헌금이 학교 예산으로 지원된 것을 알 수 있다.

1910년 사립학교법에 의해 등록된 종교계 사립학교현황에 전체 1,116개교 중에 기독교계가 668개교로 압도적이었고 그중에서 장로교파가 501개교 수로 가장 많았다. 장로교파 소속 학교 중 조선인이 설립자로 등록된 사립학교 62개교였고 외국인 선교사가 설립자로 등록된 학교가 439개교에 달해 외국인을 설립자로 등록한 경향을 알 수 있다. 일본 총독부 교육통계 해설부분에 설립자는 다수 설립자인 작은 학급 수는 외국인 선교사가 관리하지만 오히려 조선인에 의해 설립된 것도 많다고 말하고 있어 외국인 선교사가 독단적으로 설립한 것은 아니었다.652)

"희원, 순도학교는 명치 40년 남성교회 설립으로 동교회에서 관리하던바 사십사 년 중에 사립학교령이 발표된 후 그 학교 설립자를 당국에 신고하게 되어 당시 선교사로 있는 미국인 안의와를 희원학교, 부해리를 순도학교 설립자로 추천하여 당국의 인가를 받았다"라고 하였다. 이는 "1900년 가을 대구지역 한국 기독교인들이 비록 숫자상으로는 소수이지만 그들의 주도로 학교를 설립하였다"라는 대구선교사의 기록에서처럼 대구지역 한국인 신자를 중심으로 학교가 운영되다가 사립학교령에 의해 학교 설립 신고를 하게 되자 안의와, 부해리를 설립자로 등록한 것이었다. 1913년 대구경북지역 기독교 학교의 설립자의 경우 맹의와가 6교, 브루엔이 17교, 아담스 8교, 어도만이 3교의 설립자로 되어 있다. 브루엔이 17교를 운영한다는 것은 불가능한 일이다.

〈표 36〉 대남, 신명여학교 관련 통계자료

연도	학교명	교원 수	학생 수		경비		설립자	교장
			재적수	출석자	수업료	교회 보조		
1912	대남학교	3	76	63	400	400	아담스	김덕경
	신명여학교	3	52	41	300	200	브루엔	박덕일
1914	보고 신명여학교			9(보통) 37(고등)	104	1,126 (기부금)	라이나	방해례
	보통사립 희원학교			남 108	210	215	아담스	홍승한
	보통사립 순도학교			여 67	215	100	브루엔	홍승한

출처: 통계연보

<표 36>에서 보듯이 설립자는 외국인 선교사였고 교장은 신명여학교를 제외하고는 제일교회 한국인 목사, 장로가 학교장을 맡았다. 남녀유별한 사회 상황에서 여자들에게 근대교육을 가르치는 사람이 없어서

선교사 부인이나 여자 선교사가 가르쳤던 것을 제외하고는 조선인이 학습 지도의 중심이었다.

조선선교교육정책이 학교교육사업에 지출되는 경비는 자력 유지, 자력 운영이어서 신명, 대남 각 학교는 1/2 정도의 수업료를 받아 운영하였다. 1914년도 신명여학교의 기부금을 제외하고는 교회보조보다 수업료 징수가 더 많은 비중을 차지하고 있다. 교회보조 역시 교인들의 헌금에서 보조된 것이어서 학교운영비는 조선인들이 부담한 것이었다.

1920년 김익두 목사가 대구제일교회에서 부흥회를 하면서 남녀 소학교 건축헌금 3만 3천여 원을 모금하였는데 참여한 사람이 삼백팔십여 명이었다. 1921년 대구제일교회는 희도학교 설립자 건을 두고 조선인 중심의 교회자치를 주장하는 세력과 외국 선교사를 중심으로 한 세력 간의 갈등이 쟁점화되었다. 대구에서 3·1운동을 주도했던 대구제일교회 목사인 이만집은 김의균을 희도학교 교장직에 권고사직하게 한 후 학교 대표자를 김덕경 장로로 변경하려 명의 변경신청을 하였지만 무산되었다. 1923년 4월에 교인대회를 열어 투표를 하여 서희원은 희원학교, 김울산은 순도학교의 설립자로 피선되었다. 이후 1923년 서희원, 김울산 두 명이 원고가 되고 안의와, 부해리 두 명을 피고로 하여 "선교사들은 다만 명의가 설립자로 있을 뿐이고 학교의 유지와 아동의 교육상 조금도 성의가 없다"라고 하면서 대구지방법원에 설립자 변경소송을 제기하였다.

서희원 여사는 1914년 학교 확장 시에도 가장 많은 기부를 하였을 뿐만 아니라 1921년 희원, 순도 양 학교가 수정 희도학교(현 희도맨션) 자리로 이전할 때도 1만 원을 희사한 인물이었다.[653] 재정적인 기여와 오랜 기간 학교에 관심을 가진 서희원을 학교 설립자로 신청하였지만 받아들여지지 않았다. 결국 1926년 7월 희원, 순도 학교가 합병하여 사립희도보통학교로 개칭을 하면서 미국인 선교사에서 김의균, 백남채 명의로 설립자가 변경되었다. 김의균을 비롯한 희도학교 교감인 김병욱, 백남채 이들은 노회파라고 하였는데 이들은 대구지방법원에 제일교회 교회당 명도소송을 제기했고 그때 변론을 맡은 사람이 김의균이었다.

조선인의 교회자치를 주장한 김덕경, 서희원, 김울산을 학교 설립자로 명의변경하려 한 소송은 불가했고 노회파인 김의균이 설립자 겸 학교장이 되었다. 노회파가 대구제일교회명도소송에서도 승소하여 자치파는 제일교회를 떠났고 김의균은 미군정기에 경북도지사로 자리를 옮길 때까지 설립자 및 교장으로 활동하였다. 김의균이 도지사로 부임한 후 김병욱이 교장이 되었으며 희도학교는 사립에서 공립으로 전환되었다.

미국 선교사들이 대남, 신명여자 소학교 학교 설립에 함께하였지만 재정적인 면에서 조선인 신자가 주도적이었기에 조선인 중심으로 설립자를 변경하려 하였지만 좌절된 것은 조선인의 세력이 약했던 것이다. 대구지역 3·1만세운동의 중심이었던 이만집을 중심으로 조선인 자치를 주장하는 세력이 학교운영의 중심이 되기보다는 일제하 변호사 활동을 하는 김의균이 학교를 맡는 것이 일제 강점 하에서 당연한 일이었다.

5. 신명여자소학교와 순도학교와의 관계

대남소학교, 신명여자소학교의 최초 학교 설립 시기의 불명확한 부분뿐만 아니라 학교 변화과정에 대해서도 지금까지 알려진 사실과 다른 부분이 있다. 신명고등학교 홈페이지에는 1902년을 시작으로 하고 있고 제일교회 110년사에는 소녀반이 신명여자중학교로 발전된 것으로 밝혔다.[654] 이는 신명여자중고등학교(현 성명여자중학교, 신명고등학교)의 전신인 Sin Myung Girls' Academy는 신명여자소학교에서 승계된 것을 말하는 것이어서 다소 주의할 필요가 있다. 신명여자중학교는 위에서 소녀반이 발전된 것이었다고 해서 소녀반이 신명여자중학교로 변경된 것으로 생각할 수 있지만 승계로 보기는 어렵다. 대남소학교 졸업생이 배출되면서 계성학교가 설립된 것처럼 신명여자중학교도 신명여자소학교 졸업생이 배출되면서 시작된 것이다. 물론 당시에는 엄격한 입학의 제한이 없어 인근 지방 교회소학교나 사숙의 여자 졸업생이 입학이 가능하였다.

Sin Myung Girls' Academy는 대구에서 보이스 아카데미가 설립된 다음에 소녀들을 위한 아카데미도 필요한 사업이라고 인식하게 되었고 기독교 가정 출신 소녀들에게 계속 기독교이념을 가진 중학교로 진학을 시키는 일이 필요하여 1907년 설립된 여자중학교였다. 신명여자중학교가 생긴 이후에도 신명여자소학교가 그대로 있어 두 학교는 별도의 학교로 보는 것이 더 타당하다. 한 칸은 신명여자중학생들이 사용하고 두 칸은 신명여자소학교생들이 사용했다는 것은 신명여자중학교와 신명여자소학교는 운영상 관련은 있지만 따로 존재했었음을 알려준다.[655] 따라서, 신명고등학교, 성명여자중학교에서 1902년을 개교로 할 것이 아니라 1907년 Sin Myung Girls' Academy를 시작으로 해야 한다.

대남소학교와 신명여자소학교는 초등교육기관으로 사립학교법에 의해 인가받은 후 "1914年에 서희원 씨가 4백 원, 박순도 씨가 3백 원을 기부하여 학교를 확장하면서 남자부는 희원(喜瑗)학교라 개칭하고 여자부는 순도(順道)학교라 개칭했다"라는 기록들이 일반적인 내용이다. 이는 1915년 조선인교육사립학교 통계요람(1914년 내용 현황 보고)에 서 확인된다. 대구부 종교학교 보통교육기관으로 희원, 순도학교로 기 록되어 있어 종전 대남소학교, 신명여학교 이름이 바뀌었다는 것을 알 수 있다. 학생 구성에서도 희원학교 남자 108명, 순도학교가 여자 67명 의 재적 수를 기록하고 있어 남자학교는 희원학교, 여자학교는 순도학 교였음을 알 수 있다.

다만, 1915년 조선인교육사립학교 통계요람에 "보고신명여학교"라 고 나와 있고 보통학교 학생은 9명, 고등과가 37명으로 보통과도 소수 가 운영되고 있어 신명여학교가 보통, 고등과를 다 운영한 것으로 생각 할 수 있다. 이후 조선총독부통계에서는 중등과정만 운영되었다. 신명 여학교 창립 연월일을 1914년 4월로 기록하고 있어 1914년도 학교 분 리 시기에 남아 있었던 보통과 학생을 같이 보고한 것으로 보인다. 경 북노회 100회사의 "신명여자소학교는 신명여자중학교와 개교 동시에 가교사에 옮겨 왔다가 1914년 순도여자소학교에 흡수되었다"라는 기 록이 이를 뒷받침한다.[656]

〈표 37〉 종로초등학교 연혁

학교명	대남소학교 신명여자소학교	희원학교 순도학교	수동교사 이전	희도보통 학교	희도국민 학교	종로국민 학교
연도	1900 1902	1914년 4월	1921년 11월 25일	1926년 7월 1일	1941년 3월 1일	1955년 3월

1920년 제8회 경북노회 남성정(현, 제일)교회 학교형편 보고서에도 "남녀중학교는 여전히 진보하는 중 금춘에 학생이 많이 증가되어 남중

학교 학생이 130여 명이요, 여중학생이 80여 명이나 되었고, 남녀 소학생도 크게 왕성함으로 학생이 250명이 되었다"라고 하고 있다. 이 글에서 남녀 소학교, 남녀 중학교 4개의 학교가 있었다는 것을 알 수 있으며 그 학교는 희원소학교, 순도소학교, 신명여자중학교, 계성중학교였다.

일제의 보통학교 지정에 따라 대구 천주교 소속의 학교인 해성학교는 1925년 6월 1일 보통학교로 바뀌었고 희도학교도 1926년 7월 1일 보통학교로 변경되었다. 1926년 희도학교의 설립자가 한국인으로 바뀌면서 교장은 대구보통학교장이 교장으로 임명하게 되었다고 하나[657] 1928년에는 설립자 겸 교장이 김의균이라는 기사가 있어 일본인 학교장의 역할이 어디까지인지는 정확히 알 수는 없지만 보통학교로 허가 받은 이후 일본인의 간섭이 더 심해질 수밖에 없었다.

6. 한국어 중심의 학습 내용

아담스가 단순한 교육만을 목적으로 하는 것이 아니라 이 세상의 중심이 되는 하나님의 뜻에 중점을 두고 교육하는 것이 나의 목적이라고 말한 것에서 종교활동과 교육활동의 구분이 모호한 면이 있었다. 기독교계 학교는 종교 시간이 많은 부분을 차지한다는 비판과 함께 학습 내용의 비판을 받았다. "오늘날 한국 종교계는 여전히 그들 중세 시대의 상태를 보유하여 그들이 설립하는 학교에서는 단지 신학만을 중시하고 장려하여 각종 과학 과목을 종종 경시하는 폐해가 없지 않기에 똑같이 과학을 배웠던 졸업생이라 해도 기독교계 학교의 졸업생과 일반학교의 졸업생 사이에는 상당한 격차가 있다"라고 하였다.[658] 기독교계 학교의 교사는 좋은 기독교인이자 훌륭한 설교자이지만 모든 면을 만족시키지는 못한다는 것이 사실이라고 하고 지리, 역사, 천문학도 기존의 세속적인 학교에서 가르치는 것처럼 해서는 안 된다고 선교사들은 생각하였다.

기독교학교 설립 취지가 조선 교회의 교양 있는 지도자를 양성하기 위해 기독교적 인격을 만들고자 한 것이었기 때문이었다. 평양 숭실학교의 베어드는 선교학교의 커리큘럼을 한국의 현실을 고려해서 그 수준과 속도를 조절하여 미국의 비슷한 학년에 맞추어 편성했다. 학교 커리큘럼을 비기독교인이 아니라 기독교 공동체에 맞추기를 바랐던 베어드는 비기독교인을 끌어들이는 영어교육을 실시하지 않고 한국어를 사용하는 학교를 만들고자 했다.

베어드는 마티어어(Calvin W. Mateer)가 주장한 선교학교의 3원칙을 받아들여 모든 선교학교는 기독교적이며, 현지인들의 언어를 사용해야 하며, 철저해야 한다고 생각하였다.[659] 대구선교사들은 한국어를 배우기 위해 파계사에 들어가서 영어를 덜 사용하려 하였고 한국어 선생을 두고 체계적인 학습을 하려 하였다. 선교사들이 한국어로 전교를 하였고 기독교인인 학생들 역시 한국어로 기독교를 전파했기 때문이었다. 숭실중학을 입학하려는 평양 각 교회의 초등학교들이 1학년 때부터 한문을 가르친 것도 숭실중학교가 선교의 목적으로 한자를 가르쳤기 때문이었다. 대구의 선교 보고에서 "우리는 교과과정을 평양을 모델로 해서 만들고자 노력해 왔습니다."라고 하여[660] 대구도 이 같은 교육활동을 따랐다. 그 예로 대구의 학교에서 한국인은 한자 시험을 친 것도 평양학교를 모델로 삼은 교육활동이었다.[661]

1903년 동아동문회 대구보고에서 "아동보통교육은 부에리(브루엔) 씨가 같은 장소에서 생도 25명에게 단지 한자, 언문, 수학 등을 가르친 다"라고 하였다. 이 보고의 "~수학 등"이라는 것은 미국북장로교 선교회 보고에서나 당시의 글에서 알 수 있다. "교사들에게는 지리와 산수 교과목 지도를 위한 교육이 따로 이루어졌다"라고 한 것에서 지리가 가르쳐졌음을 알 수 있다. 대구에 피아노가 운반되어 노래가 가르쳐졌고 여자의 경우 실생활에 필요한 바느질 등을 배웠다.

여자들의 교육을 등한시하여 바느질을 가르쳤다고 말하지만 기독교 교육에서 실제 생활에 필요한 것을 가르치려는 의도가 있었다. 베어드는 한국 교회가 운영하는 학교에서 노동의 가치를 아는 사람을 기르려 하였고662) 숭실학당에서 일주일에 일정한 시간 동안 노동을 하도록 했다. 동아동문회 보고에서처럼 대구의 기독교 학교에서는 한자, 한글이 가르쳐졌고 여자들의 경우에는 실용교육도 포함되었음에도 불구하고 서양식 건물에서 외국어 등 근대 학문을 가르쳤다는 것으로 인식되고 있다. 이는 대구 선교 초창기에 조선인의 자발성에 의해 대구제일교회 입구의 구옥에서 시작한 대남소학교와 신명여학교를 제대로 규명하지 않았기 때문이었다. 초창기의 기독교계 학교만의 독자적인 학교운영도 1911년 3월 사립학교로 인가 후 총독부의 통제를 받으면서 교과목에서도 보통학교의 규정에 따를 수밖에 없었다. 1912년 통계에 의하면 대남소학교는 교과서가 자체 편찬 5권, 검정 4권, 인가 6종이었고 신명여학교는 자체 편찬 5권, 인가 8권이었다. 당시 보통교육의 교과목은 독, 서, 산에 두고 수신, 국어, 조선어 및 한문, 산술을 필수과목으로 하였다.

학교의 변동은 학교 자체 내의 학생 수 증가로 인해 변할 수밖에 없었던 상황도 있지만 일제 강점하 법령에 의해 강제적으로 변화할 수밖에 없었다. 1915년 3월에 개정 사립학교 규칙을 발표하여 사립학교도 보통학교 규칙에 규정된 교과과정에 준해야 하고 성경, 지리, 역사와 같은 것은 가르칠 수 없게 되었다. 다만 1915년 4월 1일 현재 인가를 받은 사립학교에 대해서는 1925년 3월 31일까지 적용유예를 한다고 하였다. 하지만 "지금 학교를 고친다면 교원도 있는 대로, 재정도 되는 대로, 설비도 가진 대로 모두를 현상 그대로 인가해 주겠다. 만일 10년 뒤에 고친다면 교원도 자격 있는 이라야 하고, 재정도 재단법인이라야 하고, 설비도 완전하여야 할 터이니 빨리 고치는 것이 유리하다"라고 하여 학교규칙에 따를 것을 강요하였다. 이에 선교사단은 기독교 사립학교에는 성서 및 종교적 의식을 과목에 넣는 일을 허락하여 줄 것, 조선어를 못 쓰게 하는 제한을 걷어치울 것, 학생과 학생 양심의 자유를 인정하라는 등의 항의서를 사이토 총독에게 제출하였다. 또, 1915년 사립학교규칙 시행 이후 일본어를 교수용어로 하여 일본인 교사가 가르치도록 하자 기독교계 학교가 한국어 교육과 한국인 교사를 요구하였다. 교수용어로 일본어를 사용한다는 것은 기독교계 학교가 조선인 선교의 목적이었던 것도 있었지만 일본제국주의하 조선인들의 요구이기도 하였다.

3·1운동 이후 일본은 문화정책을 펼치면서 사립학교 규칙을 다소 완화하여 성경을 가르치게 허용하였고 교원의 자격도 다소 완화하여 선교사들의 교육사업에 다소 편의를 주었지만 나머지는 1915년의 사립학교 규칙과 같았다. 자격 있는 일본인 교사를 구하는 것 등의 사립학교 규칙 규정 이외에도 기독교 사립학교의 어려움은 여러 면에서 차별을 받고 있었다.

총독부가 설립한 학교에서는 정규수업은 일요일에 행해지지 않지만 일요일에 소풍, 운동회, 애국의례 등 과외활동의 출석을 의무화하고 있다. 이에 기독교계에서는 "이것은 큰 의미에서 기독교인 소년의 건강한 육성과 교제를 방해하는 것이다"라고 말하고 있다. 이 밖에도 보통학교 졸업생들의 진학을 위한 입시도 일요일에 진행되었고 기독교인 남자는 입시에서 불합격이 될 경향이 있어 유교라고 써서 제출하기도 했다.663)

일제 강점 후 기독교학교 역시 총독부의 보통학교로 지정되면서 희도학교도 보통학교의 규정을 준수할 수밖에 없었다. 대체적인 교과목은 수신, 국어(일본어), 조선어, 산수, 국사, 지리, 이과, 직업, 도화, 창가, 체조, 가사였다. 그중에서 조선어는 선택과목이었거나 1943년부터는 과목이 폐지된 경우가 있었다. 하지만 선교사들이 조선어 사용 제한에 대해 반대를 하였고 일부는 받아들여지기도 하였지만 대체적으로는 총독부정책에 따를 수밖에 없었다.

희도학교는 남겨진 교과서가 없어 정확한 학습 내용 파악은 어렵지만 남성 위주 유교 중심 사회의 조선에 여성 교육을 실시하였고 종래 유교경전 위주의 공부에서 벗어나 노작 등을 실시함으로써 노동의 가치를 일깨우는 데 기여하였다. 따라서, 희도학교는 기독교계 학교가 조선인 자제의 반봉건적인 의식 확산에 기여하였다는 사례가 될 것이다.

7. 희도학교의 폐교와 종로초등학교의 개교

대구고등법원자료에 의하면 대구시는 1946년 3월 31일 김의균, 백남채로부터 대구희도학교 부동산 전부를 증여받아 즉시 그 인도를 받은 후 이를 공립 희도국민학교의 교사 및 부지로서 점유를 개시하였고 1955년 3월 28일부터는 종로국민학교로 개칭한 것으로 나와 있다. 그 이전부터 학교 부지가 좁았던 희도국민학교는 공립으로 변경되었지만 수동 희도학교 자리에 학교는 그대로 있으면서 운동장을 확장하려 하였다.664) 희도국민학교는 해방 후에 학생이 증가하자 운동장 동편의 고성양조장 일부를 당시 군정지사로부터 허가를 얻어 사용하였다.

1949년 고성양조장 측에서 희도국민학교가 사용하던 교실을 비워달라는 명도요구가 있어서 양조장을 교실로 사용하던 3백여 명의 학생은 수용할 방법이 없었다. 희도국민학교 측은 고성양조장은 적산가옥이고 학교만큼 공익적 기능은 없기 때문에 학교 사용을 허가해 달라고 대구시에 요구를 하였으나 고성양조장은 적산가옥이 아니었다. 학무 당국에서는 희도학교 앞 양조장의 일부를 사용하고 있는 학급은 구본정 소학교(현 종로초등학교)를 사용하게 하여 분할 수용하도록 하였다.

희도학교가 공립으로 변경된 1946년은 미군정에 의해 김의균이 경상북도지사로 임명되었고 백남채는 경상북도내무부장으로 활동하던 시기였다. 희도학교 자치파와의 갈등에서 변론을 맡았고 그 이후 설립자 겸 학교장으로 장기간 재직한 김의균은 누구보다도 희도학교의 재산을 정확히 알고 있었다. 하지만, 희도학교가 공립으로 전환하는 과정에서 소유재산 이전이 불명확하였다. 1946년 3월 31일 김의균, 백남채는 교회 구성원과 총유재산 처분에 관한 아무런 결의 없이 희도학교를 대구시에 증여하였다. 대구제일교회 380명 신도의 성금으로 건립된 희도학교는 학교 합병이나 변경 등 학교운영의 중요 결정 사항은 제일교회 교인들이나 희도학교 총동창회를 소집하여 의견을 수렴하였다. 명신여학교와 통합에 있어서 교인들이 반대를 하여 통합이 불가했고 희원, 순도학교 교명 변경과 양 학교의 통합에서는 총동창회에 승인을 받았다. 대구제일교회 교인의 기부금으로 건설된 희도학교는 비영리단체였기에 총유재산으로 간주된다. 총유재산은 사용수익권을 가질 수 있으나 개인 지분이 없음에도 불구하고 백남채, 김의균이 개인 소유처럼 대구시에 증여한 사실이 명백하므로 그 증여는 효력이 없다고 법원이 판결하였다. 이는 희도보통학교가 공립화 과정에서 절차적으로 문제가 있음을 말해 주는 것이다.

일부 대구제일교회사나 종로초 연혁 관련 자료에서는 희도학교가 경제적으로 어려워 공립화한 것으로 말하고 있으나 경제적으로 어려웠다면 공립화하면서 재산 일부를 매각하여 부채를 변제하여야 했다. 희도학교는 공립화하면서 확장 계획을 요구한 자료는 남아 있지만 재산 처분 자료는 전혀 없다. "희도학교는 해방으로 인해 국가경영이 정당하다고 생각해서 부지와 비품을 대구부에 이관한다"라고[665] 밝혔지만 공립화를 결정한 명확한 이유가 없다. 1928년 신문 인터뷰에서 김의균이 말하였듯이 희도학교의 문제는 운동장 부지가 협소한 것이었다. "희도학교 부지를 확대하고자 하나 앞의 가옥을 살 수 없다"라는 것을 알면서도 공립으로 전환한 후에도 학교 인근 양조장 확보만 주장하였다.

희도학교가 공립화하면서 학교 재산을 개인이 명의신탁 한 것도 법원은 인정하지 않았다. "1966년 5월 25일과 동년 6월 9일, 동년 7월

20일 대구제일교회가 소송한 별지에는 명의수탁자(김의균에 대하여는 피고 김석종, 백남채에 대하여는 피고 백준기, 김덕경에 대하여는 김병한이 각 그 재산상속을 받았다)로부터 신탁해지(등기상에는 기부, 매매 등으로 등재된 것도 있으나 실질적으로는 신탁해지이다)를 원인으로 하여 대구제일교회 명의로 소유권이전등기를 경료하였다. 기부체납서류가 대구시 청사 화재로 소실되는 바람에 이는 학교 건물과 비품만 양도한 것인지 정확히 알 수 없지만 학교를 기부체납 하면서 개인에게 명의신탁 한 것은 이상한 행위였다. 이는 법원이 인정하지 않아 희도학교의 소유권이전등기말소청구사건은 기각될 수밖에 없었다.666)

국가는 희도학교를 기부체납으로 간주하여 한국전쟁 중에 육군이 1951년 8월 12일부터 1965년 12월 10일까지 희도학교를 사용하였고 1971년까지 남산학교 분교장으로 사용한 것이었다. 일제강점하 변호사였던 김의균은 미군정하에는 경북도지사로 자리를 옮겨 대구 최고의 권력자가 되었지만 석연치 않은 희도학교 재산 관리로 인해 법적인 싸움의 중심에 놓였고 결국은 희도학교 부지는 국가 소유의 땅이 되었다. 이후 개인에게 매각되어 현재 희도맨션이 자리 잡고 있다.

사립수창학교가 일본인에 의해 공립화되는 과정이라면 사립희도학교는 같은 민족에 의해 갑자기 공립으로 바뀌었다. 1900년 설립에서부터 희도학교의 50년간의 역사와 운영은 개인이 아니라 기독교인들의 공동체적인 성격이 강했던 학교였다. 그 이전 학교공동체 구성원 합의에 의한 의사결정을 했던 희도학교의 전통에 비춰 보면 일부 인사에 의한 학교 변화는 관련 당사자들에게는 수용하기 힘든 면이 많다. 그렇다고 해서 희도학교가 종로초등학교로 인계되지 않았다고 말하기 어려운 것은 관련 서류들이 종로초에 보관되어 있기 때문이다. 1927년에서

1954년까지의 졸업증서수여대장에서 재학생들을 파악할 수 있으며 1961년 대구종로국민학교 사친회장 황봉갑이 육군 제5관구 사령부에게 보낸 자료에서 희도학교의 확장계획과 종로초등학교로의 이전 관계를 알 수 있다. 희도학교가 수동에서 학교 인근 부지를 추가 매입하려는 계획이 실패하였고 육군 사령부의 토지반환이 없어서 종로초등학교로 이전하게 되었다.

사립희도학교가 공립종로초등학교로 전환되기 전까지 50여 년 일관되게 유지한 학교운영의 자주성과 학교 구성원 합의에 의한 학교운영은 오늘날 사립학교 운영에 시사하는 바가 크다.

참고문헌

1. 도서

각관찰도거래안 규17990 경상감영 공해도.

강만길, 성대경 엮음, 『한국사회주의 운동인명사전』, 창작과 비평사, 1996.

경북고・경북고등학교 총동창회, 『경맥117년사』, 2016.

경성복심법원검사국, 1927, 「왜정인물 6권」.

계림초등학교, 『계림초등학교 100년사』, 2010.

高橋濱吉, 『朝鮮敎育史考』, 1927, 京城: 帝國地方行政學會 朝鮮本部.

古川昭, (이성옥 역), 『구한말 근대학교의 형성』, 2006.

古川昭 著, 『大邱の日本人』, 1925.

광주서석초등백년사추진위원회, 『서석백년사』, 1997.

국사편찬위원회, 『한국근대사기초자료집2 개화기의 교육』, 탐구문화사, 2011.

國史編纂委員會, 1988, 『한민족독립운동사자료집 7권』, 國權恢復團 I.

국회도서관, 『한말근대법령자료집 1권』.

_____, 『한말근대법령자료집 2권』.

逹捨藏 著, 1936, 「경북대감」, 309쪽.

近代アジア敎育史硏究會, 『近代日本のアジア敎育認識』 資料編 I, III, VI, 龍溪書舍, 1999.

김영수, 대한제국기, 「만산문집」 3권, "賀巡相牧息金公移設樂育齋告成文."

김정인, 2015, 『민주주의를 향한 역사: 시대의 건널목, 19세기 한국사의 재발견』, 책과 함께.

김종준, 2009, 「대한제국기 '학교비 분쟁'의 양상」, 『한국문화』 46집, 104쪽.

김형목, 2016, 「대구광문사의 문화계몽운동과 김광제 위상」, 『중앙사론』 44, 55~87.

대구농림고등학교・대구농림고등학교동창회, 1981, 『大農七十年史』.

大邱府 編纂, 『大邱民團史』, 1915.

大邱府, 『大邱府史』, 1943, 손필헌 역, 『개화기의 대구부사』, 서우실, 2009.

대구부읍지, 1899, 정병호 역, 『국역 대구부읍지』, 대구시·경북대 영남문화
　　　연구원, 2016.

대구시사편찬위원회, 『대구시사』 1, 2권, 대구시, 1973.

대구제일교회, 2003, 『대구제일교회백년사』, 141～143쪽.

대구초등백년사추진위원회, 『대구초등100년사』, 2006.

대구향토문화연구소 편저, 1998, 『경상감영사백년사』, 대구광역시 중구, 612쪽.

대구효성가톨릭대학교 영남교회사연구소, 『김보록 신부 서한집』, 1995.

渡部學, 阿部洋 편, 「일본식민지교육정책사료집성 조선편」 제39권, 69권, 동
　　　경, 龍溪書舍, 1991.

渡部學, 『朝鮮教育史』, 1975, 講談社, 온누리, 2006.

이나바 츠기오(稻葉繼雄), 홍준기 역, 『旧韓末 교육과 일본인』, 九州大學出版
　　　會, 1997.

이나바 츠기오(稻葉繼雄), 『旧韓末 「日語學校」の研究』, 九州大學出版會, 1997.

미간행 내부자료, 「대구초등학교 연혁지」.

박득준, 『조선교육사 2』, 박이정, 1998.

백남준, 「1907년 경상북도의 각 관청 20여 곳의 사용현황에 관한 보고」, 各
　　　觀察道(去來)案, 1907.

三輪如鐵, 『大邱一般』, 玉村書店, 1911.

서석태, 1924, 「대구읍지」.

손인수, 『한국개화교육연구』, 일지사, 1980.

野田正, 『韓國大邱案内』, 大邱實業新報社, 1905.

영남대학교 민족문화연구소, 『경북향교자료집성(I)』, 영남대학교출판부, 1992.

영남대학교 민족문화연구소, 1992, 「慶北鄉校資料集成(I)」, "1909년 경주향
　　　교 첩유(帖諭)."

영남대학교박물관 편, 1999, 「오정소정컬렉션」, 146면.

영역사례, 1870년.

오횡묵, 1888, 「경상도자인현일록(慶尚道慈仁縣日錄)」.

유영렬, 1996, 「大韓協會 支會 研究」, 『國史館論叢』 第67輯, 69쪽.

윤건차, 심성보 역, 2016, 『다시 읽는 조선근대교육의 사상과 운동』, 살림터.

윤신영, 1927, 별건곤 5호.

오천석, 『한국신교육사』, 교육과학사, 2014.

이만규, 『다시 읽는 조선교육사』, 살림터, 2010.

정순목, 『영남교육사초』, 영남대학교출판부, 1983.

정재걸, 『한국근대학교교육 100년사 연구(I)』, 한국교육개발원, 1994.

_____, 『만두모형의 교육관』, 한국교육신문사, 2001.

조창용, 『백농실기』, 한국독립운동사연구소, 1993.

조선총독부내무부학무국, 1912, 「조선통계연보」.

주한일본공사관-통감부부서(1905), 伊藤大使韓國往復日誌 「駐韓日本公使館
　　　記錄 25권 七」, 韓國奉使記錄.

中濱究, 山重雄三郎, 『大邱案內』, 麗朗社, 1934.

채수도, 『일본제국주의의 첨병 동아동문회』, 경북대학교출판부, 2012.

河井朝雄, 『大邱物語』, 朝鮮民報社, 1931.

현변, 「유년필독」 권3, 40～59쪽.

2. 논문

Bando Miya, 「대한제국기의 토지조사와 지도제작에 관한 고찰-한성부 대축
　　　척 실측도를 중심으로-」, 『지리학논총』 Vol.52, (2008), 49～73쪽.

강명숙, 「다카하시 도오루의 조선교육제도 약사에 대한 일 고찰」, 『한국교육
　　　사학』 제38권 제4호, 한국교육사학회, 2016, 1～24쪽.

권대웅, 「한말 경북지방의 사립학교와 그 성격」, 『국사관논총』 58집, 국사편
　　　찬위원회, 1994, 21～47쪽.

김경용, 「更張期 朝鮮, 관리등용제도 개혁과 成均館經學科」, 『한국교육사학』
　　　제31권 제2호(2009. 10.), 20쪽.

김도형, 「한말 경북지역의 근대교육과 유교」, 『계명사학』 10, 계명사학회,
　　　1999, 65～100쪽.

김석배, 「교동시기의 대구향교 연구」, 『정신문화연구』 37(3), 2014.9, 7～32.

김숙자, 1992, 「新民會 研究」, 『國史館論叢』 第32輯, 274쪽.

노인화, 「대한제국시기 관립학교 교육의 성격 연구」, 이화여자대학교 박사

학위논문, 1988.

渡部學, 1956년, 「21세기초 조선에 있어서 사립학교와 서당」, 『효고농과대학연구보고』, 인문과학편 2, 116~127쪽.

渡部學, 阿部洋 편, 1991, 「일본식민지교육정책사료집성 조선편」 제39권 下, 5~9쪽.

稻葉繼雄, 「日本人の在韓敎育活動」, 近代アジア敎育史硏究會 篇, 近代日本のアジア敎育認識, 東京: 龍溪書舍, 1999.

류방란, 2000, 「개화기 신식학교 교육의 목적과 교육내용에 관한 논의」, 『한국교육』, 68쪽.

류충희, 2014, 「개화기 조선의 民會 활동과 「議會通用規則」」, 『東方學志』 제167집, 연세대학교 국학연구원, 201쪽.

문화재청, 「근대문화유산전기통신(우정분야)분야 목록화 조사 보고서」, 28~29쪽.

박지현, 2014, 「한말 일제시대 유교 지식인의 지적 곤경과 근대 지식의 모색-海岳 金光鎭의 「海岳文集」 편찬과 간행을 중심으로-」, 『民族文化』 44, 261쪽.

박형채, 1915, 「시천교종역사(侍天敎宗繹史)」, 336쪽.

백남준, 1907, 「경상북도의 각 관청 20여 곳의 사용현황에 관한 보고」, 各觀察道(去來)案.

변승웅, 「대한제국정부의 경본예참정책과 유생층의 신교육참여」, 『건대사학 7』, 건국대학교 사학회, 1989, 89~119쪽.

변승웅, 1990, 「한말 사립학교 설립 운동과 애국계몽운동」, 『한국사논총』 제18집, 35쪽.

사립 대구 협성학교, 1911년, 「밀양군소재전답예도금부」.

손병철, 「경상북도관찰부공립소학교의 설립과 운영」, 『한국학연구』 69, 고려대학교 한국학연구소, 2019, 161~203쪽.

손병철, 「구한말 대구달성학교 설립과 운영의 실제」, 『역사문화연구』 71호, 한국외국어대학교 역사문화연구소.

손병철, 2019, 「구한말 대구달성학교 설립과 운영의 실제」, 『역사문화연구』

71호, 287~338쪽.

손병철, 2020, 「통감부시기 대구달성학교 변화과정에 관한 연구」, 『대구경북연구』 제19권 제1호.

송영준, 김갑열, 「大韓帝國 度支部 量地課 제정 測量規程에 관한 研究」, 『地籍』 제42권 제1호, 2012.

이계형, 「대한제국기 통감부의 식민교육정책 연구」, 국민대학교 박사학위논문, 2007.

이규철, 「근대적인 측량기술의 도입과 건축도면의 제작」, 『근대건축도면 아카이브의 역사적 가치와 활용방안』, 국가기록원, 2014.

이재은, 「구한말 근대적 지방재정제도 도입과정에 관한 연구」, 한국지방세연구원, 2014.

이진현, 「1907년 2월 대구광문사의 위치에 관한 연구」, 『대구경북연구』 제13권 제1호, 대구경북연구원, 21~31쪽.

임후남, 「개명관료로서의 근대교원」, 『아시아교육연구』 4권 1호, 서울대학교 교육연구소, 2003, 105~132쪽.

장석만, 「개항기 천주교와 근대성」, 『교회사연구』 17, 한국교회사연구소, 2001, 9~30쪽.

장인진, 「경상감영 樂育齋의 교육과 문화 소통」, 『영남학』 20권 0호, 2011년 12월, 247~287쪽.

장인진, 「경상감영의 낙육재 교육에 대하여」, 『한문학연구』 8, 계명한문학연구회, 1992, 177~198쪽.

전민호, 「학교령기 통감부의 교육정책 연구」, 『한국학연구』 제48집, 2012, 495~530쪽.

정낙찬, 「대구경북지역의 근대교육기관 설립과정 연구」, 『대구경북학연구논총 3호』, 대구경북연구원, 2006, 1~46쪽.

정병호 역, 2016, 『국역 대구부읍지』, 대구시·경북대 영남문화연구원.

정상우, 「일제강점 말기 관찬 지방사에서의 지방구현-대구부사를 중심으로-」, 『동북아역사논총』 45호, 동북아역사재단, 2014, 291~336쪽.

정상우, 2014, 「일제강점 말기 관찬 지방사에서의 지방구현-「대구부사」를 중심으로-」, 『동북아 역사논총』 45호, 292쪽.

정숭교, 「대한제국기 지방학교의 설립주체와 재정」, 『한국문화』 22권, 서울
　　대학교 한국문화연구소, 1998, 277~308쪽.

정재걸, 「개항 이후 일본인의 조선사정 조사와 안내서 간행」, 『한국민족운동
　　사연구』 73, 한국민족운동사학회, 2012, 5~50쪽.

朝鮮總督府內務部學務局 [編], 1916, 「(朝鮮人敎育)私立學校統計要覽. 1-2」.

채수도, 「"大日本海外敎育會"에 관한 일고찰」, 『菅原彬州先生古稀記念論文
　　集』, 214~254쪽.

천지명, 2000, 「한말 일본 동아동문회의 조선 교육 진출」, 숙명여자대학교
　　석사학위논문.

최혜주, 「개항 이후 일본인의 조선사정 조사와 안내서 간행」, 『한국민족운동
　　사연구』 73, 한국민족운동사학회, 2012, 5~50쪽.

최혜주, 「小田省吾의 교과서 편찬활동과 조선사 인식」, 『동북아역사논총』
　　27, 동북아역사재단, 2010, 279~314쪽.

최혜주, 2012, 「개항 이후 일본인의 조선 사정 조사와 안내서 간행」, 『한국
　　민족운동사연구』 73, 16쪽.

최혜주, 「1900년대 일본인의 조선이주 안내서 간행과 조선인식」, 『한국민족
　　운동사연구』 75, 한국민족운동사학회, 43~92쪽.

한용진, 「개화기 일본 민간단체 설립 학교 고찰」, 『동양학』 38권, 단국대학
　　교 동양학연구원, 2005, 185~215쪽.

한용진, 「갑오개혁기 일본인의 한국교육 개혁안 고찰-근대화 교수용어 선택
　　을 중심으로」, 『敎育問題硏究』 제33집, 고려대학교 교육문제연구소,
　　2009, 77~98쪽.

허재영, 「근대 계몽기의 교과론과 교육학, 교수법 자료 연구」, 『한국민족문
　　화』 제45호, 부산대학교 한국민족문화연구소, 2012, 205~235쪽.

3. 인터넷자료

관보 https://library.scourt.go.kr/main.jsp

국가기록원 http://www.archives.go.kr/next/viewMain.do

대한매일신보

승정원일기 http://sjw.history.go.kr/main.do

제국신문

한국사데이터베이스 http://www.history.go.kr

한국학자료포털 http://kostma.aks.ac.kr

한성신문

각주

1) 칙령 제145호, 「소학교령」, 개국 504년 7월 19일, 『관보』, 개국 504년 7월 22일.

2) 학부령 제5호, 「공립소학교 위치를 좌와 같이 정함」, 1896년 9월 17일, 『관보』, 건양원년 9월 21일.

3) 현재 교동초등학교로, 김정인, 2015, 『민주주의를 향한 역사: 시대의 건널목, 19세기 한국사의 재발견』에서 한성사범학교부속소학교로 표시하였고, 문화콘텐츠닷컴에는 관립교동왕실학교(1894년 9월 18일), 관립한성사범학교소학교(1895년 5월 1일), 관립교동소학교(1906년 9월 1일)로 개칭된 것을 밝혔다. 1906년(광무 10) 9월 1일 '학부직할보통학교 명칭'(학부령 24호)에 따라 교동소학교로 기술함.

4) 학부고시 제4호, 「고종 32년 9월 28일 장동, 정동, 묘동, 계동 4처에 소학교를 설립한 건」, 『관보』, 개국 504년 9월 30일.

5) 『계림초등학교 100년사』, 2010; 『광주 서석 100년사』, 1996.

6) 「칙령」 제145호 소학령, 앞의 글.

7) 『고종실록』 33권, 고종 32년 9월 13일, 勅令第一百六十九號, 訓鍊隊廢止件, 칙령 제171호 「친위대 2대대 설립에 관한 안건」[親衛隊二大隊設立件]과 칙령 제172호, 「평양부와 전주부에 진위대 설립에 관한 안건」[平壤府全州府鎭衛隊設立件].

8) 『고종실록』 24권, 고종 24년 5월 13일 2번째 기사, 1887년 조선 개국(開國) 496년 영남 군영을 친군 남영으로 하고 대장은 해조에서 단부로 계하하도록 하다.

9) 『경상감영사백년사』, 앞의 책, 29쪽, 383~384쪽.

10) 백남준, 「1907년 경상북도의 각 관청 20여 곳의 사용현황에 관한 보고」, 各觀察道(去來)案, 1907.; 이진현, 「1907년 2월 대구광문사의 위치에 관한 연구 재인용」, 『대구경북연구』 제13권 제1호, 2014, 21~31쪽.

11) 「학부령」 제5호, 앞의 글.

12) 학부령 27호, 『관보』, 1906년 8월 31일.
제1조 현 공립소학교는 보통학교령 시행일로부터 동령에 의하여 설립한

공립보통학교로 인(認)함.

제2조 현 공립소학교 직원은 보통학교령 시행일로부터 별(別)로히 사령을 불요(不要)하고 해(該)공립학교 직원으로 채용함.

13) 『대한매일신보』, 1906.9.30.

14) 『황성신문』, 1906.10.25. 「공해부교」.

15) 『제국신문』, 1906.3.13. 「揷標占校」;『대한매일신보』, 1906.3.14. 「學校困狀」,『제국신문』, 1906.2.22. 「毁垣作路」;『황성신문』, 1906.12.22. 「日人毁垣」;『대한매일신보』, 1906.12.22. 「日壞校墻」.

16) <그림 3>의 아래 원의 공립보통학교 자리이다. 이 자리는 현재 경신정보고등학교 자리이다.

17) 『제국신문』, 1907.2.22. 「打鼠學長」.

18) 『황성신문』, 1907.12.24.

19) 『황성신문』, 1908.4.8. 「잡보」.

20) 『황성신문』, 1908.4.18. 「私校爲公」;『대구초등학교연혁지』, "1908년 5월 1일 여자부 개설."

21) 『제국신문』, 1901.4.5. "각쳐 공립소학교 부교원이란것은 그학교 슈교원이 잇던지 업던지 학원을 골아치ᄂ 직임이 중대ᄒ터인ᄃ 수교원이라"고 하여 부교원과 구분하기도 하였으나 대부분은 교원, 부교원으로 하고 있어 그에 따랐다.

22) 『황성신문』, 1901.4.12. 「삼미지일가소」.

23) 『관보』에는 대구부 공립소학교라는 명칭으로 나오는 것은 기존의 8도제가 1895년 5월 26일 전국이 23개 부로 개편되었을 때에는 대구부였다가 1896년 6월 25일 다시 개정되어 23府가 다음 13道로 되어 경상북도로 바뀌었다(『개화기의 대구부사』, 1943, 115~116쪽). 이항선의 발령 때에는 대구부 공립소학교라 하였고 그 이후는 경상북도관찰부공립소학교로 불렸다.

24) 『관보』, 1896.1.24. 「서임급사령」.

25) 오천석, 『한국신교육사』, 교육과학사, 2014, 97~127쪽.

26) 노인화, 「대한제국시기 관립학교 교육의 성격 연구」, 1988, 131쪽.

27) 近代日本のアジア研究會, 『近代日本のアジア教育認識』資料編 VI, 龍溪書舍, 1999. 「동아동문회 보고」 38호, 1903.1. <추계대회 한국에서의 사업 회보>.

28) 위의 책, 「동아동문회보고」 38호, 1903.1.1. <한국학사시찰보고서 잡록>.

29) 『제국신문』, 1900.7.13. 「잡보」.

30) 『제국신문』, 1902.9.2. 「학교개학」.

31) 『제국신문』, 1902.3.14. "교원감봉 소학교 교원 김녕제씨가 시간이 지나도록 수진치 아니혼고로 김교원을 오일벌봉에 쳐ᄒ엿다더라."

32) 『구한국관보』, 1904.3.12. 『구한국관보』, 1903.01.8. 『구한국관보』, 1902.1.11.; 정재걸, 『한국근대학교교육 100년사 연구(I)』, 한국교육개발원, 1994, 141쪽.

33) 『승정원일기』, 고종 39년 7월 17일[양력 8월 20일], 朴熙命 교원叙判任官五等.

34) 『승정원일기』, 고종 39년 7월 29일[양력 9월 1일], 朴熙命任官立小學校教員.

35) 『승정원일기』, 고종 33년 5월 28일, 1896년 김영제 양력 7.8. 자로 홍주부 소학교 임용.

36) 『승정원일기』, 고종 33년 10월 3일[양력 11월 7일], 전라북도관찰부소학교 임용.

37) 『승정원일기』, 고종 36년 2월 16일; 『황성신문』, 1899년 03월 30일 叙任及辭令.

38) 임후남, 「개명관료로서의 근대교원」, 『아시아교육연구』 4권 1호, 서울대학교 교육연구소, 2003, 116쪽.

39) 임후남, 위의 글.

40) 『승정원일기』, 고종 33년 5월 12일, 장성화, 給二級俸.

41) 『황성신문』, 1898년 12월 05일, 叙任及辭令.

42) 『황성신문』, 1899년 6월 2일, 叙任及辭令.

43) 노인화, 「대한제국시기 관립학교 교육의 성격 연구」에서는 195명이라 하지만 1906년 6월 졸업생 이우정, 김상학, 정중근 3명도 관립한성사범학교로 개칭 전에 졸업하였기에 한성사범학교 졸업생은 198명이 정확한 수이다. 『관보』 제3,496호, 1906.7.4.

44) 野田正, 1905. 『韓國大邱案內』, 17쪽.

45) 칙령 제145호 「소학교령」, 개국 504년 7월 19일, 『관보』, 개국 504년 7월 22일.

46) 엄성구는 한성사범학교 본과 1회로 졸업생 명단에는 엄성을이었다. 1902년 6월 30일 개명하였다.

47) 『승정원일기』, 고종 40년 음력 10월 30일.

48) 정재걸, 1994, 앞의 글;『신사보감』, 신사 278.

49)『승정원일기』 3153책 (탈초본 140책), 고종 39년 12월 6일, 中樞院議官 李恒善.

50)『관원이력』 9책, 264;『관원이력』 21책, 565;『관원이력』 40책, 856.

51)「보조공립소학교규칙」, 학부령 제1호 제3조,『관보』, 건양원년(1896년) 2월 25일.

52)『황성신문』, 1899.2.1.「학부지령」.; 변승웅,「대한제국정부의 경본예참정책과 유생 층의 신교육참여」,『건대사학』 7, 1989, 101쪽.

53) 정재걸, 앞의 글, 1994.

54)「보조공립소학교규칙 개정」 학부령 제13호 관보, 광무 4년 10월 27일.

55) 정승교,「대한제국기 지방학교의 설립주체와 재정」,『한국문화』 22권, 서울대학교 한국문화연구소, 98, 287쪽.

56)『제국신문』, 1903.5.2.

57) 近代日本のアジア硏究會, 앞의 책,「동아동문회보고」 38호, 앞의 글.

58)『황성신문』, 1899.9.15.「학사」.

59)『관보』 제682호, 1897.7.7.

60)『제국신문』, 1906.11.19.「교원천보」.

61) 近代日本のアジア硏究會, 앞의 책,「동아동문회」 38호, 앞의 글.

62) 임후남, 앞의 글, 114쪽.

63)『관보』 제1390호, 1899.10.12. 잡보.

64)『황성신문』, 1899.6.1.;『승정원일기』 3148책.

65)『승정원일기』 3070책.

66)『제국신문』, 1903.6.30.

67) 정재걸, 1994, 앞의 글.

68)『관보』, 1904.3.12.; 1903.1.8.; 1902.1.11.; 정재걸, 같은 글, 141쪽 재인용.

69) 국사편찬위원회,『관원이력』, 1972, 6책, 185쪽; 20책, 531쪽;『신사보감』, 신사 278쪽.

70) 위의 책, 30책, 712쪽.

71)『관보』 제2915호, 1904.8.26.

72)『황성신문』, 1899.12.26.「원토와 교비」.

73)『제국신문』, 1900.6.13.「잡보」.

74) 칙령 제145호「소학교령」, 개국 504년 7월 19일,『관보』, 개국 504년 7월

22일.

75) 『황성신문』, 1896.1.24. "교원 이항선 敍判任官六等 급2급봉"; 『황성신문』, 1896.6.8. "김영제任교원 給二級俸 임용"; 『황성신문』, 1896.6.22. "장성화 張聖和任교원 임용, 급2급봉."

76) 『승정원일기』 3071책 (탈초본 139책), 고종 33년 5월 12일(1896년 양력 6월 22일).

77) 『황성신문』, 1899.6.2. "敍任及辭令."

78) 『황성신문』, 勅令第三十四號, 1905.7.1.

79) 정재걸, 1994, 앞의 글.

80) 『황성신문』, 1899.2.20. 「敎育急務」.

81) 『제국신문』, 1900.6.13.

82) 이재은, 「구한말 근대적 지방재정제도 도입과정에 관한 연구」, 한국지방세연구원, 2014, 75쪽.

83) 『황성신문』, 1899.2.20. 「敎育急務」.

84) 『황성신문』, 1899.6.28. 「停學餉兵」.

85) 『慶北鄕校資料集成(I)』, 嶺南大學校 民族文化硏究所, 嶺南大學校出版部, 1992, 1900년 영양향교(英陽鄕校) 하첩(下帖), 한국학자료포털/고문서/영양향교.

86) 『황성신문』, 1899.1.16. 「학부지령」.

87) 『시사총보』, 1899.7.22.

88) 『황성신문』, 1901.12.24. 「엄징오유」.

89) 『제국신문』, 1901.6.14. 「校院相持」.

90) 『황성신문』, 1899.1.2. 「校費不撥」; 『황성신문』, 1899.10.6., 12.26.; 1900.1.6., 1.8., 1.13., 11.1., 12.13.; 1901.3.23., 6.14., 6.15., 7.2., 雜報.

91) 『황성신문』, 1899.10.26. 「敎育無路」.

92) 『황성신문』, 1900.1.8. 「內藏司와 校費」; 『제국신문』, 1901.6.14. 「校院相持」.

93) 『慶北鄕校資料集成(I)』, 1992, 1900년 영양향교(英陽鄕校) 하첩(下帖), 앞의 글.

94) 『제국신문』, 1901.1.19.

95) 『황성신문』, 1901.7.2. 「보토성교」.

96) 『황성신문』, 1901.12.4. 「잡보」; 『제국신문』, 1902.3.28. 「外劃發訓」.

97) 정재걸, 앞의 글(1994), 185쪽.

98) 『황성신문』, 1899.2.20. 「교육급무」.

99) 『황성신문』, 1900.3.1. 「四年度豫算(續)」. 1900년도 예산의 경우에는 공립 보조비 항목이 명확하지 않지만 『제국신문』, 1900.2.17. 『잡보』에는 "학부에서 금년도 예산에 한성과 십삼도 각군의 공립 소학교 오십처에 경비 이만사백원"이라고 나와 있어 차이가 있어 3월 1일 자 기준으로 하였다.

100) 기타 학교 수의 변동이 없어서 경성학당 360원, 나머지는 인천과 부산의 일어학교가 전후년도 비슷하게 지급되었을 것 같지만 사료가 부족하여 미상으로 처리하였다.

101) 『황성신문』, 1901.3.23. "光武五年度預算(續)公立學校補助費二萬五千一百四十元"만 제시되어 있고 내역은 없다.

102) 『협성회회보』, 1898.1.8. 『내보』, "거년 십일월에 학부에 보고 혼 각 학교 싱도수."

103) 오천석, 앞의 책, 99쪽.

104) 오천석, 앞의 책, 105쪽.

105) 『제국신문』, 1902.10.30. 『學部請議』.

106) 近代日本のアジア研究會, 1999, 앞의 책, 「동아동문회보고」 28호, 38호, 앞의 글.

107) 近代日本のアジア研究會, 1999, 앞의 책, 「동아동문회보고」 33호, 앞의 글.

108) 노인화, 앞의 글, 1988, 63쪽, 172쪽.

109) 野田正, 앞의 책, 1905, 17쪽.

110) 조창용, 『백농실기』, 한국독립운동사연구소, 1993.

111) 『독립신문』, 1898.12.26.

112) 정재걸, 1994, 앞의 글, 159쪽.

113) 국사편찬위, 2011, 1908년 4월, 「관공립보통학교 일람표」.

114) 『협성회회보』, 1898.2.12. 제7호. "이월 이일에 경성학당 학원들과."

115) 서상락은 남문 안에 거주하였으며 항일운동가 동암 서상일의 형이다(한국사데이터베이스).

116) 『독립신문』, 1898.12.26.

117) 류충희, 「개화기 조선의 民會 활동과 「議會通用規則」」, 『東方學志』 제167집, 연세대학교 국학연구원, 2014, 5쪽에서 의회통용규칙은 '會'라는 것을 어떤 식으로 조직하고 운영해야 하는지, 혹은 議事를 어떻게 진행하고 결정해야 하는지를 중점적으로 다룬 텍스트라고 할 수 있다.

118) 『독립신문』, 앞의 글.

119) 『문헌비고』, 권지 209, 「학교고」 8, 6~8쪽.

120) 박득준, 『조선교육사 2』, 박이정, 1998, 92~98쪽.

121) 近代日本のアジア硏究會, 앞의 책, 「동아동문회」 28호, 앞의 글.

122) 近代日本のアジア硏究會, 앞의 책, 「동아동문회」 38호, 앞의 글.

123) 『매일신문』, 1898.11.5.; 『제국신문』, 1902.4.26.

124) 近代日本のアジア硏究會, 앞의 책, 「동아동문회」 36호, 앞의 글, 38호, 앞의 글.

125) 한용진, 「갑오개혁기 일본인의 한국교육 개혁안 고찰-근대화 교수용어 선택을 중심으로」, 『敎育問題硏究』 제33집, 2009, 고려대학교 교육문제연구소, 77~98쪽.

126) 『황성신문』, 1898.12.23. 논설.

127) 정재걸, 앞의 책, 1994, 107쪽; 『近代日本のアジア敎育認識』 資料編 III, 1999, 龍溪書舍, 84쪽. "구한말의 교육 상황에서 교과서 발행에 대한 의의를 갑오개혁의 기본정신인 자주독립과 역사적 주체성을 교육으로 실현하기 위해 학부뿐만 아니라 전 지식인이 참여하는 형태였다"라고 일본인이 평가한 의의였다.

128) 최혜주, 「小田省吾의 교과서 편찬 활동과 조선사 인식」, 『동북아역사논총』 Issue 27, 동북아역사재단, 2010, 287쪽.

129) 이나바 츠기오(稻葉繼雄), 1998, 『旧韓末 「日語學校」の硏究』, 九州大學出版會.

130) 『황성신문』, 1898.11.4. 「별보」.

131) 허재영, 「근대 계몽기의 교과론과 교육학, 교수법 자료 연구」, 『한국민족문화』 제45호, 부산대학교 한국민족문화연구소, 2012, 228쪽.

132) 권대웅, 「한말 경북지방의 사립학교와 그 성격」, 『국사관 논총』 58집, 국사편찬위원회, 1994, 40쪽.

133) 정재걸, 2001, 앞의 책, 169쪽.

134) 近代日本のアジア硏究會, 앞의 책, 1902.3.1. <해외통신>, "경상도 대구부의 개관."

135) 장석만 「개항기 천주교와 근대성」, 『교회사 연구』 17, 한국교회사 연구소, 2001, 2~13쪽.

136) 渡部學, 『朝鮮敎育史』, 1975, 講談社, 251쪽; 한용진, 「개화기 일본 민간단

체 설립 학교 고찰」, 『동양학』 38권, 단국대학교 동양학연구원, (2005), 194쪽.

137) 近代アジア教育史研究會, 『近代日本のアジア教育認識』 資料編 VI, 龍溪書舍, 동아시론, 1899년 8월 10일; 권대웅은 연구는 10여 인, 경북고 117년사 특별기사에 이소검, 정명수 등 12명으로 나와 있다.

138) 『독립신문』, 1899년 8월 26일.

139) 近代アジア教育史研究會, 『近代日本のアジア教育認識』 資料編 VI, 龍溪書舍, (1999), 동아시론, 1899년 8월 10일.

140) 『황성신문』, 기사 제목이 "尹氏熱心"인 것처럼 윤필오 지필묵 경비부담 등의 치적을 알리고 있다.

141) 河井朝雄, 『大邱物語』, (1931), 78쪽.

142) 大邱府, 『大邱府史』, (1943), 216쪽.

143) 교육상황보고와 현지학사시찰보고 등을 보고 풍부하게 수록되어 있어 교육사적으로 귀중한 사료이다(近代アジア教育史研究會), 『近代日本のアジア教育認識』 資料編 I, (1999), 「일본인의 재한교육활동」, 179쪽.

144) 정상우, 「일제강점 말기 관찬 지방사에서의 지방구현-대구부사를 중심으로-」, 『동북아역사논총』 45호, 동북아역사재단, 2014. 식민지기 일본인에 의한 지방사 편찬은 궁극적으로 일본의 식민사업에 협조하기 위한 것으로 재조일본인이나 부청에서 자신들의 업적이나 부세를 과시하기 위해 편찬하였다는 연구가 있고 대표적인 사례로 1943년 대구부사를 들고 있어 사료 해석 시 비교 검토가 필요하다. 일제강점기 사료들은 일제식민지 시기 하에 지배를 정당화하기 위해 쓰인 것이어서 식민지 시기 이전 시점인 달성학교가 존재했던 사료를 근거로 하여 진실 여부를 밝혀야 할 것이다.

145) 변승웅, 「한말 사립학교 설립 운동과 애국계몽운동」, 『한국사논총』 제18집, 1990.

146) 변승웅, 위의 글, 1990.

147) 정숭교, 「대한제국기 지방학교의 설립 주체와 재정」, 『한국문화』 22권, (1999), 295~298쪽.

148) 이만규, 『다시 읽는 조선교육사』, 472~474쪽; 한용진, 「개화기 일본 민간단체 설립 학교 고찰」, 189쪽, 재인용; 1904년 학부 『한국교육의 현상』 기준, 일어부 72명, 영어부 62명, 한어부 56명, 불어부 52명, 독어부 20명 순이었다.

149) 이만규, 위의 책, 473쪽.

150) 허재영, 「근대 계몽기 외국어 교육 실태와 일본어 권력 형성 과정 연구」, 323쪽; 한용진, 「개화기 일본 민간단체 설립 학교 고찰」, 187~189쪽.

151) 『황성신문』, 1902년 6월 18일, 「修城請費」.

152) 이만규, 위의 책, 473쪽.

153) 허재영, 위의 글, 342쪽.

154) 손병철, 「경상북도관찰부 공립소학교의 운영과 실제」, 『한국학연구』 69호, (2019), 198쪽.

155) 최혜주, 「개항 이후 일본인의 조선 사정 조사와 안내서 간행」, 15~16쪽.

156) 제점숙, 「구한말 부산지역 조선어, 일본어 교육의 전개-이문화 '장(場)'으로서의 교육 공간-」, 『일본근대학연구』 39호, (2013), 207쪽.

157) 윤건차, (심성보 역), 『다시 읽는 조선근대교육의 사상과 운동』, 살림터, (2016), 228쪽.

158) 「달성학교설립취지서」, 1899.

159) 대한민국 문교부 국사편찬위원회, 1981, 89쪽.

160) 大邱府 編纂, 『大邱民團史』, (1915), 103쪽.; 大邱府, 『大邱府史』, (1943), 216쪽.

161) 천지명, 「한말 일본 동아동문회의 조선 교육 진출」, 숙명여자대학교 석사논문, (2000), 18쪽.

162) 近代アジア教育史研究會, 『近代日本のアジア教育認識』 資料編 VI, 250~252쪽, 「동아동문회보고」 38호, 1903.02.01. 260~264쪽; 「동아동문회보고」 39호, 1903년 2월 1일.

163) 이나바 츠기오(稻葉繼雄), 『旧韓末 「日語學校」の研究』, 359쪽.

164) 近代アジア教育史研究會, 資料編 I, 177쪽.

165) 위의 글, 176쪽.

166) 손필헌 역, 『개화기의 대구부사』, 서우실, (2009), 98쪽.

167) 윤건차, (심성보 역), 『다시 읽는 조선근대교육의 사상과 운동』, 226쪽.

168) 渡部學, 『朝鮮教育史』, (1975), 講談社, 250쪽.

169) 近代アジア教育史研究會 篇, 『近代日本のアジア教育認識』 I, 203쪽. 일본 측이 히자즈키(膝付益吉)를 달성학교 창립자로 말하는 것은 사실상의 최고책임자이기 때문이라고 한다.

170) 近代アジア教育史研究會 篇, 『近代日本のアジア教育認識』 資料編 VI, 376쪽, 『동아동문회』 64호, 1905년 3월 25일.

171) 손필헌 역, 『개화기의 대구부사』, 서우실, (2009), 114쪽.

172) 近代アジア教育史研究會, 資料編 VI, 241쪽; 「동아동문회보고」 38호, 1903년 1월 1일.

173) 近代アジア教育史研究會, 資料編 I, 207쪽; 이나바 츠기오(稻葉繼雄), 『旧韓末 「日語學校」の研究』, 306쪽.

174) 近代アジア教育史研究會,, 資料編 VI, 63쪽; 「교육시론」, 1900년 11월 5일.

175) 위의 책, 140쪽; 「동아동문회보고」 26호, 1902년 1월 8일.

176) 위의 책, 246쪽; 「동아동문회보고」 39호, 1903년 2월 1일.

177) 샤쿠오 슌조(釋尾春芿)는 조선과 만주라는 책을 발행하여 조선고서간회를 설립하여 조선을 식민지화하는 데 공을 세운다. 그는 일본인들이 문명인으로서의 일본인의 존재감과 사명감을 드러내고 한국인 통치에 활용할 목적으로 단체 및 잡지를 발행한 인물이다. 최혜주, 「일제강점기 재조일본인들의 조선 문헌수집과 연구 활동」, 대동한문학회 2016년 추계학술대회 발표집, 365~373쪽.

178) 近代アジア教育史研究會 篇, 『近代日本のアジア教育認識』資料編 VI, 300쪽, 「동아동문회보고」 50호, 키쿠가와(菊川溪雲)는 달성학교 폐교 이후 총독부가 민족운동을 하는 사립학교를 탄압하기 위해 일본인을 배치할 때 협성학교 교감으로 이동한다.
   http://contents.history.go.kr/front/km/view.do?levelId=km_002_0050_0040, 1909년의 『관찰사 회의 요록』에 "사립학교 중 교통이 편하고 비교적 중요한 지구에 위치해 설비(設備)가 완전한 학교, 즉 교지·교사를 소유하고 그것을 유지할 상당한 재원이 있는 학교를 약 30개 선발하고 그것을 보조하기 위해 교원을 파견하여 모범적 경영을 할 것"에 따른 것이다. 따라서 달성학교의 교원이 협성학교의 교원이 된 것은 학교의 승계에 따른 교원의 이동이 아니라 그 당시 일제가 민족운동을 하는 사립학교를 탄압하기 위해 일본인을 배치한 것이다.

179) 『황성신문』, 1903년 11월 17일, 「開教會組織」.

180) 近代アジア教育史研究會, 資料編 VI, 306쪽, 「동아동문회보고」 51호, 1904년 2월 10일.

181) 위의 책, 392쪽, 「동아동문회보고」 71호, 1905년 10월 26일.

182) 大邱府 編纂, 『大邱民團史』, 104쪽.

183) 近代アジア教育史研究會, 資料編 I, 203쪽.

184) 박득준, 『조선교육사 2』, 박이정, 1998.

185) 近代アジア教育史研究會, 資料編 VI, 334~335쪽;「동아동문회보고」59호, 1904년 10월 25일.

186) 위의 책, 170쪽:「동아동문회보고」31호, 1902년 6월 1일.

187) 近代アジア教育史研究會, 資料編 I, 25쪽, 이나바 츠기오(稲葉繼雄),『旧韓末「日語學校」の研究』, 354쪽.

188) 한용진,「갑오개혁기 일본인의 한국교육 개혁안 고찰-근대화 교수용어 선택을 중심으로」,『教育問題研究』제33집, 90쪽.

189) 近代アジア教育史研究會, 資料編 VI, 224쪽,「동아동문회보고」38호, 1903년 1월 1일.

190) 위의 책, 376;『황성신문』, 1905년 3월 23일,「幣氏宴會」.「동아동문회보고」64호, 1905년 3월 25일 자료.

191) 『황성신문』, 1905년 5월 11일,「韓國教育의 方針」. 문부시학관 野尻는 이 당시의 학교시찰과 간담회 등의 내용으로 한국교육에 대한 방침을 결정하였다.

192) 近代アジア教育史研究會, 資料編 VI, 376쪽,「동아동문회보고」64호, 1905년 3월 25일.

193) 한국근현대인물자료 http://db.history.go.kr/item/level.do?levelId=im_215_2 2157

194) 近代アジア教育史研究會 篇,『近代日本のアジア教育認識』I, 206쪽.

195) 『황성신문』, 1899년 12월 29일,「雜報」.

196) 오천석,『한국신교육사』, 교육과학사, 2014, 101쪽.

197) 한용진,「개화기 일본 민간단체 설립 학교 고찰」,『동양학』38권, 189~195쪽.

198) 近代アジア教育史研究會 篇,『近代日本のアジア教育認識』資料編 VI, 138쪽,「동아동문회보고」26호, 1902년 1월 8일. 당시 1엔은 1원으로 환산함.

199) 伊藤大使韓國往復日誌, 1905.

200) 『대한매일신보』, 1908년 3월 11일,「달찰미적」.

201) 『대한매일신보』, 1909년 5월 27일,「수창보조금」.

202) 近代アジア教育史研究會 篇,『近代日本のアジア教育認識』資料編 VI, 241쪽,「동아동문회보고」38호, 1903년 1월 1일.

203) 幣原担, 朝鮮教育論 (1919), 62쪽, 이나바 츠기오(稲葉繼雄),『旧韓末「日語學校」の研究』, 359쪽.

204) 채수도, 『일본제국주의의 첨병 동아동문회』, (2012), 189~213쪽.

205) 近代アジア教育史研究會 篇, 『近代日本のアジア教育認識』 資料編 Ⅵ, 246 쪽, 「동아동문회보고」 38호, 1903년 1월 1일.

206) 이나바 츠기오(稻葉繼雄), 『旧韓末 「日語學校」の硏究』, 358쪽.

207) 권대웅, 「한말 경북지방의 사립학교와 그 성격」, 『국사관논총』 58집, 1994, 40쪽.

208) 近代アジア教育史研究會 篇, 『近代日本のアジア教育認識』 資料編 Ⅵ, 171 쪽, 「동아동문회보고」 31호, 1902년 6월 1일.

209) 『황성신문』, 1905년 05월 11일, 「한국교육의 방침」. 日本各部省視學官 野尻氏가 韓國의 教育事項을 調査次로 去三月에 渡韓ᄒ얏다가 本月에 歸國 ᄒᆫ 故로 文部省에셔 韓國教育設施에 對ᄒᆫ 方針이 決定되리라더라.

210) 近代アジア教育史研究會 篇, 『近代日本のアジア教育認識』 資料編 Ⅵ, 67 쪽, 「교육시론」, 1901년 7월 25일.

211) 이나바 츠기오(稻葉繼雄), 『旧韓末 「日語學校」の硏究』, 369쪽.

212) 加藤 公使 京城學堂年報進達及ヒ保護金ノ件, 1899년 04월 07일, 駐韓日本公使館記錄 13권.

213) 이나바 츠기오(稻葉繼雄), 『旧韓末 「日語學校」の硏究』, 370쪽.

214) 류방란, 「개화기 신식학교 교육의 목적과 교육내용에 관한 논의」, 『한국교육』, 65~66쪽; 이행훈, 「1900년대 전후 도덕 개념의 의미장」, 『개념과 소통』 제12호, (2013. 12.), 171쪽.

215) 허재영, 「근대 계몽기 외국어 교육 실태와 일본어 권력 형성 과정 연구」, 341쪽; 심성보 역, 『다시 읽는 조선 근대교육의 사상과 운동』, 229쪽.

216) 恒屋盛服, 『朝鮮開化史』, 371쪽. 홍준기 역, 『旧韓末 教育과 日本人』66쪽; 한용진, 「개화기 일본 민간단체 설립 학교 고찰」, 90쪽 재인용.

217) 한용진, 「갑오개혁기 일본인의 한국교육 개혁안 고찰」, 93쪽.

218) 한용진, 「개화기 일본 민간단체 설립 학교 고찰」, 『동양학』 38권, 203쪽. "초기의 일본어와 한국어 병용을 통한 보통학이 일본어에 의한 보통학으로 변경되었다." 이나바 츠기오(稻葉繼雄), 『旧韓末 「日語學校」の硏究』, 371쪽. 달성학교가 일본어에 의한 보통학을 기본으로 했다는 것은 사실이다.

219) 이나바 츠기오(稻葉繼雄), 『旧韓末 「日語學校」の硏究』, 369~371쪽.

220) 近代アジア教育史研究會, 資料編 Ⅵ, 241쪽, 「동아동문회보고」 38호, 1903년 1월 1일.

221) 위의 책, 138쪽, 「동아동문회보고」 26호, 1902년 1월 8일.

222) 위의 책, 170쪽, 「동아동문회보고」 31호, 1902년 6월 1일.

223) 이나바 츠기오(稲葉繼雄), 『旧韓末 「日語學校」の研究』, 363쪽.

224) 윤건차, (심성보 역), 『다시 읽는 조선근대교육의 사상과 운동』, 살림터, (2016), 184~185쪽.

225) 加藤 公使 京城學堂年報進達及ヒ保護金ノ件, 1899년 04월 07일, 駐韓日本公使館記錄 13권.

226) 이만규, 『다시 읽는 조선교육사』, 429, 438쪽.

227) 近代アジア教育史研究會 篇, 『近代日本のアジア教育認識』 資料編 Ⅵ, 271쪽, 「동아동문회보고」 44호, 1903년 7월 1일.

228) 加藤 公使 京城學堂年報進達及ヒ保護金ノ件, 1899년 04월 07일, 駐韓日本公使館記錄 13권.

229) 「달성학교설립취지서」, 1899.

230) 近代アジア教育史研究會 篇, 『近代日本のアジア教育認識』 資料編 Ⅵ, 241쪽, 「동아동문회보고」 38호, 1903년 1월 1일.

231) 류방란, 「개화기 신식학교 교육의 목적과 교육내용에 관한 논의」, 『한국교육』, 2000, 68쪽.

232) 류방란, 「개화기 신식학교 교육의 목적과 교육내용에 관한 논의」, 『한국교육』, 68쪽.

233) 이나바 츠기오(稲葉繼雄), 『旧韓末 「日語學校」の研究』, 370쪽.

234) 『독립신문』, 1898년 5월 31일, 각 학교 대운동회 보조금, 조선왕조실록 1908년 5월 21일. 비원에 나가서 운동회를 구경하다.

235) 『독립신문』, 1897년 4월 15일. 지나간 일요일에 경상 학당 학도들이 홍화문 밧 산.

236) 近代アジア教育史研究會 篇, 『近代日本のアジア教育認識』 資料編 Ⅵ, 139쪽, 「동아동문회보고」 26호, 1902년 1월 8일.

237) 위의 책 238쪽, 「동아동문회보고」 61호, 1904년 12월 25일.

238) 『독립신문』, 1897년 04월 15일. 지나간 일요일에 경성학당 학도들이 홍화문 밖 산.

239) 近代アジア教育史研究會 篇, 『近代日本のアジア教育認識』 資料編 Ⅵ, 246쪽, 「동아동문회보고」 38호, 1903년 1월 1일.

240) 이나바 츠기오(稲葉繼雄), 『旧韓末 「日語學校」の研究』, 351쪽.

241) 『동아시론』, 1899년 8월 10일.

242) 윤건차, (심성보 역), 『다시 읽는 조선근대교육의 사상과 운동』, 살림터, (2016), 222쪽.

243) 『황성신문』, 1899년 12월 29일, 「대구학교의 청조」.

244) 近代アジア教育史研究會 篇, 『近代日本のアジア教育認識』 資料編 Ⅵ, 241쪽, 「동아동문회보고」 38호, 1903년 1월 1일.

245) 위의 책 169쪽, 「동아동문회보고」 31호, 1902년 6월 1일.

246) 위의 책 241쪽, 「동아동문회보고」 38호, 1903년 1월 1일.

247) 『황성신문』, 1901년 5월 4일, 「증서수여」.

248) 위의 책, 63쪽, 「교육시론」, 1900년 11월 5일.

249) 위의 책, 64쪽, 「교육시론」, 1900년 11월 5일.

250) 위의 책, 「교육시론」, 1899년 8월 10일.

251) 위의 책, 171쪽, 「동아동문회보고」 31호, 1902년 6월 1일.

252) 손병철, 「경상북도관찰부 공립소학교의 운영과 실제」, 『한국학연구』 69호, (2019), 174쪽.

253) 近代アジア教育史研究會 篇, 『近代日本のアジア教育認識』 資料編 Ⅵ, 271쪽, 「동아동문회보고」 44호, 1903년 7월 1일.

254) 大邱府, 『大邱府史』, 218쪽.

255) 近代アジア教育史研究會 篇, 『近代日本のアジア教育認識』 資料編 Ⅵ, 390쪽, 「동아동문회보고」 70호, 1905년 9월 26일.

256) 위의 책, 386쪽, 「동아동문회보고」 69호, 1905년 7월 13일.

257) 위의 책, 392쪽, 「동아동문회보고」 71호, 1905년 10월 26일.

258) 위의 책, 龍溪書舍, 「동아시론」, 1899년 8월 10일.

259) 손병철, 「경상북도관찰부공립소학교의 설립과 운영」, 192쪽.

260) 近代アジア教育史研究會 篇, 『近代日本のアジア教育認識』 資料編 Ⅵ, 271쪽, 「동아동문회보고」 44호, 1903년 7월 1일.

261) 위의 책, 龍溪書舍, 「동아시론」, 1899년 8월 10일.

262) 위의 책, 385쪽, 「동아동문회보고」 67호, 1905년 6월 26일.

263) 『대한매일신보』, 1908년 01월 25일, 「達城학校生徒尹昌爕金泉驛에셔 演說 흔 槪旨」.

264) 한편 동암 서상일이 다녔던 민족학교라고 말하는 경우가 있다.(매일신문, 2016.5.12.; 2015.7.10.) 서상일은 달성학교 졸업 후 측량 교육을 배워 측량기수가 되었지만 그만두고 1907년 보성전문학교에 진학하여 남형우 등

의 교남교육회 활동에서 독립의식이 고양되었다(김일수, 「서상일의 생애
와 역사 인식」, 『조선사연구』 22, 조선사연구회, (2013), 194쪽).

265) 近代アジア教育史研究會 篇, 『近代日本のアジア教育認識』 資料編 VI, 335
쪽, 「동아동문회보고」 59호, 1904년 10월 25일.

266) 近代アジア教育史研究會, 『近代日本のアジア教育認識』 資料編 I, 175쪽.

267) 『황성신문』, 1906년 11월 22일, 「叙任及辭令」; 김일수, 「서상일의 생애와
역사 인식」, 『조선사연구』 22, 조선사연구회, (2013), 194쪽.

268) 송영준, 김갑열, 「大韓帝國 度支部 量地課 제정 測量規程에 관한 研究」,
『地籍』(제42권 제1호, 2012): 『제국신문』, 1906년 4월 28일, 「측량강습」.

269) 『황성신문』, 1906년 11월 22일, 「叙任及辭令」.

270) 『황성신문』, 1907년 11월 10일, 「度支部測量技手見習採用廣告」.

271) 『황성신문』, 1910년 3월 15일, 관보 3월 30일. 내각법제국 4619.

272) Bando Miya, 「대한제국기의 토지조사와 지도제작에 관한 고찰-한성부 대
축척 실측도를 중심으로-」, 『지리학논총』 Vol.52, 2008, 54쪽.

273) 이나바 츠기오(稲葉繼雄), 『旧韓末 教育과 日本人』, 1999.

274) 近代アジア教育史研究會, 『近代日本のアジア教育認識』 資料編 I, 173쪽.

275) 『황성신문』, 1905년 4월 24일, 廣告.

276) 近代アジア教育史研究會, 『近代日本のアジア教育認識』 資料編 I, 25쪽.

277) 『대한매일신보』, 1909년 12월 10일, "專用韓人."

278) 손병철, 2019, 「구한말 대구달성학교 설립과 운영의 실제」, 『역사문화연구』
71호, 287~338쪽.

279) 이나바 츠기오(稲葉繼雄), 1997, 『旧韓末「日語學校」の研究』, 349~373쪽.

280) 이계형, 2007, 『대한제국기 통감부의 식민교육정책 연구』, 53쪽.

281) 近代アジア教育史研究會, 1999, 『近代 日本のアジア教育認識』 資料編 VI,
『동아동문회보고』 78회, 1906년 4월 26일, "한국학교통감부인계", 245쪽.

282) 관보 제3485호, 1906년 6월 21일.

283) 古川昭, (이성옥 역), 2006, 『구한말 근대학교의 형성』, 288쪽; 『한국중앙
농회회보』 3-4, 1909.4. "농림학교의 입학생"; 이계형, 앞의 글, 97쪽 재
인용.

284) 『대한매일신보』, 1907년 04월 10일, "겸임교장."

285) 『제국신문』, 1907년 8월 31일, "학교설립의 계획."

286) 이나바 츠기오(稲葉繼雄), 1999, 『近代 日本のアジア教育認識』 資料編 부

　　　　록, "日本人の在韓敎育活動", 176쪽.

287) 『황성신문』, 1909년 4월 13일, 「實業校改定」.

288) 경북고·경북고등학교 총동창회, 『경맥117년사』, 127쪽.

289) 위의 책, 제4회 협의회(1906.4.19.); 이계형, 앞의 글, 57쪽.

290) 학부령 제23호, 1906년, 보통학교시행규칙.

291) 이나바 츠기오(稻葉繼雄), (홍준기 역), 1997, 『旧韓末 교육과 일본인』, 279쪽.

292) 손인수, 1980, 『한국개화교육연구』, 313쪽; 이계형, 앞의 글, 61쪽.

293) 윤건차, (심성보 역), 2016, 『다시 읽는 조선근대교육의 사상과 운동』, 347쪽.

294) "학부령", 1906년 6월 14일.

295) 『황성신문』, 1906년 9월 3일, "兩農科合敎."

296) 『황성신문』, 1909년 4월 13일, "實業校改定."

297) 『황성신문』, 1907년 3월 27일, "勅令第十五號"

298) 『황성신문』, 1909년 3월 23일, "高等改定."

299) 『대한매일신보』, 1909년 4월 7일, "實業校改定." 학부고시 제6호 관립인천 실업학교 조직변경.

300) 古川昭, (이성옥 역), 앞의 책, 2006, 315쪽; 도부학, 1956년. "21세기 초 조선에 있어서 사립학교와 서당"에서 1909년 기준으로 94.3%가 서당이나 사립학교로 진학을 하였고 보통학교의 재학생은 5.7%였다.

301) 조선총독부 학사통계, 1910, 37쪽; 윤건차, (심성보역), 앞의 책, 349쪽 재인용.

302) 오천석, 2014, 『한국신교육사』, 209쪽.

303) 『대한매일신보』, 1908년 8월 21일, "李花校盛況."

304) 『대한매일신보』, 1907년 6월 8일, "六郡學徒運動."

305) 『황성신문』, 1909년 11월 24일, "發訓中止."

306) 『황성신문』, 1908년 5월 30일, "학대훈시."

307) 『대한매일신보』, 1907년 11월 14일, "達察助校."

308) 학부사립학교령, 1908년, 제2조.

309) 『대한매일신보』, 1909년 6월 20일, "敎育界憤嘆."

310) 『황성신문』, 1909년 5월 16일, "학교청원인가수."

311) 『황성신문』, 1909년 7월 13일, '8월 초순경에는 많은 수를 인가하기로 예

정했다.'

312) 『황성신문』, 1910년 6월 18일, "학교통계."

313) 『대한매일신보』, 1909년 6월 3일, "영교확장."

314) 『황성신문』, 1909년 5월 8일, "私立學校認許數", 高橋濱吉, 1927, 『朝鮮教育史考』, 309~310쪽, 渡部學, 1975, 『朝鮮教育史』, 243쪽.

315) 『황성신문』, 1906년 6월 2일, "達察治績."

316) 대구시사편찬위원회, 1973년, 『대구시사』 2권, 407~410쪽.

317) 『황성신문』, 1910년 1월 28일, "실업학교에 관한 의견."

318) 『황성신문』, 1908년 5월 30일, "학대훈시."

319) 오천석, 2014, 『한국신교육사』, 209쪽.

320) 손인수, 앞의 책, 297쪽.

321) 김일수, 2013, 「서상일의 생애와 역사 인식」, 『조선사연구』 22, 194쪽.

322) 강만길, 성대경 엮음, 1996, 『한국사회주의 운동인명사전』, 145쪽; 박지현, 2016, 「식민지기 유교 지식인의 도시 이주와 가족사의 새로운 전개」, 『진단학보』(126), 139쪽.

323) 『황성신문』, 1908년 3월 10일, "교남교육회조직."

324) 『황성신문』, 1910년 1월 28일, "실업학교에 관한 의견."

325) 『황성신문』, 1910년 1월 28일, "실업학교에 관한 의견."

326) 이규철, 2014, 「근대적인 측량기술의 도입과 건축도면의 제작」, 『근대건축도면 아카이브의 역사적 가치와 활용방안』, 22쪽.

327) 『황성신문』, 1909년 9월 16일, "달성 친목회를 치하흠."

328) 『황성신문』, 1908년 5월 15일, "訓示觀察."

329) 윤건차, 앞의 책, 346쪽.

330) 칙령 제56호 실업학교령, 1909년 4월 26일.

331) 『황성신문』, 1908년 4월 12일, "각교시찰."

332) 『황성신문』, 1909년 5월 9일, "小杉出張."

333) 『황성신문』, 1909년 5월 9일, "대구농림학교."

334) 『황성신문』, 1909년 5월 14일, "小杉出發", 1909년 07월 27일, "小杉出發."

335) "사립함일실업학교 설치관계서류", 총독부 기록물 CJA0004669, 앞의 글.

336) 『황성신문』, 1909년 12월 22일, "개칭승인."

337) 총독부 기록물 CJA0004669, "사립기창농림학교 설치관계서류."

338) "사립함일실업학교 설치관계서류", 위의 글, 『황성신문』, 1909년 11월 30일, "실업교청인."

339) 『황성신문』, 1909년 5월 9일, "대구농림학교."

340) 『황성신문』, 1906년 4월 19일, "測量敎授."

341) 송영준, 김갑열, 2012, 「大韓帝國 度支部 量地課 제정 測量規程에 관한 硏究」, 『地籍』 제42권 제1호, 86쪽; 『제국신문』, 1906년 4월 28일, "측량강습."

342) 『황성신문』, 1906년 11월 22일, "叙任及辭令."

343) 송영준, 김갑열, 앞의 글, 탁지부 사세국(司稅局)에서 관장하던 토지조사에 관한 업무는 1907년 12월 13일 칙령 제41호로 탁지부 관제를 제정하면서 임시재원조사국이 설치되고 이관되었다.

344) 백남준, 1907, 「1907년 경상북도의 각 관청 20여 곳의 사용현황에 관한 보고」, 各觀察道(去來)案, http://db.history.go.kr/id/mk_002_0050_0160

345) 이규철, 2014, 앞의 글

346) 近代アジア教育史研究會 篇, 1999, 『近代 日本のアジア教育 認識』 資料編 VI, 『교육시론』, 1901년 7월 25일.

347) 달성학교 설립취지서에 북문 안 무너진 관아터라고 되어 있다. 북문 안 무너진 관아터라는 곳은 군제개혁으로 인해 감영 내 선화당 우측 유휴 군사시설을 말한다. 1896년 장관청이 경상북도관찰부공립소학교로, 장교청은 1899년 6월 흥화학교로 개교를 하였다. 대구읍지(1899, 정병호 역)에 의하면 사일당은 1907년에 일본 순사 숙소로 사용된다. 백화당의 비장은 을미년에 혁파되었고 1906년 5월 탁지부가 사용하게 되었다. 을미년부터 1906년 백화당 일부에 임시재원조사국이 들어서기 전까지 빈 공해였던 백화당이 달성학교 자리로 추정된다.

348) 『대한매일신보』, 1909년 3월 25일, "大邱郡養成학校內에 私立測量講習所를."

349) 『대한매일신보』, 1909년 3월 25일, "大邱郡養成학校內에 私立測量講習所를", 양성학교는 이전 경상북도관찰부공립소학교 자리로 달성학교, 협성학교가 인접해 있었다.

350) 『대한매일신보』, 1909년 4월 6일, "달흥학교", 『대한매일신보』, 1909년 03월 24일, 1909년 3월 12일, "달명측량학교."

351) 『황성신문』, 1906년 4월 28일, "測量講習."

352) 告示 農 商工部 告示 第一 號, 1908년 隆熙 2年 2月 25일.

353) 『황성신문』, 1908년 12월 23일, "토지가옥증명규칙."

354) 이규철, 앞의 글.

355) 『대한매일신보』, 1908년 4월 10일, "산림법 모호 森林法의 注解", 『황성신문』, 1908년 10월 2일, 1908년 6월 30일, "私有森林의 測量이 時急."

356) 『대한매일신보』, 1909년 3월 23일, "大邱郡坡回居 前進士朴民東씨가 自己 私塾에."

357) 『대한매일신보』, 1908년 10월 27일, "徐氏測量勸獎."

358) 『대한매일신보』, 1909년 5월 27일, "壽昌補助金."

359) 『대한매일신보』, 1910년 4월 3일, "宜其稱頌."

360) 『대한매일신보』, 1909년 2월 14일, "兩察請認."

361) 광주역사문화자원스토링텔링, http://gjstory.or.kr/sub.html?pid=48&formtyp e=view&code=1388&ckattempt=1

362) 『황성신문』, 1910년 9월 14일, "春川實業校位置."

363) 『황성신문』, 1909년 7월 10일, "학부령발포", 손인수, 앞의 책, 101쪽; 오천석, 2014, 앞의 책, 146쪽, 177쪽.

364) 전민호, 2012, 「학교령기 통감부의 교육정책 연구」, 『한국학연구』 제48집, 519쪽.

365) 中浜究, 山重雄三郎 共著, 1934, 『大邱案内』.

366) 손병철, 2019, 「경상북도관찰부공립소학교의 설립과 운영」, 『한국학연구』 69호, 166쪽.

367) 『제국신문』, 1906년 10월 25일, "營舍奏裁."

368) 『제국신문』, 1907년 2월 22일, "打鼠學長."

369) 중추원 자료, 승정원일기 관원 이력.

370) 이 글의 협성학교는 서북협성학교가 아니라 대구에 소재한 협성학교를 말한다. 1908년 11월 3일 서우 사범학교와 한북의숙을 통합하여 서북 협성학교로 개명으로 하기 전에 1906년 대구에 협성학교라는 이름으로 먼저 학교가 설립되었다.

371) 『대한매일신보』, 1908년 11월 4일, "박중양의 참혹한 심술"; 『황성신문』, 1908년 12월 12일, "士論激發"; 『황성신문』, 1908년 12월 26일, "協成戛成."

372) 『대한매일신보』, 1908년 10월 30일, "協校輪函"; 『황성신문』, 1908년 12월 12일, "사론격발"; 『대한매일신보』, "학부훈령", 1909년 05월 29일.

373) 『대한매일신보』, 1908년 11월 4일, "박중양의 참혹한 심술."

374) 『대한매일신보』, 1908년 10월 30일, "협교윤함."

375) 『황성신문』, 1909년 4월 3일, "測量學徒募集"; 『황성신문』, 1908년 12월 12일, "士論激發."

376) 『황성신문』, 1909년 1월 1일, "협교회지."

377) 『황성신문』, 1909년 5월 28일, "又豈瞞報"; 『대한매일신보』, 1909년 5월 29일, "학훈달찰", 1909년 05월 29일.

378) 『황성신문』, 1909년 5월 9일, "대구농림학교."

379) 『황성신문』, 1908년 5월 30일, "학대훈시."

380) 『황성신문』, 1908년 6월 10, "餘無可取."

381) 『대한매일신보』, 1908년 10월 30일, "협교윤함."

382) 『대한매일신보』, 1907년 10월 6일, "달성학교취지서."

383) 『황성신문』, 1907년 9월 26일, "협성학교취지서."

384) 『황성신문』, 1899년 12월 14일, "大邱學校."

385) 『황성신문』, 1899년 12월 29일, "大邱學校의 請助."

386) 『황성신문』, 1923년 09월 06일, "대구학교수업개시."

387) 권대웅, 1994, 「한말 경북지방의 사립학교와 그 성격」, 『국사관논총』 58집, 41쪽.

388) 조창용, 『백농실기』, 1914, 한국독립운동사연구소, 1993 재발행, 48쪽.

389) 『대한매일신보』, 1907년 12월 21일, "當地市廳에서 발기훈 協成學校를 達城학校內에 武庫基址를 添入ᄒ고."

390) 경북고·경북고등학교 총동창회, 『경맥117년사』, 2016, 『경맥117년사』, 최극창, 1899년 7월, 달성학교설립취지서, 85쪽.

391) 近代アジア教育史研究會 篇, 1999, 『近代 日本のアジア教育認識』 資料編 VI, 『동아동문회보고』 38회, 1903년 1월 1일, "한국학사시찰보고서", 241쪽.

392) 『대한매일신보』, 1907년 12월 29일, "학교화재." "경상북도관찰부 북문 안에 새로 건축하는 협성학교는 거의 필역이 되더니 지난 이십구일 8시 (저녁)에 불이 나서 몰수히 타고 이유인즉"; 『대한매일신보』, 1908년 1월 8일, "협교회록." "협성학교가 지난 12월 29일 하오 8시에 실화하여 2층 양제 75칸이 몰소하고 민가 4호가 연소인데 그 이유인즉 일본인 공사무리들의 부주의.

393) 河井朝雄, 1931, 『大邱物語』, 朝鮮民報社, 82쪽.

394) 古川昭 著, 1925, 『大邱の日本人』, 74~76쪽.

395) 『대한매일신보』, 1907년 12월 21일.

396) 『황성신문』, 1908년 7월 19일.

397) 조창용, 『백농실기』, 1914, 한국독립운동사연구소, 1993, 144쪽.

398) 『관보』, 내각법제국 제4619호, 앞의 글.

399) 대구농림고등학교·대구농림고등학교동창회, 1981, 『大農七十年史』, 93쪽.

400) 대구시사편찬위원회, 1973년, 『대구시사』 2권, 407~410쪽.

401) 경북고·경북고등학교 총동창회, 『경맥117년사』, 127쪽.

402) 『황성신문』, 1908년 5월 30일, "학대훈시."

403) 서영달은 대구보통학교 출신으로 대구농림학교를 졸업하여 대구보통학
교에 근무한 적이 있다. 협성학교와 관련이 없는 사람이 85세 나이에 진
술한 내용이었다. 이 부분을 사료로 유의해야 한다고 제기되었다. 장인
진, 「경상감영 樂育齋 교육에 대하여」, 『한문학연구』 8, 1992, 195쪽.

404) 『황성신문』, 1909년 3월 10일, "鉄中惡鉄."

405) 近代アジア教育史研究會, 1999, 『近代日本のアジア教育認識』 資料編 Ⅳ,
龍溪書舍, 「동아동문회보고」 67회, 1904년 6월 26일, "대구달성학교보고."

406) 손병철, 2019, 「경상북도관찰부공립소학교의 설립과 운영」, 『한국학연구』
69호, 163쪽.

407) 경북고등학교 경북중학교총동창회(1996), 『경북중고등학교 80년사』, 73쪽.

408) 장인진, 2011, 앞의 글, 281쪽. 장인진, 2008, 앞의 글, 195쪽. 백농실기나
당시 신문 기사에 의하면 채헌식(蔡憲植)은 협성학교 운영에 참여는 했지
만 설립자라고 할 수 없다.

409) 古川昭 著, 「大邱の日本人」, 1925, 35~36쪽.

410) 손필헌 역, 2009, 『개화기의 대구부사』, 서우실, 105쪽; 古川昭 著, 「大邱
の日本人」, 64쪽. 미와 조테츠(三輪如鐵)는 식민지 농업 확산을 위해 잠업
기사로 대구에 와서 일본인들에게 비우호적인 경상북도관찰사 이용익(李
容翊)을 일본 군대와 같이 찾아가 겁박하여 대구를 떠나게 하였고 달성공
원 신사건립을 주도한 인물이었다.

411) 손병철, 2020, 「통감부시기 대구달성학교 변화과정에 관한 연구」, 『대구경
북연구』 제19권 제1호, 17~19쪽.

412) 古川昭 著, 앞의 책, 83쪽.

413) 遽捨藏 著, 1936, 「경북대감」, 309쪽, 대구제일교회, 2003, 「대구제일교회 백년사」, 141~143쪽.

414) 渡部學, 阿部洋 편, 1991, 「일본식민지교육정책사료집성 조선편」 제39권, 下, 5~9쪽.

415) 『황성신문』, 1909년 7월 13일. '8월 초순경에는 많은 수를 인가하기로 예정했다.'

416) 대구부, 1943, 「대구부사」, 부정 편.

417) 장인진, 2011, 앞의 글, 249쪽.

418) 『대한매일신보』, 1906년 5월 5일, "設校請認";『황성신문』, 1908년 2월 25일, "晉校方針."

419) 『황성신문』, 1906년 6월 20일, "蓮桂焉用."

420) 『황성신문』, 1909년 5월 9일, 서석태, 1924, 「대구읍지」, 학교조.

421) 『황성신문(皇城新聞)』, 1906년 7월 26일, "廣文社長注意."
南來人에 傳說을 聞ᄒ즉 陰五月二十八日에 達城廣文社에서 文會員五十八人을 會同ᄒ고 社長金光濟氏가 敎課校正의 對ᄒ야 撰述員에게 聲明ᄒ기를 近者各學校敎課가 皆以德育智育體育三課로 分ᄒ야 主意를 作ᄒ얏시나 新學文이 每於德育上實地에 有欠ᄒ즉 本社撰述諸員은 四書에 心性情과 仁義禮智卞晳ᄒ 句語中要緊ᄒ고 深奧ᄒ 文意를 摘取ᄒ야 新學文德育課에 叅互ᄒ야 中等社會人에나 高等學徒를 敎育ᄒ이 最合時宜라고 可否決定ᄒ 後에 撰述員이 各其就所ᄒ야 硏究著述ᄒᄂ 中이라더라.

422) 『대한매일신보』, 1906년 2월 8일, "학교청설";『대한매일신보』, 1908년 10월 30일, "협교윤함."

423) 『대한매일신보』, 1908년 10월 30일, "협교윤함."

424) 『황성신문』, 1908년 12월 12일, "사론격발."

425) 대구시, 1973, 「대구시사」, "경상북도일람의 거류민단일반수항"을 인용함.

426) 조선총독부내무부학무국, 1912, 「조선통계연보」, 67쪽.

427) 대구부, 1915년 5월 15일, 「대구민단사」.

428) 『매일신보』, 1916년 3월 15일, "협교조직변경." 1915년 5월 사립학교 통계에서는 출석생 수가 109명이었다.

429) 「대한학회 8호」, 1908년 10월 25일, 「隨聞隨錄」.

430) 영남대학교박물관 편, 1999, 「오정소정컬렉션」, 146면.

431) 『대한매일신보』, 1908년 6월 19일, "學員募集廣告"; 1906년 8월 27일 칙

령 제42호, 「고등학교령」.

432) 계성고등학교 학교홈페이지(http://www.keisung.hs.kr/).

433) 『황성신문』, 1906년 6월 20일, "蓮桂焉用"; 『황성신문』, 1909년 5월 9일, "대구농림학교"; 서석태, 1924, 「대구읍지」, 학교조 42쪽.

434) 「경상도읍지」, 순조 32년, "대구부와 읍성", 新增樂育齋在府南門外聚士試 藝定額居齋監司趙顯命狀 聞有 御賜經書.

435) 김영수, 대한제국기, 「만산문집」 3권, "賀巡相牧息金公移設樂育齋告成文."

436) 서석태, 앞의 책.

437) 오횡묵, 1888, 「경상도자인현일록(慶尙道慈仁縣日錄)」.

438) 대구부읍지, 1899, 정병호 역, 2016, 「국역 대구부읍지」, 10쪽, 대구시·경 북대 영남문화연구원.

439) 이헌영, 1902, 「再崎集略」, 하권 天> 日> 九月 21일.

440) 『대한매일신보』, 1907년 6월 23일, "大抵會議란 者는 共同團體的을 謂함 이어늘."; 1906년 11월 30일, "不法何多."

441) 『황성신문』, 1904년 2월 15일, "逐儒自居", 1904.02.15. 일본인은 경부철 도개설에 따라 대구역과 가까운 대구읍성 서성로 인근에 살아서(손필헌 역, 1998, 대구이야기, 233쪽) 남산동 문우관과 자리를 요구한 것이 아니 라 감영 내 낙육재 자리를 요구한 것이었다.

442) 문화재청, 「근대문화유산전기통신(우정분야)분야 목록화 조사 보고서」, 28~ 29쪽.

443) 백남준, 1907, 「경상북도의 각 관청 20여 곳의 사용현황에 관한 보고」, 各 觀察道(去來)案.

444) 대구부, 1899년, 「대구읍지」.

445) 대구향토문화연구소 편저, 1998, 『경상감영사백년사』, 대구광역시 중구, 612쪽.

446) 백남준, 1907, 앞의 글.

447) 近代アジア教育史研究會 篇, 1999, 「近代 日本のアジア教育認識」 資料編 VI, 「동아동문회보고」 72회, 1905년 11월 26일, "대구통신", 393쪽; 「경상 감영400년사」, 612쪽.

448) 백남준, 1907, 앞의 글; 『대한매일신보』, 1906년 5월 24일, "文社大進."

449) 김종준, 2009, 앞의 글, 99쪽.

450) 『황성신문』, 1899년 1월 16일, "학부지령"; 「시사총보」, 1899년 7월 22일;

손병철, 2019, 「경상북도관찰부공립소학교의 설립과 운영」, 『한국학연구』 69호, 2019, 192쪽 인용.

451) 김종준, 2009, 앞의 글, 104~106쪽; 윤건차, (심성보 역), 2016, 『다시 읽는 조선근대교육의 사상과 운동』, 401쪽.

452) 『대한매일신보』, 1906년 2월 8일, "學校請設."

453) 중추원자료, 1909, 「大邱郡에 관한 조사보고서」, "[제1편 民法] > [제1장 總則] > 第九 [法人]을 인정하는가?"

454) 『황성신문』, 1907년 9월 26일, "협성학교취지서"; 『대한매일신보』, 1907년 10월 6일, "달성학교취지서"에서 신문 제목에는 달성학교취지서라고 되어 있지만 협성학교취지서이다. 달성지역의 학교라는 의미였다.

455) 수입금의 대략. 전둔의 논 값 2,561엔 1전, 영각정 200엔, 의북정 25엔 40전, 생사당 5엔 64전, 영각 수직전 42엔 96전, 연계재의 논 값 180엔, 각 군의 연조금(헌금) 다수, 포흠(포흠)을 범한 돈 가운데 추심하여 거둬들인 것, 공유물 각기 방매한 돈이었다. 『백농실기』, 1907년 8월 4일.

456) 『황성신문』, 1906년 6월 20일.

457) 『대한매일신보』, 1906년 7월 31일, "連桂付."

458) 조창용, 앞의 책, 『대한매일신보』, 1907년 10월 20일.

459) 『대한매일신보』, 1907년 12월 21일, "학계경쟁"의 建築及物品費八千餘元 內에 千餘元이 不足하야.

460) 『대한매일신보』, 1907년 11월 23일, "晋察興學."

461) 『대한매일신보』, 1909년 1월 14일, "사립학교 유지 방침에 대한 의견."

462) 『대한매일신보』, 1907년 11월 23일, "晋察興學."

463) 사립협성학교, 1911년, 「밀양군소재전답예도금부」.

464) 『독립신문』, 1899년 9월 30일, "락육지둔토", 장인진(2011)은 낙육재 연구에서 130여 석은 논(畓)의 경우에는 13만여 평, 답(田)의 경우에는 26만여 평의 토지에 해당하였다고 하였다.

465) 「영영사례」, 1870년, 경상남북도 분도 전의 낙육재 수입임.

466) 『대한매일신보』, 1907년 8월 14일, "夕陽對酒", 김종준, 2009, 앞의 글, 96쪽.

467) 尹愼榮, 별건곤 제5호, 1927년 3월 1일.

468) 嶺南大學校 民族文化研究所, 1992, 「慶北鄉校資料集成(I)」, "1909년 경주 향교 첩유(帖諭)."

469) 朝鮮總督府內務部學務局 [編], 1913, 「(朝鮮人敎育)私立學校統計要覽. 1-2」, 67쪽; 경상북도일람의 거류민단일반수항; 대구시사, 1973, 협성학교 경비 예산액은 1,533원이다. 재인용.

470) 朝鮮總督府內務部學務局 [編], 위의 책.

471) 朝鮮總督府內務部學務局 [編], 1916, 「(朝鮮人敎育)私立學校統計要覽. 1-2」, 97쪽.

472) 朝鮮總督府內務部學務局 [編], 1913, 앞의 책.

473) 『황성신문』, 1907년 9월 26일, "협성학교 취지서."

474) 김경용, 「更張期 朝鮮, 관리등용제도 개혁과 成均館經學科」, 『한국교육사학』 제31권 제2호(2009. 10), 20쪽.

475) 『관보』, 1899년 4월 29일.

476) 『황성신문』, 1902년 07월 09일, "鳩財方略."

477) 『황성신문』, 1906년 6월 16일, "寄書."

478) 『대한매일신보』, 1906년 3월 29일, "特獎嶺學."

479) 『대한매일신보』, 1906년 4월 22일, "慶學大興";『대한매일신보』, 1906년 4월 25일, "慶北盛擧."

480) 『대한매일신보』, 1906년 4월 22일, "慶學大興."

481) 『황성신문』, 1906년 5월 3일, "函請贊會."

482) 『황성신문』, 1905년 10월 5일, "一進設校數."

483) 정숭교, 1998, 「대한제국기 지방학교의 설립 주체와 재정」, 『한국문화』 22권, 299쪽; 김종준, 2009, 앞의 글, 111쪽.

484) 『황성신문』, 1906년 7월 6일, "支會有人."

485) 『황성신문』, 1906년 6월 16일, "寄書."

486) 대구향토문화연구소 편저, 1998, 『경상감영사백년사』. 대구에 거주하는 일본인들을 위한 대구이사청 개청작업을 위해서는 반일적 인물인 신태휴(申泰休)를 평안북도관찰사로 보낸 후 경상북도관찰사를 공석으로 해서 대구군수인 박중양(朴重陽)에게 서리를 맡게 하기 위한 것으로 보고 있다.

487) 『대한매일신보』, 1906년 6월 23일, "嶺學續聞";『대한매일신보』, 1906년 7월 3일, "傾軋可憎."

488) 『대한매일신보』, 1906년 6월 15일, "嶺民辨明."

489) 『대한매일신보』, 1906년 6월 16일, "達察不遞."

490) 『황성신문』, 1906년 7월 2일. "達察移任";『제국신문』, 1906년 8월 6일,

"政策如是"; 『황성신문』, 1906년 12월 20일, "達察署理"; 古川昭 著, 「大邱の日本人」, 59쪽, "6월 29일 이근상, 7월 19일 이중하, 8월 14일 이재곤, 8월 30일 이원극이 경상북도관찰사로 발령 났지만 9월 20일 한진창(韓鎭昌)이 후임으로 오는 82일간 공석이었다. 한진창은 부임 후 잠시 근무한 이후 칭병으로 근무를 하지 않았다."

491) 『대한매일신보』, 1906년 11월 24일, "言之醜也."

492) 『대한매일신보』, 1907년 2월 26일, "達察遞任理由."

493) 조창용, 1993, 『백농실기』, 한국독립운동사연구소, 1907년 7월 22일.

494) 박형채, 1915, 「시천교종역사(侍天教宗繹史)」, 336쪽.

495) 이인섭, 1911, 「원한국일진회역사」, 77쪽.

496) 조창용, 1993, 앞의 책, 정미년(1907) 12월 26일.

497) 『황성신문』, 1908년 07월 19일, "對徐相夏氏學校贊成ᄒ야 仍勉嶠南全道人士"; 『대한매일신보』, 1908년 10월 30일, "협교윤함."

498) 『대한매일신보』, 1908년 10월 30일, "協校輪函", 『대한매일신보』, 1908년 3월 5일, "十六力士." 義兵將許위李麟榮兩氏部下에 力士十六人이 有ᄒ듸 其姓名인즉 趙壽淵,金奎植,洪仁觀,李秉치,張珦遠,吳壽榮,金演相,黃在浩,리明起,延起佑,高在石,朴종漢,尹仁先,黃順一,金雲伊,리東燮等이라더라, 『황성신문』, 1908년 10월 22일, "仁興振興."

499) 『官報』, 광무 10년 3월 29일.

500) 『황성신문』, 1908년 6월 14일, "叙任及辭令."

501) 『대한매일신보』, 1908년 10월 30일, "협교윤함."

502) 『황성신문』, 1908년 10월 8일, "此何魔戲."

503) 『대한매일신보』, 1908년 10월 30일, "협교윤함."

504) 『대한학회월보』 제9호, 1908년 11월 25일, "抱兩校來函ᄒ고 放聲大哭 논설."

505) 『황성신문』, 1908년 12월 12일, 잡보.

506) 『황성신문』, 1908년 11월 8일, "張氏請願."

507) 유영렬, 1996, 「大韓協會 支會 研究」, 『國史館論叢』 第67輯, 69쪽.

508) 김형목, 2016, 「대구광문사의 문화계몽 운동과 김광제 위상」, 『중앙사론』 44, 83쪽. 대한협회 대구지회는 지방관과 일정하게 결탁하려는 세력과 이를 배제하고 독자적인 노선을 견지하려는 세력 간의 갈등으로 보고 있다.

509) 「日韓外交資料集成」 8, 保護及び併合錄編, 317~318쪽.

510) 유영렬, 1996, 앞의 글.

511) 김형목, 2016, 앞의 글, 83쪽.

512) 『대한매일신보』, 1907년 2월 23일, "連絡廣學", 이진현, 2014, 「1907년 2월 대구 대구광문사의 위치에 관한 연구」, 『대구경북연구』 13(1).

513) 『대한매일신보』, 1908년 10월 30일, 協校輪函; 11월 4일, 慘哉朴重陽之心法.

514) 영남대학교박물관 편, 1999, 「오정 소정 컬렉션」, 146면.

515) 김일수, 2000, 「日帝下 大邱地域 資本家層의 存在形態에 관한 研究」, 『國史館論叢』 第94輯, 136~140쪽, 정재학(鄭在學), 서상돈(徐相敦), 이병학(李柄學), 정해붕(鄭海鵬)은 1905년 1월 일본이 추진한 화폐정리사업에서 일본인 이와세 시즈이(岩瀬靜), 카와카미츠네오(川上常郎)와 활동을 하였다.

516) 조창용, 1993, 『백농실기』, 한국독립운동사연구소, "1907년 10월 24일."

517) 嶺南大學校 民族文化研究所, 1991, 「慶北鄉校誌(I)」, "1908년 경주향교(慶州鄉校) 첩유(帖諭)."

518) 『대한매일신보』, 1909년 12월 29일, "隨處同情."

519) 『대한매일신보』, 1906년 11월 24일, "言之醜也."

520) 변승웅, 1990, 「한말 사립학교 설립 운동과 애국계몽운동」, 『한국사논총』 제18집, 35쪽; 윤건차, (심성보 역), 2016, 앞의 책, 303쪽.

521) 윤건차, (심성보 역), 2016, 앞의 책, 336쪽.

522) 대한협회, 1908년 10월, 『대한협회』 제7호, 66쪽.

523) 『황성신문』, 1906년 3월 22일, "興學訓令 [前号續]."

524) 『황성신문』, 1906년 3월 22일, "興學訓令 [前号續]."

525) 『황성신문』, 1908년 3월 19일, "最急者 師範養成."

526) 김숙자, 1992, 「新民會 研究」, 『國史館論叢』 第32輯, 274쪽.

527) 『대한매일신보』, 1908년 11월 3일, "有學校無敎師之歎."

528) 학부, 1906년 8월 27일, 「학부령 제21호 고등학교 시행규칙」.

529) 「조선통계연보」, 1912, 67쪽.

530) 『대한매일신보』, 1908년 11월 3일, "논설."

531) 『황성신문』, 1906년 7월 26일, 잡보(雜報), 「광문사장주의(廣文社長主意)」.

532) 『황성신문』, 1906년 11월 22일, 김도형, 1999, 「한말 경북지역의 근대교육과 유교」, 『계명사학』10호, 80쪽.

533) 『황성신문』, 1908년 2월 20일, "大同報社의 筭學."

534) 이계형, 2007, 「대한제국기 통감부의 식민교육정책 연구」, 182쪽.

535) 박지현, 2014, 「한말 일제시대 유교 지식인의 지적 곤경과 근대 지식의 모색-海岳 金光鎭의 「海岳文集」 편찬과 간행을 중심으로-」, 『民族文化』 44, 261쪽.

536) 渡部學, 阿部洋 편, 「일본식민지교육정책사료집성 조선편」 제67권, 1991, 龍溪書舍, 平北 韓興普通學校敎監 筒井松太郎.

537) 『황성신문』, 1906년 8월 28일~9월 5일, "越南亡國史."

538) (1) 상가(商家)에 들어가는 자의 명심, (2) 자본, (3) 개업과 관련하여 개인 영업과 결사영업, (4) 매매, (5) 투기(投機), (6) 대리상인, (7) 화폐와 이식(利息), (8) 수형(手形)(어음) 세계, (9) 은행(은행가와 은행업), (10) 각종 취인소(取引所)(거래소), (11) 해상보험, (12) 생명 화재 및 각종 보험, (13) 창고업, (14) 매방증서(賣放證書), 송장(送狀), 제회계서, (15) 선복(船卜, 뱃짐), 외국무역, (16) 선박(船舶) 대차계약서와 선복(船卜)증서, (17) 편지(商用書簡), (18) 부기, (19) 각종 상업기관, (20) 파산(破産)이었다.

539) 대구광문사, 1908년, 경제교과서, 99쪽.

540) 박지현, 2014, 앞의 글; 『대한매일신보』, "1906년 6월 12일, 本觀에서 發售ᄒᆞᄂᆞᆫ 各種敎科書ᄂᆞᆫ."

541) 『대한매일신보』, 1910년 5월 6일, "徐氏 熱心."

542) 윤건차, 앞의 책, 374쪽.

543) 변승웅, 1990, 「한말 사립학교 설립 운동과 애국계몽운동」, 『한국사논총』 제18집, 32쪽.

544) 류충희, 2014, 「개화기 조선의 民會 활동과 議會通用規則」, 『東方學志』 제167집, 연세대학교 국학연구원, 201쪽.

545) 『독립신문』, 1898년 12월 26일; 『황성신문』, 1905년 2월 1일, "유지개명."

546) 『해조신문』, 1908년 4월 22일, "友현美事."

547) 『대한매일신보』, 1908년 7월 26일, "徐氏奬學."

548) 구한국관보, 1895년 2월 2일, 「교육 입국 조서」.

549) 文一平, 1908년 5월, 「太極學報」 21호, "體育論."

550) 『백농실기』, 1907년 9월.

551) 박은식, 1907년 9월 01일, 「서우」 제10호, "文弱之弊는 必喪其國"; 『대한매일신보』, 1908년 9월 22일, "敎育勃興의 兆."

552) 『중앙일보』, 1968년 5월 18일(6), "새 교육의 연륜을 더듬어 대구 희도초

등학교."

553) 현변, 「유년필독」 권3, 40~59쪽.

554) 『대한매일신보』, 1908년 8월 21일, "李花校盛況."

555) 조창용, 1993, 『백농실기』, 한국독립운동사연구소, "1909년 3월 29일." 예
   수교학교 생도와 공립보통학교 생도 간의 계산시합에 잘못된 일이 있어
   한때 분쟁이 있은 후 예수교학교 생도가 먼저 인솔하여 학교로 돌아갔다.

556) 조창용, 위의 글, "1906년 1월 9일." 아래는 일성학교 운동가의 일부이다.
   번개같이 날랜 힘은 100보 200보 경주로다. 높이뛰기 멀리뛰기 솟는 몸은
   비장군(비장군) 이광(리광)의 용맹이라 물품 수검(수검) 빨리 하니 등 들고
   달리기 민첩하다
   풍운같이 모는 길에 먼저 올라 깃발 취하기 뉘 당할까 휘장에서 계산하기
   순식간이니 계산시합 신기하다. 험준한 산천 좁은 틈에서 격안경주(격안
   경주) 거침없네. 이인삼각 한 몸 되니 남다른 용맹 장하도다 맨주먹 떨쳐
   일당백은 각저(씨름)하는 역사로다.
   동충서돌 큰 목적은 백발백중 사격일세 한 몸처럼 단결하는 동심력은 줄
   다리기로 판단이라...
   천지가 힘을 합쳐 체육하니 독립정신 천만세라 만세만세 만만세 대황제폐
   하 만만세 천세천세 천천세 황태자전하 천천세.

557) 『대한매일신보』, 1907년 6월 8일, "六郡學徒運動"; 『대한매일신보』, 1907
   년 11월 14일, "達察助校."

558) 『대한매일신보』, 1908년 12월 6일, "運動盛況."

559) 『대한매일신보』, 1909년 12월 30일, "達校振興."

560) 國史編纂委員會, 1988, 『한민족독립운동사자료집』 7권, 國權恢復團 I > 附
   錄 > 탄원서 민적등본에 관한 건.

561) 김형목, 2000, 「1910년대 야학의 실태와 성격 변화」, 『국사관논총』 제94
   집, 192쪽.

562) 조선총독부, 1935, 「조선공로자명감」, 247.

563) 『매일신보』, 1910년 7월 16일, "조선어 강습계획"; 『매일신보』, 1912년 06
   월 16일.

564) 『매일신보』, 1912년 6월 16일.

565) 『매일신보』, 1912년 6월 26일.

566) 김형목, 앞의 글, 192쪽.

567) 윤건차, (심성보 역), 앞의 책, 407쪽.

568) 『대한매일신보』, 1908년 11월 3일, "有學校無敎師之歎."

569) 조창용, 『백농실기』, 1908년 11월 12일.

570) 『대한매일신보』, 1908년 11월 3일, "有學校無敎師之歎."

571) 『황성신문』, 1908년 3월 19일, "最急者 師範養成."

572) 『대한민보』, 1910년 7월 23일, "교육계", 유영렬, 1996, 「대한협회 지회 연구」, 『國史館論叢』 第67輯, 77쪽 재인용.

573) 『황성신문』, 1910년 6월 16일, "南來喜信."

574) 류방란, 2000, 「개화기 신식학교 교육의 목적과 교육내용에 관한 논의」, 『한국교육』, 68쪽.

575) 『황성신문』, 1910년 6월 16일, "南來喜信." 대한흥학회의 전신인 대한학회 는 1908년 서상하(徐相夏)가 교장이었던 시기 이전부터 협성학교에 대해 관심을 갖고 협력한 학회였다.

576) 승정원일기 3032책 (탈초본 138책), 고종 30년 3월 13일 을미 18/47 기사, 1893년 光緖(淸/德宗) 19년.

577) 國史編纂委員會, 1988, 앞의 책.

578) 『매일신보』, 1916년 3월 15일, "협교조직변경"에서는 80명, 경북중고등학 교 80년사에는 63명이 대구고등보통학교로 편입한 것으로 나와 차이가 있다.

579) 훈령 제81호 「지방세규칙」에서 규정하고 있는 지방관의 역할에 해당하는 지출항목은 다음과 같다.

　1. 도로 교량 기타 지방토목에 관한 경비 2. 지방관청의 청사 건축 및 수 리에 관한 경비

　3. 교육에 관한 경비 4. 권업(산업장려)에 관한 경비 5. 경찰 위생 병원 구 휼 기타 자선에 관한 경비, 6. 지방관청 경비의 보급, 7. 앞의 각호 외 에 공공상 필요한 시설에 관한 경비

580) 「경상감영400년사」, 612쪽.

581) 『황성신문』, 1907년 8월 20일, "樞院獻議."

582) 김종준, 2009, 「대한제국기 '학교비 분쟁'의 양상」, 『한국문화』 46집, 110쪽.

583) 『대한매일신보』, 1907년 12월 21일, "학계경쟁."

584) 光武十一年五月二十一日 報告書第十二號, 『대한매일신보』, 1908년 5월 27일.

585) 『대한매일신보』, 1907년 12월 21일, "학계경쟁."

586) 오인택, 1996, 「19세기 말엽 경상도 지역의 향촌사회 지배조직과 수령권」, 『지역과 역사』 2권, 65쪽.

587) 김종철, 2016, 「작문 교재로서의 『유서필지(儒胥必知)』」, 『국어교육연구』 37권.

588) http://uiseong.grandculture.net/uiseong/toc/GC05200455

589) 위의 책, 101쪽.

590) 구한말 근대적 지방재정제도 도입과정에 관한 연구, 115쪽.

591) 『대한매일신보』, 1906년 3월 29일, "特獎嶺學." 짐이 학교를 일으킨 한 가지 일에 대해 칙유(勅諭) 한 바가 있었으나, 영남 지방에 이미 흥학이 일어나 조칙을 시행한다고 하니 자못 볼만한 것이 있어 매우 가상히 여기고 감탄하였다. 이 교남(嶠南)은 예로부터 사림(士林)이 사림(士林)의 소굴이 되고 인재(人才)가 정승하는 것이 자못 볼만한 것이 있어 매우 가상히 여기고 감탄하였는데, 이 교남(嶠南)은 예로부터 사림(士林)이 학문을 배우지 않음이 없으니 이에 모두 우리 백성들의 뜻을 헤아렸다. 주전원(主殿院)으로 하여금 특별히 돈 1000냥을 내려 가상히 여기고 권장하는 뜻을 보이도록 하며, 대소 백성들은 모두 잘 알도록 하라.

592) 『대한매일신보』, 1907년 10월 9일, "壽昌校報告."

593) 『황성신문』, 1908년 11월 26일, "官廳事項." 學部訓令第六十六號에 基因ㅎ고 觀察道令에依ㅎ야 경상북도觀察道에서 學務委員을囑託ㅎ報告에 의해 公立大邱普通學校 徐鳳綺 徐泰煥 徐興均 鄭海鵬 徐基夏 金宗錫 李一雨였다.

594) 이나바 츠기오(稻葉繼雄), 1999, 『旧韓末 教育과 日本人』.

595) 강명숙, 2015, 『사립학교의 기원』, 167~168쪽.

596) 이현종, 「언론기관과 학회의 활동」, 122~125쪽.

597) 대구협회 대구지회 관련 연구에서 수창학교 운영에 대한협회 대구지회가 간여한 것을 말하고 있으나 수창학교 설립은 1907년 대한협회대구지회 설립은 1908년 10월이어서 학교 설립 당시에는 간여할 수 없었다. 수창학교 운영과정에서 관련은 향후 과제임.

598) 이만규, 2010, 『다시 읽는 조선교육사』, 491쪽.

599) 윤건차, (심성보 역), 2016, 『다시 읽는 조선근대교육의 사상과 운동』, 살림터, 468쪽.

600) 강명숙, 2015, 『사립학교의 기원』, 158~160쪽.

601) 『대한매일신보』, 1906년 10월 24일, "達塾贊揚"; 『대한매일신보』, 1907년

2월 24일, "日新出義."

602) 문화콘텐츠닷컴, "조선시대 비오는 날 서당가는 소년."

603) 수창학교 이전 시기도 신문과 학교 연혁 간 차이가 있다. 학교 연혁에는 1923년 12월이라고 말하고 있으나 신문 기사(『조선시보』, 1923년 5월 22일; 『매일신보』, 1923년 5월 23일)에는 1923년 5월 18일이었다.

604) 대구시사 1973년의 경우 수창학교 연혁지를 근거로 하였지만 수창학교 연혁지는 학교 설립일은 일제 강점하 사립학교 신청 근거에 따르고 있다. 대구시사 책 내에서도 조선 후기의 교육과 교육제도 간 내용이 일치하지 않는다.

605) 대구부는 크게 서상면과 동상면으로 구분되고 서상면은 주로 대구 성내 서쪽과 성 밖 서쪽을 말하고 동상면은 대구 성내 동쪽과 성 밖 동쪽이었다. 서상면은 성내동, 동산동, 계산동, 수창동, 남산동, 대신동 쪽이다. 대구부의 동상면은 화전동, 사일동, 용덕리, 신하동, 후동, 사이동, 칠성리, 가암동, 전동, 남성동, 신상동, 남일동, 신동, 신중동으로 오늘날 칠성동, 동문동, 동인동, 삼덕동 쪽이다.

606) 대구민단사(1915)에는 경정이라고 되어 있지만 1917년과 1912년 지도를 비교해도 같은 위치에 수창학교가 표시되어 있어 수창학교의 자리는 그대로였다. 경정과 수정이 나란히 있었던 관계로 착오로 보인다.

607) 『황성신문』, 1909년 5월 8일, "校土調査."

608) 『대한매일신보』, 1907년 10월 9일, "壽昌校報告."

609) 『대한매일신보』, 1908년 4월 8일, "普校試蹟."

610) 『황성신문』, 1907년 10월 12일, "再臨壽昌."

611) 『대한매일신보』, 1909년 1월 7일.

612) 統監府文書 9권, 八. 韓國皇帝南巡關係書類, 韓國皇帝西南巡幸關係書類 "大邱ノ學生中韓皇帝陛下カ統監ノ爲メニ日本國ニ拉シ去ラルニ非サルナキカヲ疑ヒ鐵路ヲ枕トシテ之ヲ沮止セント企ラタル事アリト云."

613) 「대구문화」, 2013. 8.

614) 『황성신문』, 1909년 5월 22일, "欲廢私立乎", 『황성신문』, 1909년 3월 27일, "恩■擅便." 통감부 문서에는 일천환이라고 하나 나머지 신문에는 2천환으로 기록되어 있다.

615) 『대한매일신보』, 1909년 12월 16일, "韓日不協."

616) 統監府文書 7권 > 一. 安重根關聯一件書類 (哈爾賓事件書類), 明治四十二年十一月八日 [伊藤 公 조난 후 大邱 지방 한국인과 일본인의 민심 동향

보고] "伊藤 公은 일본 元勳 중의 元勳으로 한국에 대해서는 특히 공적이 위대하며, 지금 우리의 太子太師이시다. 그런데 이번에 우리 국민의 兇手에 걸리어 결국 薨去하시었다. 凶徒가 우리 국민인 이상 그 책임이야 말할 것도 없이 한국 전체의 책임이기 때문에 우리 국민은 이 기회에 국민을 대표하는 위원을 보내어 마땅히 죄를 일본 상하에 사죄하지 않으면 안 된다. 그렇지 않으면 후일에 우리나라는 실로 만회할 수 없는 경우에 빠지게 될지도 알 수 없다"고 주장하자 私立 壽昌學校 교사 禹 某와 前 巨濟島郡 守였던 尹相佑 두 사람은, "伊藤 公은 결코 우리나라에 대한 공적이 있는 인물은 아니다. 일본의 統監으로 와서 중대한 통신, 교통 등의 실권은 모조리 이를 자국이 획득하게 했고 조금도 우리나라의 이익을 증진시킨 것은 아니므로 이번의 흉변도 국민으로 하여금 사죄할 필요는 없다"고 논박하자 청중은 침묵, 결정하지 못하였다."

617) 『대한매일신보』, 1909년 9월 15일, "嶠南可範."
618) 『대한매일신보』, 1909년 9월 16일, "달성 친목회롤 치하흠", 『개념과 소통』 제14호(2014. 12.), '21세기 조선론.'
619) 『대한매일신보』, 1909.05.27. "壽昌補助金."
620) 「신편 한국사」 45, 신문화 운동 -I, "설학취지문의 검토."
621) 향교재산 지방시설 관계철 http://theme.archives.go.kr/viewer/common/arch WebViewer.do?singleData=Y&archiveEventId=0027158164#5
622) 사립보조금규정, 융희 2년 9월 1일.
623) 1910년도 조선총독부 통계연보 제419호.
624) 古川昭, (이성옥 역), 2006, 『구한말 근대학교의 형성』, 129쪽.
625) 강명숙, 앞의 책, 77쪽.
626) 이계형, 2007, 「대한제국기 통감부의 식민교육정책 연구」, 국민대학교 박사학위논문, 81쪽.
627) 경상북도공립학교 역시 경상북도 소재 4개교 지출비용 내역에 영선비가 263원으로 학교 설립하기에는 부족한 금액이었다.
628) 이나바 츠기오(稻葉繼雄), 1999, 『旧韓末 敎育과 日本人』,
629) 구한말 근대적 지방재정제도 도입에 관한 연구, 137쪽.
630) 『대한매일신보』, 1909년 5월 27일, "壽昌補助金."
631) 승정원일기, 순종 3년, 윤 2월 10일.
632) 『대한매일신보』, 1910년 4월 29일, "各地方官吏에게 告ᄒ노라", 敎育一事項은 諸氏의 責任所當ᄒ 者며 諸氏의 能力可及흘 者니 然則 今日諸氏의

所掌은 오즉 教育섇이라ᄒ야도 過言이아니로다.

633) 『황성신문』, 1909년 4월 25일, "他日人雇聘."

634) 「한국실업요보」, 제2편, 명치 43.4.14. "대구재류일본인직업별 호구 수", 144항.

635) 『대한매일신보』, 1909년 12월 16일, "韓日不協."

636) 이나바 츠기오(稻葉繼雄), 1999, 『旧韓末 敎育과 日本人』 344.

637) 『황성신문』, 1910.04.03. "徐氏熱誠."

638) 윤건차, 앞의 책, 365.

639) 조선총독부 직원록; 승정원일기 1910년 4월 5일; 1910년 5월 12일 인사발령(관보 융희 4년 5월 23일).

640) Rhodes, History of the Korea mission, Presbyterian Church, U.S.A.: 1884~1934, 191쪽.

641) 류대영, 2010, 『한국기독교와 역사』 32권, 윌리엄 베어드의 교육사업, 141쪽.

642) Bruen, Clara Hedberg, 김중순(편역), 2014, 『40 years in Korea; 브루엔 선교사의 한국생활 40년』, 267쪽, 1903년 9월 브루엔 부인의 편지.

643) 203쪽, 너스(Nours) 양이 가르쳤던 15세 이하 소녀의 나이는 7살에서 10살 정도였다. 268쪽.

644) 위의 책, 205쪽.

645) 위의 책, 297쪽.

646) 이성전, 2007, 『미국선교사와 한국근대교육』 재인용, 65쪽.

647) 변창욱, 2011, 「윌리엄 베어드의 선교방법과 교육선교 정책」, 『한국기독교신학논총』 제74집, 330쪽.

648) 이성전, 앞의 책, 65쪽 재인용; 류대영, 앞의 책, 147쪽.

649) Bruen, Clara Hedberg, 앞의 책, 1902~03 대구기지 복음 사역의 보고.

650) 334쪽, 『한국기독교신학논총』 74집.

651) 윤건차, 앞의 책, 396쪽.

652) 「第四次朝鮮総督府統計年報」, 明治四十二年, 朝鮮総督府 編, 239쪽. "設立者ハ 多數ノ設立者タルモノ尠カラス尙朝鮮人二依リ設立セラレタルモノ多ク外国宣教師ノ管理ノ下二アルモノノ如シ."

653) 1920년 4월 김익두 목사 초청 부흥회에서 감동을 받은 신자들이 건축헌금을 모았다. 남녀소학교 건축하기 위하여 연보할 때 부인중에서 서희원 씨

1만 원, 김선달 씨 5천 원, 이주열 씨는 1천 원(박순도 며느리?), 이찬호 씨 5천 원, 김의균 씨는 1천7백원을 위시하여 기백 원, 기십 원, 금은패물, 지환 등으로 바쳐 3만 3천 원이 되었다. 교회기록에는 5천 원을 기부한 사람이 김선달로 나와 있고 신문에는 김울산으로 나와 있다.

654) 제일교회 110년사.

655) 위의 책.

656) 경북노회 100회, 1977, 59쪽.

657) 『시대일보』, 1926년 7월 7일.

658) 『대한매일신보』, 1910년 3월 15일 논설.

659) 류대영, 앞의 책, 147쪽.

660) Bruen, Clara Hedberg, 앞의 책, 1902~03 대구기지 복음 사역의 보고.

661) 위의 글.

662) 류대영, 앞의 책, 143쪽.

663) 이성전, 앞의 책,

664) 1947년 12월 19일 희도국민학교장이 대구부윤에게 보낸 서한.

665) 대구종로초등학교 보관자료, 1949년 진정서.

666) 소유권이전등기말소청구사건, 대구고법 1971. 10. 27., 70나 78.

손병철 ──────────────

대구교육대학교 졸업
한국교원대학교 교육대학원 졸업
경북대학교 교육학과 박사과정 수료

근대 다섯 학교로의 여행

초판인쇄 2022년 01월 28일
초판발행 2022년 01월 28일

지은이 손병철
펴낸이 채종준
펴낸곳 한국학술정보㈜
주   소 경기도 파주시 회동길 230(문발동)
전   화 031) 908-3181(대표)
팩   스 031) 908-3189
홈페이지 http://ebook.kstudy.com
E-mail 출판사업부 publish@kstudy.com
출판신고 2003년 9월 25일 제406-2003-000012호

ISBN 979-11-6801-380-3 93900